美女的故事

武斌 著

藝術家

目錄
CONTENTS

自序

在我的學術觀念中，有兩點是一貫的：一個是認為，在我的研究思路中，所有的話題都是針對一個基本的問題，即是對人的研究。我曾經出版過這樣一本書，題目是《現代中國人——從過去走向未來》，是1992年出版的，前幾年又有再版，討論的是在現代化的過程中中國人文化心態和人格認同的變化。在這本書的開頭，我引用盧梭的話說：「我覺得人類的各種知識中最有用而又最不完備的，就是關於『人』的知識。我敢說，戴爾菲城神廟裡唯一碑銘上的那句箴言的意義，比倫理學家們的一切巨著都更為重要、更為深奧。」盧梭說的戴爾菲神廟的箴言是：「你要認識你自己」。所以，我給自己的研究目標，都是圍繞「人」與「文化」的話題，都是從不同的角度理解、認識和詮釋「人」本身的問題。

我的第二個觀念是，學術研究是為「人」服務的，這個「人」不是抽象的，而是具體的你我他，所以，就要有對話的意識，我的研究就是在同「你我他」對話。「對話」要有「對話」的語言、「對話」的姿態、「對話」的心境，在對話與交流中砥礪思想。所以，我在學術研究中，一直致力於思考和探索「表達」的方式，在給學術界同行看的那些所謂「學術專著」之外，寫一些面向大眾的歷史文化讀物，把自己的思考溶解其中，擴大「對話」的範圍，以期有更多對的對話與交流。前些年，我在這樣思想的指導下，寫作了《中醫與中國文化》、《人類的瘟疫與文化》、《話說英雄》、《話說美女》等幾本書，反應還不錯。有的朋友鼓勵說，這樣的表達方式也應該適用於更嚴肅的話題。

任何認識和研究都有一個從抽象上升到具體的過程。對於人的認識也是這樣，既要有關於「人的本質」這樣抽象的哲學話題，也有具體層面的比如心理學、體質學、民族學、人類學、社會學等方面的認識。我寫作的《英雄的故事》和《美女的故事》，就是把「人」放到一種極致狀態下、理想狀態下對人的一種認識和詮釋。「英雄」和「美女」，是人格發展的一種理想狀態，一種最高的狀態。他們的存在展現了人生存在的一種超凡的可能性，一種超越侷限而創造的「極品人生」。英雄代表的是人類中最優秀的那一部分，是人類的精華。在每一個歷史時期，英雄總是正義的化身，是人類力量的靈魂。英雄的力量是堅定人們的信念，團結一心，抵禦外敵的重要

保證；是克服艱難險阻，開榛辟莽，創造輝煌，發展人類文明的精神動力。英雄們的事蹟世代傳頌，他們的精神不斷激勵著人們，他們的品質是寶貴的民族財富。美女是人類歷史長河中的一道風景。歷史上出現的那些美女的倩影，或風華絕代、楚楚動人，或驚豔四座、傾國傾城，或嬌豔無比、清純可人。總之是各有各的美麗，各有各的風采。她們的美豔演繹出無數動人和感人的故事。

德國哲學家康德曾指出，男人在品德上的審美特性是崇高，女人在品德上的審美特性是美麗。康德把女人稱為「美麗的性別」，男性的智慧則是「深沉的智慧」，女性的智慧是「美的智慧」，「女人身上的其他一切品德都是為了襯托美的特徵而組合在一起」。我在《美女的故事》這本書中，講述的就是歷史上美女的故事，在這些故事中寄託人們美好的審美理想。從浣紗西施到霸王別姬，從昭君出塞到金屋藏嬌，從埃及豔后到則天大帝，如此等等，這些故事令人們感歎、驚奇、羨慕，以及歎息或扼腕。歷史的故事漸漸地離我們遠去，她們的身影則在歷史的長河中若隱若現，她們的魅力和風采留存在人們的文化記憶裡。美女是男人眼中的風景，是女人心中的夢想。我們所知的美女，實際上是歷代人們對於美麗的想像和期待。這種想像和期待，也就是我們對於美的發現和創造。

總之，我在《美女的故事》中講的是美女和關於美的故事，也希望讀者們跟著歷史的腳步，一起去發現和創造生活中的真實的美。

這本書能夠在台灣出版繁體字版，首先要感謝國立歷史博物館的陳嘉翎小姐，要感謝藝術家出版社創辦人和社長何政廣先生及出版社主編王庭玫小姐及各位朋友。正是他們的大力支持和付出的辛勤勞動，《美女的故事》一書才有可能與台灣的讀者見面。最近幾年，我有機會多次到台灣參訪，與台灣文化藝術界的朋友多有接觸，受到了很多啟發和教益。這些啟發和教益對於我的學術事業都是很有幫助的。所以，我也希望台灣的讀者朋友對我的著作悉心指教。

2012 年 7 月 9 日

第 1 章

我們愛美女

如果沒有女人，我們的一生都會空虛、無聊，這一點誰不知道？

▌ 美麗是女人最珍貴的自然贈禮

▌ 拉斐爾　三美神　1504-05　油彩畫布　17×17cm　香堤邑康迪美術館藏

　　作為人類的兩個基本族群，男人和女人有著根本性的差別。我們在許多作家的描述中都可以看到這種區別的存在。這種差別可以表現在許多方面：比如從形體的到感覺的、從思想的到行為的、從性格的到情感的等等。匈牙利哲學家瓦西列夫在其著名的《情愛論》中，對兩性的差別做了充分的描寫。他指出：男子身體較笨重，婦女體態輕盈；男子較健壯，婦女較嬌弱；男子較理智，婦女較重感情；男子較剛勁，婦女較柔順；男子較注重邏輯，婦女則憑直覺行事；男子嚴峻，婦女較熱情；男子偏重概括，

婦女偏重分析；男子好鬥，婦女富於同情；男子更熱中於抽象概念，婦女則關心具體事物；男子始終不渝，婦女變化無常；男子較易激動，婦女則完全受心境支配；男子的感情更富於戲劇性，婦女的感情樂觀；男子較果斷，婦女較審慎；男子更威嚴，婦女更文雅；男子敢做敢為，婦女勤奮不懈。在列舉了這一系列男女的差異後，瓦西列夫得出結論說：「總之，這一切都表明男子更具有男性氣概，婦女更具有女性溫柔。」

　　男人和女人是生物和社會共同體中兩個互補的變體。從人類的發展歷史上看，兩性之間的這些差別對於人類社會有著巨大的影響，也影響著人性的各個方面。或者可以說，男女之間的差別，決定了人類社會存在的基本形式和人類社會發展的主要趨向。因為正是有了這些差別，男人和女人才有了相互欣賞、互相認識、互相傾慕及結合的需要。男女之間的差異和互相吸引，成為推動歷史的一種巨大力量。在古希臘哲學家柏拉圖的《宴飲篇》中講到，古希臘喜劇作家阿裡斯托芬說，早先男女兩性本來是結合在一個身體裡，後來由於神懼怕這個男女合體的巨大力量，就把他劈為兩半，分成男人和女人，而這兩部分強烈地渴望重新聚合，這種強烈的願望就是我們所說的「愛情」。正因為如此，歷史上的男人和女人們，才上演了一齣齣或悲壯或熱烈、或纏綿或激烈、或驚心動魄或迴腸盪氣的悲喜劇，演繹出催人淚下欲仙欲死大悲大喜的情感大戲，因而也就造就出無數的癡男怨女和風流孽債。在柏拉圖的《宴飲篇》中，還有一段哲學家菲德羅關於「愛情」的精采議論：「愛神是世界上最古老的神，也是最有力量的神之一。正是由於愛，使得平凡的青年成為英雄，因為戀愛的人會為在自己熱愛的情侶面前表現出怯懦而羞愧。給我一支由情侶們組成的軍隊，我就能征服整個世界。」

　　所以，正如德國古典哲學家費爾巴哈指出的：「自然界的美全都集中於，而且個性化於兩性的差異上。」

　　德國古典哲學家康德從美學的意義上區分男人和女人，認為男人和女人在品德上的區別是「崇高」與「美麗」，他把女人稱為「美麗的性別」。他寫道：

　　　　第一個稱女子為美麗的性別的人，也許只是想恭維她們，其實他表達出來的意思超過了他自己的預料。姑且不說女性容貌清秀，線條柔和，她們面部表現出來友好、戲謔、和藹比男人更強烈、更動人…。除此之外，女性心靈結構本身首先是具有獨特的、和我們男性顯然不同的並且以美作為主要標誌的特徵。如果並不要求高尚的人推讓榮譽，將美稱割愛給他人，我們就不妨自稱是高尚的性別。但是，切不可把這番話理解成這樣：婦女似乎是缺少高尚品德，而男子似乎缺少美。恰恰相反，倒是可以認為無論男女都是二者兼而有之，只不過女人身上的其他一切品德都是為了襯托美的特徵而組合在一起，而在男子的各種品格中，以作為男性的顯著標誌的崇高最為凸出。…

　　康德又說道：「婦女有較強的愛美、愛優雅、愛漂亮的天性。女性自幼就喜歡穿得漂亮，以修飾打扮為樂趣。她們有潔癖，對凡是使人反感的東西都很敏感。她們喜歡諧趣，只要心情好，可以拿些小飾物哄她們開心…。婦女非常會體貼人，心地善良，富於惻隱之心，講究美而不注重實用…。她們對極其微不足道的羞辱都十分敏感，對

美麗對於女人是一種永恆的誘惑

羅賽蒂　動人的維納斯　約 1863-68　油彩畫布　83.8×71.2cm　英國柏恩茅斯 Russel-Cotes 美術館藏

一絲一毫的怠慢和不尊重也能察覺出來。總之，多虧有了婦女，我們才能識別人性中美的品格和高尚的品格；女人甚至使男子也變得較為細心。」「女性的智慧同男性的智慧不相上下，差別在於女性的智慧是美的智慧，我們男性的智慧則是深沉的智慧，而這不過是崇高的另一種表現。一種行為之所以美，首先是因為它輕鬆自然，仿佛無

須費力；而花費力氣和克服困難，總是令人讚歎的，因而屬於崇高行為之列…。美最忌諱的是使人反感，而和崇高相去最遠的是令人失笑。因此男子最感難堪的是被人罵為蠢才，女子最感難堪的是人家說她醜。」

康德特別強調，他所謂的兩性之間關於「美」與「崇高」的這個差別，只是在相對的意義上才有意義。也就是說，並非男人不是美的，也不是女人不追求崇高。但是，女性作為一個整體來看，「美」具有特別重要的地位。她們是一個「美」的性別，「女人身上的其他一切品德都是為了襯托美的特徵而組合在一起」。或如有的詩人所說的：「美麗是女人最珍貴的自然贈禮」。著名性心理學家靄理士（Havelock Ellis）也認為，美根本就是女性才有的特質，供男人低徊思慕。美是女人的本質，所以世上所有漂亮和不漂亮的女人的名字都叫「美麗」。少女的清純、少婦的嫵媚、中年女性的成熟，構成了美麗女人一道道靚麗的風景線。

不過，男女之間這種差別並非是與生俱來的。有研究者認為，這也許和人類進入文明社會以後兩性分工和地位的不同有關。直到今天，幾乎所有的文明社會都是男權社會。英國藝術評論家約翰‧伯傑（John Berger）在談論這一問題時認為，命中註定給予女性有限的空間，她身不由己地領受男性的照料，結果培養了女性的社會氣質，女性總在不斷地注視自己，幾乎無時不與自己的個人形象連在一起。他指出：

男子重行動而女子重外觀。男性觀察女性，女性注意自己被別人觀察。這不僅決定了大多數的男女關係，還決定了女性自己的內在關係，女性自身的觀察者是男性，而被觀察者為女性。因此，她把自己變作物件──而且是一個極特殊的物件：景觀。

對於女人形體美的觀感具有巨大的力量，以至於女人都熱中於欣賞人的形體美，同時也對自己的形體美特別關心，時時刻刻關注著自己的外在形象，甚至把這種追求與健康、幸福、成就感及自信心等等人類基本的價值觀聯在一起，作為人生在世的一個基本態度。因為外表是人最公開、最外在的部分，它是人的儀式，是這個世界認為可以由此得知其內在心靈的人的可見的自我。因此女人都特別在意自己的外在形象：沒有整理好的髮型，一個小小的褐斑，一點點增加的體重，都會影響她們的自信。美麗對女人是一種永恆的誘惑。倘若只允許女人愛一種東西，90％以上的女人都會選擇美麗。為了美麗而拼命的女人有一種很悲壯的勇敢。縱觀古今中外的女人，不難看到這世上哪怕已是絕美的女人，對美麗依然懷有「我還能夠更美一些嗎」的強烈慾望，這種慾望不僅使女人一生一世為美麗矢志不移、浴血奮戰，更是她們敢於向世界宣戰的勇氣和膽略。

17 世紀的法國作家聖・艾弗瑞蒙（St. Evremond）對女性美的本質有過深入研究，他的《論歡愉的女性欣賞她們自己的美麗》中寫道：

> 對於美麗的女人來說，最自然的事莫過於欣賞自己的美。女人首先是取悅自己，然後才是男人。她們總是第一個發現自己是有魅力的，而這種自戀又是甜美的，哪怕並不深刻，因為她是以這種信念在承認，即別人的愛將要隨之而來。

▍作為審美對象的美女

女性把自己變為物件，如約翰・伯傑所說的，把自己變為「景觀」，或者如艾弗瑞蒙說的「歡愉的女性欣賞她們自己的美麗」，在美學的意義上，就是把自己變成了審美物件、審美客體。而作為審美物件、審美客體的女性之美就是本書要討論的話題。

現實生活中，人對美的事物的品鑑活動被稱為審美活動。這種活動也就是人被美的事物所吸引，主動積極地去品味和鑑賞事物的美，對美做出情感上的判斷。審美活動是人類的基本活動方式之一，人對現實的審美關係是完整的感性形象和思想情感的關係，是人在現實中精神確證的關係。

美是人類經驗中最具普遍性的，也是人生的一種追求，是人的一種基本天性。在人類的基本實踐和感性活動中，一定有某種美學的衝動在左右著我們的選擇。早在古希臘時代，雅典的執政官伯里克利（Perocles）就曾直截了當地說：「我們是愛美的人！」美國著名哲學家喬治・桑塔亞那（Grorge Santayana）指出：「正是在我們的自然天性中，存在著一種激切的瀰漫一切的情緒，這就是關注美、珍視美。如果忽視了我們心智的這種顯著的力量，則對我們精神世界的任何描述都是不完全的。」19 世紀俄國偉大的哲學家和思想家車爾尼雪夫斯基曾談過審美的體驗，他說：

> 美的事物在人心中所喚起的感覺，是類似我們當著親愛的人面前時所洋溢於我們心中的那種愉悅。我們無私地愛美，我們欣賞它，喜歡它，如同喜歡我們親愛的人一樣。由此可知，美包含著一種可愛的、為我們的心所寶貴的東西。

對於人的形體美的觀念是人類的基本審美傾向之一。在古希臘哲學中，人是萬物的尺度，也是萬物之美的尺度，人以自己的尺度來判斷自然和其他物種之美的。所以，人類就具有一種普遍審美傾向，這就是對於身體美的關注與追求。在我們所追求、所

傾慕的一切美的事物中，首先關注的是我們自身身體的美麗。身體美成為人類一切審美情趣的出發點。古希臘人相信，人體是應該引為自豪之物，並應使他保持完美的狀態。他們說：「我們所以用人的形象來代表神，因為世界上沒有比人更美的形式。」
古希臘詩人荷馬曾寫道：「紅顏麗質不可輕易丟棄，除神以外誰也無法給人以美貌。」

身體是自然界賦予我們最初和唯一的美麗，只有人體才能體現出人的美。

羅丹　吻　1888-89　大理石　182.9×116.8×121.9cm　羅丹美術館藏

而按照《聖經‧創世紀》的說法,人是按照神自己的形象來塑造的,他的外形具有神的神聖性,因而更美,比任何其它事物更像神。這種觀念一直影響到現代人的審美觀。人們普遍認為,身體是自然界賦予我們最初和唯一的美麗,只有人體才能體現出人的美。柏拉圖就說:「人的心願不外有三:健康的身體,透過誠實勞動獲得的富裕和看上去優雅美麗。」法國雕塑大師羅丹(Augeuste Rodin)也說:「人體是最美的藝術品」。他還指出「自然中任何東西都比不上人體更有性格。人體由於它的力或它的美,可以喚起種種不同的意象。」在中國哲學中,也有相似的看法。《莊子‧齊物論》中說:

> 毛嬙、西施,人之所美也;魚見之深入,鳥見之高飛,麋鹿見之絕聚。四者
> 孰知天下之正色哉?

英國詩人濟慈(John Keats)曾說:「美的東西是永恆的快樂。」美是引起快感和喜愛的東西。美能夠激起人各種各樣的情緒,給人帶來的是一種本然的愉悅。人類對美的極度敏感是根深蒂固的。美可以帶來感官的愉悅或使精神和心情感到開豁、興

奮。而人體之美帶給人的審美經驗充分地表現出人體美的無窮魅力。古希臘哲學家亞
里斯多德說，有人提出人為什麼都渴望形體美，「只要他不是瞎子，人就不會問這個
問題。」我們喜歡看光滑的皮膚、厚密閃亮的頭髮、線條優美的腰肢和對稱的形體，
美的形體總是給人留下深刻的印象，並且給人帶來感官的愉悅。有人曾經提到，美的
感覺像雷達一樣掃射四周，看見並判斷一張臉是否美麗只需要幾分之一秒的時間，在
這樣一瞬間所做的判斷甚至與長久觀察所得出的結論並沒有不同。過後，我們也許忘
卻了那些重要的面部細節，可是最初的感覺卻留在我們的記憶中。德國哲學家叔本華
（Arthur Schopenhauer）指出：「任何物件都不能像最美的人面和體態這樣迅速地把
我們帶入純粹的審美觀照，一見就使我們立刻充滿了一種不可言詮的快感，使我們超
脫了自己和一切煩惱的事情。」叔本華還說：「美不是直接的，它只是給別人留下深
刻的印象；美是在相互引薦時幫助我們生輝的外在標誌，使我們在心理上對美貌英俊
的人預先獲得某些好感。」他還引證歌德的話：「誰看著人體美，任何不幸都不能觸
及他；他感到同自己和世界完全協調。」

對於女性之美的
讚揚，成為中外
文學中一道豔麗
非凡的景觀。

冷枚　簪花仕女圖
清　瀋陽故宮博物
院藏

在人們的審美經驗中，對美女的欣賞和讚美占有很大的比重。早在《聖經》的時代，人們對女性美的欣賞就已有了許多體驗。《聖經》記載，所羅門王是一個智慧並且經驗豐富的人，他有 700 個妻子和 300 個妾。他曾這樣寫道：

> 我的佳偶，你無比美麗，令人欣喜。你的頭髮如同山羊群，臥在基列山旁。你有一雙鴿子眼，你的眼睛就像赫斯本的珍珠。你的嘴唇好像一條朱紅線。你的牙齒如新剪過毛的一群母羊。你的頸項猶如象牙塔。你的肚臍如圓環，裝滿香醇的美酒。你的腰如一堆麥子，周圍有百合花。你的大腿圓潤，好像美玉，你的腳何其美！啊，你是多麼美麗，多麼令人欣悅！

在這些關於美女的讚頌中，作為審美主體的詩人和作為審美物件的女子之間，就建立了一種審美的關係。審美關係首先是對能夠引起感情、情感的現象的關係。作為審美物件的美女，對於審美主體來說，就是一個感性具體的存在，即具有客觀的社會價值或社會屬性，能夠引起人們特定情感反應的具體形象。所羅門王的真誠讚頌，詩人的熱情歌唱，所表達的是他們對於美女之美由衷的讚賞。這種讚賞來自於他們對於作為審美對象的女性之美的欣賞和體驗，來自於在特定審美關係中被刺激起來的愉悅情感。他們情不自禁地要把審美感受表達出來。所以我們在中外文學史上、古今中外文獻中，閱讀到這些賞心悅目的對於美女之美的熱情洋溢的讚美和歌頌。對於女性之美的讚揚，成為中外文學中一道豔麗非凡的景觀。

▌關於「美女」的話語權── 在男性的視界裡

法國作家巴爾扎克說：「最貨真價實的美貌，最令人讚歎不止的姿容，如果得不到賞識，便一文不值。」「美女」之美是在審美活動中呈現的，是在審美主體和審美物件之間表現的一種審美關係。如果這種關係不存在，這種「美」也就沒有意義，實際上「美」也就不存在。在法國哲學家笛卡爾（René Descartes）看來，美是判斷和物件之間的一種關係，是一種感情，是我們意志力和欣賞力的一種感動。

把美女作為審美物件的審美主體，可以是女人本身。有一句俗話說，美女是「男人羨慕，女人嫉妒」，說美女是女人們妒恨的對象。其實不然。在一般的情況下，女人們也都喜歡美女、欣賞美女、羨慕美女。美女是她們的「樣本」、理想和摹仿對象，

是她們極力嚮往和追求自身超越與完善的摹本。美女是女人中的極品。在這種情況下，作為審美主體的女人和作為審美物件的女人就構成了一種審美關係，後者是作為前者的一個「他者」而存在的。女人們以這個「他者」來觀照自己、審視自己、完善自己，以「他者」的眼光和角度來確定自己的目標，來設計如何使自己也能成為一個美女。實際上，女人對於女性之美也是抱著極大的欣賞熱情。正如前面引述的艾弗瑞蒙的話：「對於一個美麗的女人來說，最自然的事莫過於欣賞自己的美。」但是在更多的情況下，美女的主要欣賞者、審美者是男性，美女是作為男性的審美對象而存在的，或者說，美女的審美主體主要是男性，是男性與女性之間的審美關係。男性是美女的真正的「他者」。第一個評判女人是美是醜的一定是男人。

所以，在關於美女的討論中，我們也可以強調女人的獨立性和自主性，也可以從女人的眼光來看待和欣賞美女，然而，真正關於美女的主要說法都是在男性的視界裡，是在用男性的話語權來說話。當代法國哲學家福柯（MichelFoucault）認為：在有話語的地方就有權力，權力是話語運作的無所不在的支配力量，社會性和政治性的權力總是通過話語去運作。用通俗的說法，話語權就是「話份」，你在某一關係中有說話的份，占有話語的主動權，那就意味著你掌握著這一關係的生殺大權。男性作為女性的對立面，是作為女性的「他者」而存在的，這種兩性間的對立和差異分別構成了男性和女性的規定性的依據。所以關於女人的屬性，美女的屬性，就是男人眼中的「女人」，男人眼中的「美女」。另一方面，自從幾千年前人類進入父系社會，男子在生產部門中凸出地位的出現，婚姻由對偶婚向一夫一妻制過渡，父權制隨家庭出現而產生，財產按照父系繼承，世系隨父系計算，原來男女在氏族中的地位發生重大變化，男子開始占據主導地位。有時「女性世界」被用來和男性世界相對照，但是，女人從未構成過一個封閉的、獨立的社會；她們是人類群體不可分割的一部分，這個群體受男性支配，她們在群體中處於從屬地位。她們處境的矛盾性是：她們在同一時間裡既屬於男性世界，又屬於向其挑戰的領域；她們被關在這個世界又被另一個世界包圍著。女人本身也承認，這個世界就其整體而言是男性的；塑造它、統治它、至今在支配它的仍是些男人。那麼，關於女性的屬性、關於美女的標準等等，都是在男性權威框架中對「女性差異」的界定。在這個框架下，女性只是客體，各個時代都是按照男性的標準塑造女性的形象的，古往今來美女的標準都是隨著男人的眼光而改變。法國存在主義作家西蒙·波伏瓦（Simone de Beauvoir）在其著名的《第二性》中指出：「一個人不是天生成為女人，而是變成女人的。沒有生理的、心理的或經濟的命運能夠決定人類女性在社會中的形象：是整個文明造就了這一產物，處於男性和閹人之間，它被描繪為女性。」儘管現代社會女權觀念已日益深入到公眾話語領域，但現代女性還是不能完全擺脫那種為男性文化所建構的「受動型」角色。社會中仍存在著占有主流話

男性是美女的真正的
「他者」。第一個評判
女人是美是醜的一定是
男人。

傑拉德　愛神與賽姬（局
部）　1798　油彩畫布
186×132cm　巴黎羅浮
宮藏

語位置的男權話語的作用。在一個女性主體意識還相當貧弱的時代，女性的「自我」難免還存留著「他我」的陰影。

　　古往今來有關美女的一切討論，實際上都是在男性話語權的統治下進行的。美女是男性視界中的「美女」。各個時代關於美女的標準及理想，實際上也都是男人制定的，並由男人掌握著最終的評判權。關於美女的審美價值、審美理想，關於美女的人格和社會價值，都是按照各個時代的男性審美趣味和價值理念來確定。同時，女人們也是按照這個時代的社會意識形態和主流話語來進行自我觀照和自我評價。男人的喜好就是女人價值的標準，從「櫻桃樊素口，楊柳小蠻腰」，到「燕瘦環肥」，到「三寸金蓮」，到「笑莫露齒、語莫高聲」，男人用一整套規矩制定了女人從形體到行為的「美則」，而女人也就以此規範自己、自覺執行。美女的生存形式和在歷史上的作

用，也是依附於男性社會來實現的。「女為悅己者容」、「畫眉深淺入時無」、「花容月貌為誰妍」等等，說的是女性為了男性而美麗；「紅顏知己」、「紅顏禍水」則是男性社會對女性價值的期待或對女性可能奪取社會主導權和話語權的警惕。

把美女作為審美對象，對美女的欣賞和讚揚，是人類的特別主要是男性的一種審美活動。但是，正如康德所指出的：「為著要判斷一件事物美或不美，我們並不用理解把表像聯繫到物件以便認識，而是用想像（也許結合理解在一起）把表像聯繫到主體及主體的快或不快的感受⋯它不涉及物件中的任何東西，只涉及主體如何受到表像的影響而自己有所感受。」因此對美的欣賞品鑑，對女性之美的欣賞品鑑，首先取決於審美主體，取決於審美主體的審美修養和審美情趣。審美主體的趣味決定了物件的審美價值和對這種價值的判斷。正如馬克思所說的，對於非音樂的耳朵，最美的音樂也沒有意義。沒有高尚的審美情趣就不能分辨美與醜，就不能真正地欣賞美、享受美。所謂審美情趣，就是指審美鑑賞力或審美感受活動，是人們在審美活動中表現的一種審美的傾向性。高尚的審美情趣是有助於人們發現和識別世界上真正的美的健康趣味，而低級趣味則是由於不善於識別真正的美而滿足於淺薄的、表面的漂亮的一種粗俗趣味。費爾巴哈指出：

> 如果我的心是壞的，我的理智是墮落的，我怎能知覺和感覺到神聖的東西是神聖的，善的東西是善的呢？如果我靈魂的審美力是壞的，我怎能感覺到一幅美的圖畫是美的呢？我不是畫家，沒有親手產生出美的力量，我卻有審美的感覺、審美的理智，所以我才感覺到在我外面的美。

實際上，在各民族的對美女的審美歷史上，都強調審美主體在這一審美活動過程中的審美情趣、審美修養的作用。我們在歷史上也總是看到，在對作為審美客體的美女的關係上，在對如何欣賞、理解美女之美的審美活動中，也確實存在情趣的高下之分，既有崇高的，也有卑下的，既有美的欣賞心理，也有醜的扭曲心理。在不同審美主體，不同審美觀念、審美修養和審美情趣的觀照下，「美女」這一審美物件也呈現出不同的審美價值和文化價值。與此同時，關於美女的標準也不一樣，甚至把美的作為醜的，把醜的當作美的來欣賞和推崇。按照 18 世紀英國哲學家休謨（David Hume）的觀點，美只存在於鑑賞者的心裡，不同的心會看到不同的美。休謨堅持審美趣味的主觀性，他還認為，審美趣味的標準根源於人性共同的「結構和組織」，「是根據經驗和人類普遍感受的觀察」得到的，所以存在審美趣味的共同標準。但是「只有卓越的智力加上敏銳地感受，由於訓練而得到改進，通過比較而進一步完善，最後還清除了一切偏見⋯。這類批評家，不管在哪裡找到，如果彼此意見符合，那就是趣

味和美的真實標準。」

　　所以，和任何其他審美活動一樣，在對於「美女」的審美活動中，審美主體的因素至關重要，也就是說，對於審美主體的「美育」至關重要。德國美學家席勒（Schiller）在《美育書簡》中指出：

> 審美教養使一切事物服從於美的規律，使自然規律和理性法則都不能束縛人的自由選擇，並在他賦予外在生命的形式中顯示出內在的生命。

　　車爾尼雪夫斯基說：「不能只限於喜愛美的事物，還要善於理解它。」人們的審美情趣和審美修養決定了對於「美女」欣賞價值的實現程度，而高尚的審美情趣則在對「美女」的審美欣賞中獲得美的享受。與此同時，這種審美活動也會給人們的心理和精神世界帶來許多有益的東西。以健康的審美情趣、高尚的審美體驗去欣賞美女之美，去體會和理解美女之美的社會價值和文化價值，可以使作為審美物件的男性獲得一種獨特的審美感受，進而獲得對於美的本質的深刻理解，增加用美的觀念和準則去理解和認識生活，發現生活美的本質，將生活上升為藝術，同時也會使他們的靈魂和境界得到提升。柏拉圖說過：對一個美人的愛慕能夠使人認識到眾多人的美，從而推斷出美的多重概念。16世紀的法國哲學家蒙田（Monaigne）也指出：「美給人以強力，給人以益處，我珍視美的這些品質，這是用語言無法表達的。美是人際關係的第一要素，它總是凸顯在所有品質之前，引起我們慾望，充盈於我們的判斷，對我們行使著至大的權威，並給人留下奇異難忘的印象。」席勒指出：「美可以成為一種手段，使人由素材達到形式，由感覺達到規律，由有限存在達到絕對存在。」

　　1507年春天，在義大利厄比諾公爵的府邸，一群貴族和貴婦在進行有關美女話題的討論。其中一位貴族這樣讚頌女人：

> 如果沒有女人，我們的一生都會空虛、無聊，這一點誰不知道？如果沒有她們，我們的生活一定變得粗俗，沒有任何可愛之處，比野獸的生活還惡劣⋯⋯是她們淨化了我們的心靈，把骯髒的思想、卑鄙的慾望、無窮無盡的痛苦和煩惱，還有令人憔悴的憂鬱都統統掃蕩淨盡⋯⋯當愛情的火焰在男人心中燃起，一切卑鄙的情感都將化為灰燼。

　　美麗的女人永遠是男人的最愛。人們對美女的審美活動也決定了社會對女人的評價。亞里斯多德說：「美是比任何語言都有力的推薦信。」美影響著我們對他人的感覺、態度和行為。美國經濟學家大衛．馬克斯曾說，美是一種與種族和性別同樣強大的社

會力量。長得美的人所得到的偏愛仍然很容易加以證明，而不美的人受到的歧視也是如此。從孩童到成人，長得美的人都受著眷愛和肯定的對待，這一點無論男女都一樣。「美貌是最好的通行證。」美麗的女人手裡擁有最有效的通行證。男人在投送目光的同時，總會接著送上關愛與體貼。男人擁有美妻是一種榮耀，小夥子擁有漂亮的女友令人刮目相看，連 3 歲孩子擁有漂亮的媽媽，在其他小朋友前也可變得神氣十足。童話從小就向人們傳輸一種思想：漂亮就能獲得好東西。人們對外表美的在意是一種集體無意識，是文化營造的一種幻覺。美意味著一種不太顯明但確實存在的社會與經濟的優勢，與此相應，醜會給個人帶來相當多的社會歧視和不平等待遇。俄國作家果戈里說：「美貌會產生奇蹟。一切精神的缺陷在美人兒身上，不但引不起厭惡，反而會特別動人；惡習在她們身上也會顯得高雅；可是一旦人老珠黃不值錢，女人就得比男人聰明 20 倍，才能夠引起別人的尊敬。」列夫・托爾斯泰也說過：「我常常不知不覺地陷入絕望，感到這個世界是不會給這樣一個醜陋的人幸福：鼻子這麼寬，嘴唇這麼厚，眼睛小小的，還是灰顏色。有什麼比一個人的外貌更能影響他的前程？沒有什麼比外表更能決定一個人是可愛還是可厭的了。」

　　因此對於女人來說，美貌就是她的一項重要的天賦資源，是她在社會生活中占有的一種比較優勢。沒有人能解釋清楚為什麼美貌對與女人來說如此重要，它完全天賦，卻超越了身分、地位，乃至智力、學識、德行等一切限定，具有絕對的獨立價值。例如「郎才女貌」是中國一貫的男女匹配原則，這似乎表明女人只要有美麗的容貌便可以萬事大吉、等待金龜婿。這種情況並非在中國才有，在各國的歷史上，美女都會獲得這種比較優勢，因而也就比其他女人獲得更多的機會。古希臘歷史學家希羅多德（Herodotus）記載了古代巴比倫一個風俗：每年在每個村落裡都有一次這樣的聚會：達到適婚年齡的女子都被集合到一處，男子則在她們的外面站成一個圓圈，然後由拍賣人從最美麗的那個女子開始，一個個地把她們叫出來，出賣給男子做妻子。有錢男子相互競爭以求得最漂亮的姑娘，而一般平民只能在不漂亮的甚至有殘疾的姑娘中選取。按照當地風俗，當拍賣人把所有美麗的姑娘賣完之後，便把那些最醜的甚至跛腿的姑娘叫出來，貼以小額的奩金，向男子們兜售。這樣，用出售美女的錢來償付醜女的這筆奩金，美女與醜女在價值上也分出了等級。

　　小說《簡愛》中說：「如果上帝賦予我美貌和財富，我會讓你難於離開我，就像我現在難於離開你一樣！」這句話道出了一個平凡女子對於美貌的渴求，同時也說出來她所期待「美貌」的現實目的性。所以，一切女人都想成為美女，打造美女成為古往今來的巨大產業──「美女經濟」成為推動需求與消費的刺激動力；天生麗質固然持有「最好的通行證」而暢通無阻，而「人造美女」也橫空出世，實現了醜小鴨變天鵝的夢想。

美麗的女人永遠是男人的最愛

羅賽蒂　菲雅美達　1878　油彩畫布　91.4×139.7cm　私人收藏

第 2 章

美女的標準與理想

古往今來，一代代的人不斷地想像、描繪和設計理想美女的「樣本」，樹立了一個個美女的「典型」，供人們欣賞、讚歎和愛慕，體現了人類對於美女的審美理想。

▍美女標準的「種屬尺度」

美國人類學家唐納德・西蒙斯（Donald Symons）舉過一個例子，說曾在一次講座上看到了許多美人的幻燈片，讓他留下深刻印象的是這些人都長得很美，但沒有一個是完美的。他覺得由於她們的美，這些「缺陷」便顯得格外地凸出。他認為，這證明我們的內心有著一個美的模式，這個模式雖不是我們能直接表達出來的，但卻是衡量所有我們看到的事物美或不美的標準。比如這些面孔幾乎都合乎這個標準，但又都不能完全符合，我們可以想像它們能再美些。

所以人們刻意地追求自己的形體美，同時也對他人做著美或不美的判斷，就好像他們心中存在著一個美的標準或美的理想形象，只要看見這個形象，他們就能認出，儘管他們對此並不能預期。

那麼，這個「美的標準」或「美的理想形象」的根據是什麼呢？在達爾文所說的一般選擇理論中，雌性或雄性熾烈的生命力，個體的生理恰當性是唯一的吸引力和刺激因素。「美」同生物種屬的完善和「尺度」有著密切的聯繫。「美的標準」或「美的理想形象」首先來自於人的「種屬尺度」。

莎士比亞的長詩〈維納斯與阿都尼〉描繪了一匹美麗的馬，他這樣寫道：

> 現在這匹馬，論起骨骼、色澤、氣質、步伐，
>
> 勝過普通馬，像畫家的馬，勝過天生的馬。
>
> 蹄子圓、骹骨短、距毛蒙茸，從雜而翩躚，胸脯闊，眼睛圓，頭顱小，鼻孔寬，
>
> 呼吸便，兩耳小而尖，頭頸昂而彎，四足直而健，鬃毛稀，尾毛密，皮膚光
>
> 潤，臀部肥又圓。

莎士比亞描繪的這匹馬之所以美，是因為它遵循了馬的生物的種屬尺度。試想如果是一匹弓背、腹垂和四腿畸變的馬，不僅不會讓我們覺得美，反而只會冒瀆我們的審美感。這種所謂生物的「種屬尺度」，在人身上就變成了「美」，或者說，就是人的「第一性的美」。古羅馬的修辭學家郎吉努斯（Casius Longinus）提出，美是各部分綜合成的整體。他指出：「文章要靠佈局才能達到高度的雄偉，正如人體要靠四肢五官的配和才能顯得美。整體中任何一部分如果割裂開來孤立看待，是沒有什麼引人注意的；但是所有各部分綜合在一起，就形成一個完美的整體。」中世紀哲學家湯瑪

羅倫佐‧洛托　維納斯與邱比特　1546　油彩畫布　92.4×111.4cm　美國大都會美術館藏

斯‧阿奎那（St. Thomas Aquinas）認為：「美共有三個要素：第一是一種完整或完美，凡是不完整的東西就是醜的；其次是適當的比例或和諧；第三是鮮明，所以鮮明的顏色是公認為美的。」因此，「人體美在於四肢五官端正勻稱，再加上鮮明的色澤。」

　　早在古希臘羅馬哲學中，人們就已經認識到並且明確地提出了人體美的這個「種屬尺度」。畢達哥拉斯學派就曾提出，身體美就在於各部分之間的比例對稱。柏拉圖說：美在於恰當的尺度和大小，在於各個部分以完美和諧的方式連成統一的整體。他將這種比例的概念擴展開來，用於闡釋所有事物美，比如文章的長度要適當、繪畫的結構要精當、詩歌中語言的運用要恰到好處等等。亞里斯多德指出，美的主要形式是「秩序、均稱與明確」，「一個美的事物⋯不但它的各部分應有一定的安排，而且它的體積也應有一定的大小；因為美要依靠體積與安排。」古羅馬演說家西塞羅（Marcus

Tullius Cicero）指出，美是「肢體成對稱發展的形狀，再加上迷人的色澤」。古羅馬詩人賀拉斯（Quintus Horatius Flaccus）也說過，「整體美」就是身體各部分的一般尺寸與最恰當地完成的內在功能相適應。這也就是人體美的實質——比例與和諧。人體的美恰恰表現出柏拉圖和西塞羅他們說的這種比例與和諧。

人體美的「種屬尺度」，人體各個部分之間的和諧和作為整體性的完美，是通過一定的比例關係來實現的。上述幾位哲學家所強調的和諧，都是強調了「適當的比例」。人體美學觀察受到種族、社會、個人各方面因素影響，牽涉到形體與精神、局部與整體的辯證統一，但無論在何種文化中，只有整體的和諧、比例協調，才能稱得上一種完整的美。對於這點，在世界美術的實踐中得到了充分的體現。文藝復興時期義大利傑出的畫家達文西指出：「美感完全建立在各部分之間神聖的比例關係上。」義大利作家塔索（Torquato Tasso）也指出：「美是自然的一種作品，因為美在於四肢五官具有一定的比例，加上適當的身材和美好悅目的色彩。」中國魏晉時代著名的畫家顧愷之也曾出：「美麗之形，尺寸之制，陰陽之數，纖妙之跡，世所並貴。」

早在古希臘人的藝術創作中，就總結出一套人體美較為滿意的比例，即「黃金分割律」（Golden Mean）。「黃金分割律」是西元前 6 世紀古希臘哲學家和數學家畢達哥拉斯（Pythagoras）所發現，後來柏拉圖稱此為「黃金分割」，用「黃金」兩字來形容這個規律的重要性。「黃金分割律」其實是一個數字的比例關係，即把一條線分為兩部分，此時長段與短段之比恰恰等於整條線與長段之比，其數值比為 1.618：1 或 1：0.618，也就是說長段的平方等於全長與短段的乘積。數學家們還發現 2：3 或 3：5 或 5：8 等都是黃金比的近似值，並以分子分母之和為新的分母（原分母為分子）而遞增，即 3/5、5/8、8/13、13/21、21/34、34/55、55/88…，數字越大，其分子與分母的比值就越接近 0.618，數學上將此稱為「弗波納齊數列」。根據這個數列規律，又可從「線段」黃金比求出「面積」黃金比，近代建築學家柯比意（Le Corbusier）就是根據此數列發明了「黃金尺」（建築標準尺，以 1.6 倍略強的比例遞增）。「0.618」以嚴格的比例性、藝術性、和諧性，蘊藏著豐富的美學價值。這個「黃金分割律」是基本的美的標準，世界各地的「美」大都遵循這一標準。中世紀時人們認為這個比率具有無比的神秘性，把它命名為「神授比例」。

人們對「黃金分割律」這樣的比例本能地感受到美，這與人類的演化和人體正常發育密切相關。據有關研究顯示，從猿到人的進化過程中，骨骼方面以頭骨和腿骨變化最大，軀體外形變化最小，人體結構中有許多比例關係接近 0.618，從而使人體美在幾十萬年的歷史積澱中固定下來。「黃金分割律」的和諧美是與人性相通的和諧美。按這些原則結合成的人，體態勻稱和諧，散發出令人愉悅的美感。人類將人體美作為最高的審美標準，由人及物，推而廣之，凡是與人體相似的物體就喜歡它，就覺得美。

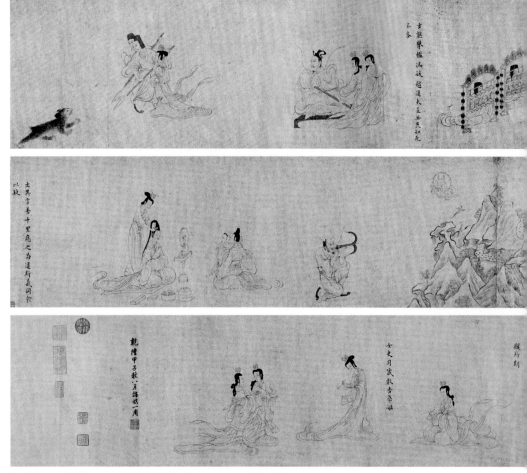

▎宋摹 女史箴圖 北京故宮博物院藏（上圖，右頁下圖為局部）

人體本身就是黃金分割律的傑出樣本。因此說，人們下意識地、本能地偏愛黃金律，與人類視覺中關於人體比例的積澱是密切相關的。於是「黃金分割律」作為一種重要形式美法則，成為世代相傳的審美經典規律。文藝復興時期的數學家帕喬里（Pacioli）在《論神的比例》中將其譽為「神賜的比例」，提出一切企求成為美的東西的世俗物品，都得服從於它。

「0.618」是迄今表達人體美之規律最精闢、最簡練的形式。「黃金分割」的規律是人體造型藝術中美的比例和結構的總規律。在「黃金分割律」的基礎上，人體各個部分還形成了一系列的比例關係。古希臘雕塑家伯拉克西特列斯（Polyclitus）重新解釋了人體各個部分之間的數學關係。他的準則規定，雕像的頭長應是雕像身長的1/7；腳的長度應是手掌寬的三倍；腿部從腳到膝的長度應是手掌寬的六倍，這個長度同樣適用於膝和腹部中心之間的距離。為了說明這些準則，他製作了一個雕像。

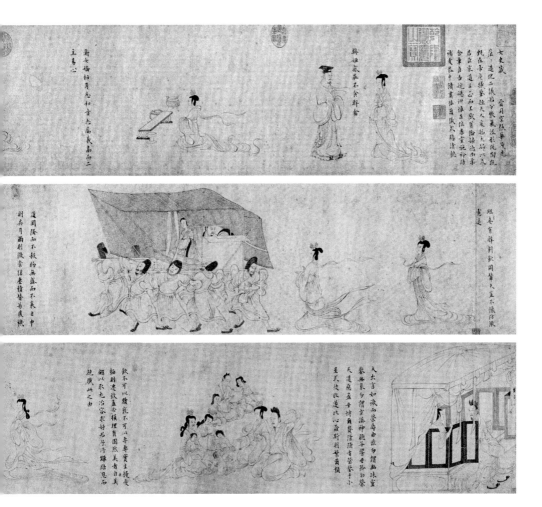

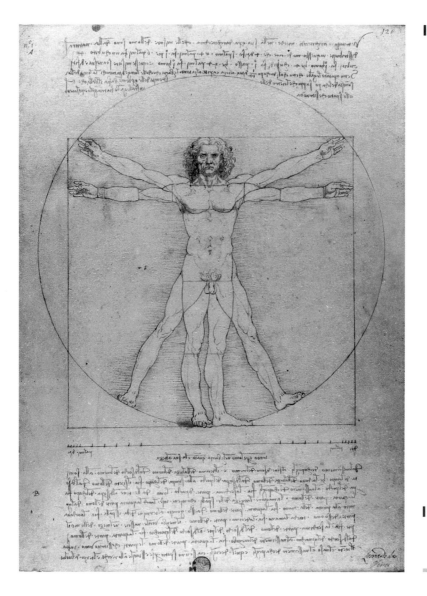

達文西　人體比例
標準圖　1485-90
鋼筆素描　34.4×
24.5cm　威尼斯
學院美術館藏（左
圖）

米洛的維納斯
此雕像 1820 年在
希臘米洛島上被發
現（右圖）

這個雕像由於羅馬人仿製了許多複製品而得以倖存下來，這就是稱為「陶洛福羅斯」
（Doriphoros）或「持矛者」的雕像。

　　古羅馬藝術家維特魯威（Vitruvii）在《建築十書》中，講到神廟、繪畫、雕塑
都是按照人體比例而來，而「自然按照以下所述創造了人體，即頭部顏面由頦到額之
上生長頭髮之處是 1/10；又手掌由關節到中指端部也是同量；頭部由頦到最頂部是
1/8；由包括頸根在內的胸腔最上部到生長頭髮之處是 1/6，由胸部中央到頭頂是 1/4。
顏面本身高度的 1/3 是由頦的下端到鼻的下端；鼻由鼻孔下端到兩眉之間的界線也是
同量；頦部由這一界線到生長頭髮之處同樣成為 1/3。腳是身長的 1/6；臂是 1/4；胸
部同樣是 1/4。此外，其他肢體也有各自的計量比例。」維特魯威又說：「建築在人

體中自然的中心點是肚臍。因為如果人把手腳張開，做仰臥姿勢，把圓規尖端放在他的肚臍上作圓時，兩方的手指、腳趾就會與圓相接觸。不僅可以在人體中這樣地畫出圓形，而且可以在人體中畫出方形。即如果由腳計量到頭頂，並把這一計量移到張開的兩手，那就會高寬相等，恰似地面依靠直尺確定為方形一樣。」如果兩手不動，只把兩腿張開，這就是一個三角形。人體本身就使三角形、方形、圓形三位一體的完美統一。因此，西方建築美學中最流行的一種看法是：建築物的整體，特別是外輪廓及內部各主要分割線的控制點，凡符合或接近於圓、正三角形、正方形等具有確定比率的簡單幾何圖形，就可能由於具有某種幾何制約關係而產生和諧統一的效果。希臘海神波塞頓神廟、羅馬帕德嫩神廟，典型的哥德式教堂、巴黎凱旋門等著名建築，都體現了這樣的規律。按照維特魯威提出的比例畫出的人像，被稱為「維特魯威人」。這種圖樣在文藝復興時期很受推崇。而在達文西著名的威尼斯圖稿中，這種人像得到了最出色的展示。

　　古希臘的許多雕刻都是按照「黃金分割律」以及相應的比例關係來進行創作的。例如〈擲鐵餅者〉雕像，構圖的基本要素則是「人體正方形」（即二臂側平舉等於身高），體態雄健威武，凝聚著健力、美，是男性美的完整體現。古希臘女人的理想身材是頭略小而臀較寬，頭部長度和身長的比例正好是 1：7（即頭 1 身 7）。被譽為女性健美典範的〈米洛的維納斯〉，其基本的資料是：高度 204 公分，基座 7.2 公分，身寬 63 公分，全長 209 公分，胸圍 121 公分，腰圍 97 公分，臀部 129 公分，肩寬 44 公分。這座雕像若按比例縮成身高 160 公分的女子，三圍比例為 90：72：96 公分，構成了比例協調、線條柔和的曲線美。如以肚臍為界測量時，維納斯的腳底至肚臍：肚臍至頭頂＝ 1：0.618，另外，肚臍至咽喉，咽喉至頭頂＝ 1：0.618。

　　同樣地，中國人也很看重相貌和身體的比例。中國古代有「站七」的概念，即站立時身體高度相當於七個頭的長度。中國人對面貌美的標準，有「三庭」、「五眼」、「三勻」之說。所謂「三庭」即髮際到眉際為上庭；眉際至鼻的下端為中庭；鼻的下端至地角下頜為下庭；這三庭基本

相等，是面孔美好的起碼標準。「五眼」即臉的寬度等於五個眼睛的寬度；兩眼之間寬度等於一個眼寬度，兩眼左右各有一個眼寬。「三勻」即左右面頰各有一個嘴的寬度。

我國研究人員對公眾公認的美女，如影視明星和一些外貌出眾的青年女性作面部測定，取得「美女」的一些具體的幾何圖像和資料。「美女」具體為面型為橢圓形，下頷角間距為 115 公厘，頷面高為 124 公厘。如果在標準面容基礎上下頷間距縮小 10 公厘，就顯得比較難看。在此基礎上下頷間距再縮小，就成為所謂的「尖嘴猴腮」相，令人反感。相反在標準面容上，下頷間距加大 10 公厘，也會使人感到難受，如果下頷間距再擴大就成為菱形或梯形，同樣令人反感。這兩種情況都是人們視覺和審美感官所不能接受的，會被視為醜陋。換句話說，如果下頷間距超過 121.96 公厘，就會被視為難看的國字臉或下寬上窄的梯形臉。而下頷間距小於 110.29 公厘的面容，則被視為令人難以認同的「尖嘴猴腮」臉。這兩種情況便成為一些人審美標準的根據。

現代學者在對黃金分割與人體關係的研究中，進一步發現人體結構中有 14 個「黃金點」（物體短段與長段之比值為 0.618），12 個「黃金矩形」（寬與長比值為 0.618 的長方形）和兩個「黃金指數」（兩物體間的比例關係為 0.618）：

14 個黃金點是：1. 肚臍：頭頂－足底之分割點；2. 咽喉：頭頂－肚臍之分割點；3-4. 膝關節：肚臍－足底之分割點；5-6. 肘關節：肩關節－中指尖之分割點；7-8. 乳頭：軀幹乳頭縱軸上之分割點；9. 眉間點：髮際－頦底間距上 1/3 與中下 2/3 之分割點；10. 鼻下點：髮際－頦底間距下 1/3 與上 2/3 之分割點；11. 唇珠點：鼻底－頦底間距上 1/3 與中下 2/3 之分割點；12. 頦唇溝正路點：鼻底－頦底間距下 1/3 與上中 2/3 之分割點；13. 左口角點：口裂水平線左 1/3 與右 2/3 之分割點；14. 右口角點：口裂水平線右 1/3 與左 2/3 之分割點。

12 個黃金矩形是：1. 軀體輪廓：肩寬與臀寬的平均數為寬，肩峰至臀底的高度為長；2. 面部輪廓：眼水平線的面寬為寬，髮際至頦底間距為長；3. 鼻部輪廓：鼻翼為寬，鼻根至鼻底間距為長；4. 唇部輪廓：靜止狀態時上下唇峰間距為寬，口角間距為長；5-6. 手部輪廓：手的橫徑為寬，五指併攏時取平均數為長；7-12. 上頷切牙、側切牙、尖牙（左右各三個）輪廓：最大的近遠中徑為寬，齒齦徑為長。

兩個黃金指數是：1. 反映鼻口關係的鼻唇指數：鼻翼寬與口角間距之比近似黃金數；2. 反映眼口關係的目唇指數：口角間距與兩眼外眥間距之比近似黃金數。

根據「美是和諧」和「適當比例」的原則，美國一家女性時尚網站提出了人體美的 10 大標準：

1、軀幹骨骼發育正常。脊柱正視垂直，側看曲度正常。2、四肢長而直，關節不顯得粗大凸出。3、頭頂隆起，五官端正。4、二肩平正對稱，男寬女圓。男子的肩膀

寬闊，可以顯示雄壯威武的氣概，女子圓潤的肩膀，可以凸出其曲線美。5、胸廓飽滿。有寬大而隆起的胸部，人才顯得健壯結實，富有活力。6、腰細而結實。7、腹部扁平。8、臀部圓翹，球形上收。9、腿修長而線條柔和。10、踝細、足弓高。

　　這10條標準，體現了人的形體美的基本特徵；但更重要的是，健康才是美的基礎。西塞羅說：「優雅和美不可能與健康分開。」義大利文藝復興時代的人道主義者洛倫佐·巴拉強調：健康是一種寶貴的品質，是「肉體的天賦」，是大自然的恩賜。他說：「很多健康的人並不美，但是沒有一個美的人是不健康的。」按照這個看法，女性的美是肌膚圓潤光澤，面孔鮮嫩，隆起而富有彈性的乳房，身體靈活勻稱，以及作為生命之母的形體的恰當和諧。女性美在人們心目中具有生理和解剖結構方面的凸出價值。古羅馬詩人奧維德在讚美美豔絕倫的海倫和光彩照人的阿芙羅狄忒（Aphrodite）時，就描繪了這種優美無比的形體。古代理想的美女身體是柔軟白皙、苗條滋潤、比例勻稱。這種柔軟是生命力的形式和完善的表現。

　　文藝復興時期的作家菲倫左拉（Agnolo Firenzuola，他正式身分為僧侶）寫了一本對話集《論女人之美》。他認為「美乃是一種有秩序的和諧，在一種美的事物裡面，儘管組成的分子彼此歧異不同，但它們組成一個整體以後產生一種不可思議的和諧，這種和諧就是美。」他在其中為女人身體每個部分定下美的標準：頭髮要濃密而長，且是金黃色的——近棕色的柔黃色；皮膚要細膩白皙，但不是蒼白；眼睛要黑、圓而大，眼球要微帶藍色；鼻子要挺，不能像鷹勾鼻；嘴要小巧，唇要豐潤；下顎要圓並有酒窩；頸要圓，有點長但不能露出喉結；兩肩要寬，乳房要豐滿——微微下垂而高聳；兩手要白、豐厚、柔軟；腿要長，腳要小，如此等等。

▍美女的人體之美

　　「黃金分割律」及相關的比例關係確定了人體美的「種屬尺度」，但是人之為美、美女之為美，還是通過具體的人每一部分和人的具體行為表現出來的。每一個個體的人都不是嚴格按照比例的尺度創造出來的。曾經嚴格遵守「維特魯威人」圖樣孜孜以求理想比例、後來又放棄了比例法則的文藝復興時期藝術大師丟勒（Albrecht Durer）就曾說過：「世上沒有人可以做出什麼是最美的人體的最終判斷，這只有上帝知道。…在美的方面，『好』或『更好』是很難辨別的。我們很可能創造兩個不同的人像，一個胖些，一個瘦些，但我們很難判斷哪個更美。」英國哲學家培根指出：「沒有哪一種高度的美不在比例上體現幾分奇特。」他還認為：「我們常看到一些面孔，就其各部分孤立地看，就看不出絲毫優點；但是就整體看，它們卻顯得很美。」進化論的創始人

達爾文也說：「如果人都從一個模子裡出來的話，那麼也就不存在美這種東西了。」

中國古代文人余懷在《板橋雜記》中描寫舊院名妓的體貌，寫到多名美女，卻都有各自的豔麗姿色：

> 李十娘，名湘真，字雪衣。生而娉婷娟好，肌膚玉雪。
>
> 顧眉，字眉生。莊妍亮雅，風度超群。鬢髮如雲，桃花滿面。弓彎纖小，腰肢輕亞。
>
> 董白，字小宛，一字青蓮。天姿巧慧，容貌娟妍。
>
> 沙才，美而豔，豐而柔，骨體皆媚，天生尤物也。
>
> 馬嬌，字婉容。姿首清麗，濯濯如春月柳，灩灩如出水芙蓉，真不愧「嬌」之一字也。
>
> 顧喜，一名小喜。性情豪爽，體態豐華。
>
> 張元，清瘦輕佻，臨風飄舉。
>
> 李香，身軀短小，膚理玉色。慧俊婉轉，調笑無雙。

法國詩人波特萊爾（Charles Baudelaire）在一篇散文中描繪了少女杜蘿蒂，他在充滿動感的描寫中展現出一個鮮活的美女形象。他寫道：

> …像太陽一般強壯而驕傲的杜蘿蒂卻走在空無一人的大街上。此時此刻，她是萬里晴空下的唯一生命，給一片熾熱的畫面綴上了一顆閃亮的黑點。
>
> 她款款而行，寬大的髖骨上的纖纖細腰輕柔地擺動。淡玫瑰色的緊身綢裙與她的深色皮膚對映鮮明，恰到好處地裹在身上，顯出她修長的身材，凹進的後背和尖尖隆起的胸部。
>
> 陽光透過紅色小傘照在她那黝黑的臉上，兩頰仿佛塗上了一層血紅的胭脂。
>
> 一頭濃密的青絲泛著藍光披在腦後，秀美的頭微微後仰，這使她具有一種悠然自得和懶洋洋的神氣。沉重的環佩在小巧玲瓏的耳邊琤琤作響。
>
> 海風不時掀起她的裙角，露出一雙閃亮健美的腿。她的腳可以和歐洲博物館裡陳列的大理石女神相媲美，每走一步，細軟的沙灘上就留下清晰的腳印。
>
> 杜蘿蒂是如此驚人地美麗，因而對她來說，渴望愛慕的心情超過了對於自由的驕傲。儘管她是個自由民，卻仍然赤腳走路。
>
> 她邁著勻稱矯健的步伐向前走著，對於生活的幸福感使得她的臉上浮起動人的微笑，似乎看見前面遠遠的地方有面鏡子，照出了自己輕盈地步履和姣好的容顏。

布欣　獵神黛安娜出浴（局部）　1742　油彩畫布　57×73cm　巴黎羅浮宮收藏

　　波特萊爾描繪的杜蘿蒂是一個充滿生命活力和青春氣息的美女，因而令讀者感到一種現實的美感和親合力。美女之美，並不是簡單地按照「黃金分割律」機械地製造出來的。作為一個活生生的人，一個有血有肉的身體，她的美表現在人體的每一個部分，而這些部分的和諧造就了美女的人體之美。

　　面孔是人之美最顯著的方面，是人體美的最集中的表現。美女之美，首先要嬌好美麗的面孔。中國古代對面容的美的要求是相當嚴格的，即蟬首、杏唇、犀齒、蛾眉、

秋波、芙蓉臉、雲鬢，如此等等。18世紀法國哲學家狄德羅（Denis Diderot）曾說：「世上最美麗的顏色是少女面頰上可愛的紅潤，它是天真無邪的、青春的、健康的、樸實的、純潔的色彩。」達爾文也說：「我們文明人講美貌，把臉當作鑒賞的中心，野蠻人也是如此。」在日常生活中，如果說誰美誰醜，首先就是說他或她的面孔的美。面孔的美使我們著迷、使我們陶醉。有一次心理學實驗得出的數字表明：看見並判斷一張臉是否美麗只需要幾分之一秒的時間。保加利亞哲學家瓦西列夫在那本著名的《情愛論》中寫道：

> 人的面孔是美的集中表現。它似乎將身體各個形體的影響力量「凝為整體」，形成具有深刻個性的特點。面孔是人的本質的審美體現，是內心活動的外部化身。面部表情除非有意掩飾，直接反映著一個人的感受。
>
> 難怪許多心理學家指出，面孔以一定的方式標誌著人的性格。它是心靈的鏡子，是表達思想感情和與人交往的最好器官。因此人的面孔在一切感知的外觀形式中是審美化的最主要對象。它將生物美和社會美結合為感情變化、生命魅力的完滿整體，結合為身心價值的統一圖畫。

菲倫左拉在《論女人之美》一書中寫道：「女人不論長得多麼出色，如果沒有一頭好的頭髮，她全部的美和光彩便喪失殆盡。」沒有哪一個社會或文化的人會不裝飾他們的頭髮，這延續了幾千年。所以，有頭髮就得採用一定的髮型，而且也就必然作為面首裝飾而高居於頭頂。因此，髮型是面首裝飾中必不可少的一般化現象，而且是人人都離不開的手段。在幾乎所有的文化中，男性有男性的髮型，女性有女性的髮型。長髮和各種精心設計的髮型常被看作是引起性感的刺激物；而短髮則被看成是純潔、

高雅的象徵。恩格斯曾經指出：

> 婦女的頭髮是歷史的發展——卷的或波紋的，彎的或直的；是黑色、紅黃色
> 或淡黃色的…。如果把她一切歷史形成的東西同皮膚和頭髮一起統統去掉，
> 『在我們面前呈現的原來的婦女』還剩下什麼東西呢？乾脆地說，這就是雌
> 的類人猿。

德國文化史家愛德華‧傅克斯也指出：

> 髮型不僅是頭的永遠的陪襯，而且是對別人顯示自己本質的一個最合適的手
> 段。你要表示自己簡單、樸實、穩重、深思熟慮，或者大膽、魯莽、快活、輕佻、
> 厚顏無恥，或者古板、矜持、威嚴，沒有什麼比特定的髮型更合適的了。

古羅馬作家阿普列烏斯（Apuleius）在詩中把婦女的頭髮比作「愛的漂亮頭巾」，並說，女士們儘管可用金銀珠寶把自己打扮得珠光寶氣，但如果沒有一頭濃密、亮澤的頭髮，所有的折騰都是白費心思。女性想展示她的自然美，只要脫掉所有的衣服，取下一切裝飾品，相信其紅潤的皮膚比金色的衣裳更可愛。但如果剃光她的頭髮，使她失去那種獨一無二的美，她的容貌也就徹底失去了自然美。他在《變形記》中寫道：

> 有什麼比美麗的頭髮更迷人呢？亮晶晶的頭髮在陽光下或輝煌奪目，或閃爍
> 柔和，千姿百態，美不勝收。金光燦爛的頭髮一會兒變成蜜黃色，一會兒又
> 變得黑油油的，堪與白鴿頸上藍色的光澤媲美。或者塗上阿拉伯油，用精巧
> 的頭梳細長的梳齒把它梳向兩邊，披在腦後，任憑情人來端詳。它像一面鏡
> 子，能反射出更加美麗的形象。或者將濃密的頭髮梳成皇冠，或者讓一綹綹
> 披肩長髮自由地飄垂。總之，頭髮是如此高貴，女人若不把它伺候好，即使
> 衣著再華麗，首飾再貴重，披金戴銀，珠光寶氣，也不會真正使她增添一分
> 姿色。

對全世界的婦女來說，乳房一直是一個重要的時尚主題。女性乳房不僅作為功能器官和性徵器官，而且作為審美器官受到重視。從最早的文明開始，作為美的一種賞心悅目的表現，乳房一直是女人陰柔之美的最引人注目的象徵。古希臘克里特文明時期克里特島的米諾斯盤蛇女神像的胳膊、腰部和頭飾上一般都有毒蛇盤繞；她們穿著的緊身胸衣故意設計成一種能夠展示她們赤裸乳房的式樣。古希臘藝術家雕刻的裸體

作為美的一種賞心悅目之表現，乳房一直是女人陰柔之美的最引人注目的象徵。

安格爾　土耳其之浴（局部）　1848-64　油彩畫布　108×110cm　巴黎羅浮宮美術館藏

女性都凸出完美的乳房。愛神阿芙羅狄忒經常衣不遮體，清楚地凸顯乳房的線條。她
們的乳房被塑造成完滿的情慾表徵。古希臘文學裡，女人的乳房被稱為「蘋果般」的
乳房。《木馬屠城記》中的特洛伊美女海倫（Helen）也有著「蘋果般」的乳房，特
洛伊戰爭後，她向丈夫墨涅拉俄斯（Menelaus）展露酥胸，期望他放下利劍，原諒她
的背叛。文藝復興時期，對於人體美的讚美達到了歷史上的最高峰，在那個時代的文
藝作品中對女性美有許多深入的描述，特別是對於女性的胸部，是文藝作品中歌頌得

魯本斯　美惠三女神　1636-37　油彩畫布　221×181cm　西班牙普拉多美術館藏

最為起勁的。凡是唱給女人的讚歌，唱得最響的就是乳房。例如漢斯・薩克斯頌揚他的美人：「她的脖子雪白，脖子下面的兩隻乳房布滿細細的青筋，好像是裝飾的花紋。」

　　文藝復興時期，繪畫中對於胸乳美的描繪已達登峰造極，堪稱空前。它的理想化形象是那個時代永不枯竭的藝術主題之一。這個時代專門為描繪胸乳之美而創作

的女像多不勝數，美麗的乳房不僅是這些畫的中心，而且是這些畫的主要內容。

在 17 和 18 世紀的歐洲，赤裸的或者非常凸出的乳房有時是一種時尚。17 世紀魯本斯（Peter Paul Rubens）創作〈美惠三女神〉時，他將三位女神描繪成為渾圓、豐滿的形象，反映出那時人們對於體態的審美觀點。法國啟蒙運動思想家伏爾泰（Voltaire）在《奧爾良少女》中寫道：「這樣的美，誰不愛得發瘋？雪白的脖子像大理石，下面是愛神的山谷。渾圓的乳房攝魂奪魄，乳暈像玫瑰花蕾。豐滿的胸乳叫人想入非非，手不由自主向它伸去，眼睛裡閃現出渴望的慾火，熱切地想把嘴唇貼在上面。」

不過，古代中國人對女性的胸圍要求不高，對擁有豐滿乳房的女性也頗不以為然。中國的乳房情色文化非常貧乏，先秦時代描寫美女的詩文，無微不至，然而基本上都遺漏了乳房。《詩經·碩人》寫女子的手、皮膚、頸、牙齒、眉毛、眼睛，卻單單沒有提到乳房。司馬相如《美人賦》寫東鄰之女「雲髮豐豔，蛾眉皓齒」，卻也沒有提到乳房。中國古代對於乳房美的期待是小乳，古人又稱為「丁香乳」，所以女子不但不隆胸，反而束胸。張愛玲在《紅玫瑰與白玫瑰》中描寫古典的乳房說：「…她的不發達的乳，握在手裡像睡熟的鳥，像有它自己的微微跳動的心臟，尖的喙，啄著他的手，硬的，卻又是酥軟的，酥軟的是他的手心。」

在人體的各個部位中，腰是一個很微妙的地方。中國人自古以來對女人腰就分外重視。《詩經》上說：「窈窕淑女，君子好逑」，所謂窈窕，就是身材苗條婀娜，其腰纖細。我們的先人形容美女時多用「嫋嫋娜娜」、「弱不禁風」、「翩翩而至」等，都是形容身材苗條、楊柳細腰。妲己、褒姒等古代美女，必定有一付誘人的身材，其腰亦必纖細。西元前 6 世紀的楚靈王偏愛細腰女子；與楚襄王同時的楚人宋玉，在其〈登徒子好色賦〉中，對那位漂亮的「東家之子」也有「腰如束素」的描寫。中國古代文人的情趣，如周邦彥所說：「看楚女，纖腰一把」或柳永所陶醉的：「世間尤物意中人，輕細好腰身」。唐代人雖然以肥為美，但仍然喜愛細腰。唐代詩人白居易情場得意，家中藏有二妾，作詩曰：「櫻桃潘素口，楊柳小蠻腰」，小蠻因其腰纖細而得寵。不過纖細腰身，似乎只是荊楚一帶的風尚。而對大多數中國人來說，只要腰身和整個身材配合得宜，寬與窄都無所謂。不過腰無論粗細，一定要輕盈靈活，走動時才能搖曳生姿，具有「曲線玲瓏」之美。

在許多文化中，女性理想的身材都是沙漏形，豐乳、細腰、肥臀。當代心理學家戴文卓·辛在 18 種文化中檢測了男人對於女子體型的感受，他發現腰臀的比例常常要比胸圍或體重更為重要。他得出結論說，理想的腰臀比例應為 0.7。他分析歷年《美國小姐》和《花花公子》雜誌，發現美國小姐與《花花公子》模特兒的腰臀比例多年來僅在 0.72-0.69 之間變化。

人們普遍認為，女人身上最性感的地方莫過於細腰下的豐臀了，男人在欣賞女人

身材時多數都是將目光放在女人的臀部上，女人走起路來搖晃的豐臀更搖得男人們心旌蕩漾，上帝給予女人臀部最濃的「性息」。在一本書中這樣描述男人在不同年齡對女人的感受：情竇初開時關注女孩的容貌，稍後看重女孩的胸圍，再後看重女孩的臀圍。按照現代的觀點，臀部是身材的隱形敵人。如果你的臀部豐挺、結實，就自然會彰顯出你腰部纖細的線條，同時也會為你的腿部增加明顯的修長效果，彰顯出腰部以下身材的曲線美。臀部的圓翹，自然會帶動身材曲線的窈窕。如果臀部鬆垮無彈性，那麼腰部以下則會美感盡失，下半身的比例也會給人一種失去平衡的視覺感。

在古希臘，人們認為臀部具有非同一般的美，這是因為臀部具有可愛的曲線，也因為它和其他靈長類動物的臀部適成強有力的對比。古希臘人正確地認為，臀部在人身上最不具有獸性，最高限度地顯示著人之為人的特質。因此，古希臘時代的女性有漂亮、富有性刺激的臀部是非常重要的。女性美臀可說是古希臘女性形象的一個主要部分。在眾多表現愛神阿芙羅狄忒的古希臘塑像中，有一尊專門凸顯女性臀部美的雕像「Aphrodits kallipygos」，一般翻譯為「美臀阿芙羅狄忒」，中國著名學者潘光旦將「kallipygos」譯為「佳麗屁股」，成為譯壇趣話。這尊美臀阿芙羅狄忒雕像將希臘美臀意識加以凝聚物化，成為希臘美臀藝術的代表。在古希臘的文學作品中，也鮮明地表現了人們對於「佳麗屁股」的審美情趣。阿特那奧斯的作品中有一個故事寫道，鄉下人有兩個女兒，因擁有美麗的臀部而被城裡的一對兄弟看上後娶為妻子，從那以後她們就被人稱作「佳麗屁股」。邁加洛波利斯城裡的瑟西德在詩中寫道，錫拉庫薩也有一對美臀女人，她們因婚姻獲得一大筆財富，建立起一座奉祭阿芙羅狄忒的神廟，並將這位女神稱作「佳麗屁股」。

在西方國家的選美活動中，作為三圍之一的臀圍，是衡量女性美一個很重要的參數。許多文人和藝術家也不可自制地受到「臀」的吸引。著名作家亨利·米勒（Henry Miller）在《北回歸線》中提到：「我看到她每晚坐在那兒，圓滾滾的小屁股陷在柔軟的沙發裡，簡直要令我瘋狂」。19世紀最擅於描繪後街女性的畫家羅特列克（Toulouse-Lautrec），筆下美臀一律是粉白濃膩，豐腴圓滿的臀部與軟玉溫香的大腿相連，好像要滴出蜜汁般的誘人犯罪。在英國作家勞倫斯（David Herbert lawrence）的著名小說《查泰萊夫人的情人》中，狩獵人對康妮臀部讚美說：「你這後面多美麗，那是最美麗的女人的臀兒！那上面一分一毫都是女人，純粹的女人！你並不是那種臀兒紐扣似的女兒，她們該是些男孩子。可不是！你有一個真正的、柔軟的、下傾的後臀，那是男子們所愛而使他們動心的東西，那是個可以負擔世界的臀兒。」

不論古今中外，女人的腳往往被視為一種性的象徵。有位作家說過：「腳本身就是一系列奇妙發明的起點。」藹理士說：「無論什麼時代，一個正常的在戀愛狀態中的人都認為足部是身體上最可愛的部分。」近代歐洲人以小腳為美。《維也納風流軼

事》中寫道:「倘若女人不幸而沒有一雙許多行家裡手如此欣賞的纖足,那麼可以用大大的、長可及地的鐘式裙遮住腳。如果腳長得玲瓏可愛,那麼,裁縫不得讓襯裙把腳蓋住。」在當時的人們看來,纖小的腳是美的,它的移動像跳舞,勉強能走路,根本不能邁出堅定有力的步子。在一般人的審美觀念中,在腳的內側,內腳跟到大腳趾尖端成為直線,腳趾互相自然平行依次短下去為美。但在西方藝術作品中常看到二腳趾較大腳趾長的情形,這是由於希臘傳統的古典文化影響的緣故。按照現代的美學觀點,構成腳的美最需具有的特徵是,腳的內側彎曲成弓形。這種彎曲具有美學和力學的意義,它不僅可以緩衝體重對腳的壓力,把加在腳上的壓力分散到整個腳底,還可以使腳的動作具有彈性和韻律,予人一種婀娜的美感。所以,女人的腳特別秀美的那些民族,特別自豪地強調這一美質。據說除了法國女人,就數西班牙女人的腳美。《婦女百科全書》中說:「如果西班牙女人對求愛的騎士表示特別的好感,她向他展示她的腳,那是她一貫極力保護的。西班牙女人在這方面勝過其他民族——她們的腳小而瘦,非常秀氣。」

英國詩人拜倫讚美他情人的小腳高貴,波蘭鋼琴大師蕭邦認為小腳是文明人的特徵,在他們看來,腳需要數學上的均衡,大腳叫人感到粗俗。男人的身高應是足長的6倍半,女人則要7倍,這樣才適當。在關於腳的美學觀念中最重要的是腳的形狀,腳跟部分細而結實的,才是理想的合乎現代女性的腳。當今美國,腳部模特兒分為6個型號,這些腳都應有光滑的皮膚,精美小巧的腳趾,按模特兒經紀人的說法,那些腳趾頭看上去應像「5個小銀蝦」。

中國古代文人騷客對女人之腳可謂情有獨鍾。中國《詩經》裡描寫女人的腳說「巧趨蹌兮」,便是對女人的婀娜步態的描寫。之後許多回環可誦的文章詩詞,都寫到女人的腳和腳上的鞋,例如張衡的《西京賦》中有「振朱屣於盤樽」,曹植的《洛神賦》有「凌波微步,羅襪生塵」,陶潛《閒情賦》中有「願在絲而為履,附素足以周旋」,謝靈運的詩有「可憐誰家婦,緣流洗素足」,古樂府的《雙行纏曲》有「新羅繡行纏,足趺如春妍,他人不言好,獨我知可憐」,李白的詩有「屐上足如霜,不著鴉頭襪」,杜甫詩有:「羅襪紅藻豔」,杜牧詩有:「鈿尺裁量減四分,纖纖玉筍裹輕雲,五陵年少欺她醉,笑把花前出畫裙。」李商隱詩有「浣花箋紙桃花色,好好題詩詠玉鈎」,段成式詩則有「知君欲作閒情賦,應願將身作錦鞋」。這些對女人的腳的吟頌,可以說還是靜態的,至於描寫到腳動時的情態,真可說是淋漓盡致。遼代的〈十香詩〉乃是中國古代最有名的偷情描寫之一,其中有一香,正是形容女人把腳伸出來時的「香法」,詩裡這樣寫道:「鳳靴拋合縫,羅襪卸輕霜;誰將暖白玉,雕出軟鈎香。」詩的意思是:她甩掉了鞋子,脫去了襪子,啊!是什麼人把一塊白玉藏在這裡面,那奇香喲,真是香死人了!

詩中所謂頻頻「撼玉鉤」，正是形容在偷情時不斷搖動女人溫香軟玉般的小腳。詩人們對女人的腳獨有情鍾，自然是與腳在性的關係中的舉足輕重的地位有關。伶玄在《趙飛燕外傳》中講到漢成帝與趙飛燕的妹妹昭儀趙合德的性關係，說漢成帝有陽萎的毛病，只有玩弄趙合德的腳才能興奮勃起，最充分地表現了足和性興奮有時候可以發生極為密切的關係。《趙飛燕外傳》寫道：「帝嘗蚤獵，觸雪而疾，陰緩弱不能壯發，每持昭儀足，不勝至欲，輒暴起；昭儀常轉側，帝不能長持其足。樊嬺謂昭儀曰，上餌方士大丹，求盛不能得，得貴人足一持，暢動，此天與貴妃大福，寧轉側俾帝就邪？昭儀曰，幸轉側不就，尚能留帝欲，亦如姊教帝持，則厭去矣，安能複動手？」

▌女人纏足在中國舊時代出現後，受到男性社會歡迎

女人的天足對比老祖母纏過足的小腳，代表中國社會裡曾經有過的風俗現象。（唐能理攝影，藝術家出版社提供）

纏足是中國的一種「國粹」。該習俗的起源，據說南唐後主李煜時有一位宮嬪窅娘，是漂亮的小個子，又特別善舞。李煜作金蓮，高6尺，飾以寶物，細帶纓絡，金蓮中作品色瑞蓮，讓窅娘以帛繞足，外著素襪而歌舞，舞姿優美，飄飄若仙。唐鎬有詩「蓮中花更好，雲裡月長新」句，描寫的就是窅娘。一時宮內宮外競尚小腳。

北宋已有婦女纏足，到南宋時期纏足風尚開始興盛，小腳成為臨安時髦婦女的一種象徵，時稱「杭州腳」。臨安省道專有一種「小腳船」載裝妓女。從此，纏足相沿成習，「人人相效，以不為者為恥」。史浩有兩首〈浣溪沙〉詞，專寫女人小腳：

一握鉤兒能幾何？弓弓珠蹙杏紅羅，即時分惠謝奴歌。
香壓幽蘭蘭尚淺，樣窺初月月仍多，只堪掌上燃瓊波。

珠履三千巧鬥妍，就中弓窄只邊邊，惱伊劃襪轉堪憐。
舞罷有香留繡褥，步餘無跡在金蓮，好隨雲雨楚峰前。

到清代婦女纏足之風尤甚，到了任何人娶妻都以「婦人腳大為恥，腳小為榮」，而一般女子以腳小為美，莫不全力裹緊雙足，以達到世俗美人的條件。所謂「全身之

勝，在裙下雙鉤」。清代纏足之風尤其在北方地區盛行，又以山西小腳為最，有「從來小腳說山西」之稱。

林語堂戲稱纏足是「中國人感官想像力最精緻的創作」。林語堂在《京華煙雲》這樣描寫小腳：

> 剛走上船的這位少婦的腳，可以說幾乎達到十全十美的地步——纖小、周正、整齊、渾圓、柔軟，向腳尖處，漸漸尖細下來，不像普通一般女人的腳那樣平扁。…當然她的美並不全在腳上，她整個身段兒都加強了她的美，就猶如一個好的雕像偏巧配上一個好座子一樣。她那一雙周正的小腳兒使她的身體益發嫵媚多姿，但同時身體仍然穩定自然，所以無論何時看，她渾身的線條都不失其完美。…

纏足一出現就受到男性社會的熱烈歡迎，它滿足了一些男人的性心理要求。潘光旦在《性心理學》中談到不少男人有足戀的傾向。中國的纏足風氣與戀足的傾向有密切關係。清代人方絢著有《香蓮品藻》，專門品評女人纏足之美。他說「香蓮」有三貴：肥、軟、秀。他解釋說：「瘦則寒，強則嬌，俗遂無藥可醫矣。故肥乃圓潤，軟則柔媚，秀方都雅。然肥不在肉，軟不在纏，秀不在履。且肥軟或可以形求，香則當以神遇。」清末民初的辜鴻銘對女人之腳的鑒賞說：「小腳女子，特別神秘美妙，講究瘦、小、尖、彎、香、軟、正七字訣，婦人肉香，腳其一也。」正是男性的這種癖好，並通過文人把它用優美的文字表現出來，成為一種誘導的力量，使得社會上逐漸認為女人只有「纖足」才最美，要想使「足纖」最可靠的辦法就是「纏」之使小，於是纏足成為男性社會的審美要求，它逐漸化為女性自覺的認識，她們也為了追求「美」拼命把腳裹小。近代文人鄒英在《蓴菲閒談》中有對纏足女性痛苦與愉悅心理相互轉換的描述：在小腳盛行的時代，裹腳時即使痛淚直流，「待到雙腳裹小之後，博得人人矚目，個個回頭，在家時父母面上有光輝，出嫁後翁姑容上多喜色，尤其十二分快意的，便是博得丈夫深憐密愛。所以在那裹足時代，凡是愛美的女郎，沒有一個不願吃這痛苦的。」方絢的《金園雜纂》中形容說：新婚除夕若是新郎握到一雙纖弓小腳，便會陡生無限歡喜；若是歎一聲「好大腳」，新娘便會羞愧地不敢露面。男人愛小腳，女人也特別看重自己的小腳。這種審美心理直到20世紀初還很有影響力。有的地方還設有「小腳會」，每年都有選美賽會。

近代以後，反纏足的呼聲漸高。民初社會出現了「天足興，纖足滅」、「放足鞋興，菱鞋滅」，各地遂「天足女子漸多，鄉間婦女與男子共耕耘」，民間風俗隨之變化，纏足之風漸漸遠去。

▌「該拉忒婭的靈魂」與內在之美

　　人的外在美是人自身美的凝聚和顯現，它既能給本人以極大的心理滿足和自美的心理享受，又能給他人以審美美感，使人賞心悅目。追求外在的形貌美，是人的本然天性。對於人們的審美觀念來說，形體美具有特別的重要性，人們首先還是著眼於物件的外觀，借助於感知和直觀身體的外在形象。但是，女性之美的內涵非常豐富，華麗的外表只是其中之一。人們期待的美女不僅僅具有形體美，還有文化的和精神的因素。人們心目中的理想美女都是把身體素質和精神品質結合起來。美按照自己的規律把身體和精神兩個方面結合起來，使感受和意識的聯想活動形成一個整體，而不單純

是人的某一種感官的享受。正因為有了內在美的存在，人才能真正成為完美的人，才能讓人產生由衷的美感。

在古希臘神話中有個故事，說賽普勒斯雕塑家皮格馬利翁（Pygmalion）用象牙雕了一座容光煥發的美女雕像——該拉忒婭（Galatea）。他愛自己這件作品如醉如癡，擁抱著雕像冰冷的雙膝不肯放手。美神阿芙羅狄忒被皮格馬利翁的痛苦深深打動，於是給該拉忒婭注入了靈魂。在古希臘人看來，美麗的身體和高尚的靈魂是美的兩個不可分割面，兩者互為依託。美麗的軀體必定蘊含著某種高貴的、細膩的靈魂。古希臘哲學家赫拉克利特（Heraclitus）指出：「身體的美，若不與聰明才智相結合，就是某種動物性的東西」。比如那些偶像，「那些偶像穿戴和裝飾得看起來很華麗，但很可惜！它們是沒有心靈的。」哲學家蘇格拉底認為，藝術中的人體美必須是精神和肉體都美的，並且要以精神為主導。最美的境界是心靈的優美與身體優美諧和一致。古希臘另一位哲學家普洛丁在談到人體美時強調，美的肉體只是最高美的痕跡、影子和反光；要顯示這種最高的美，必須使靈魂擺脫肉體的污垢。

歷史上有許多思想家指出了靈魂之美對於人體之美的意義。文藝復興時期義大利人文主義者洛倫佐·巴拉也指出：身體美並非來自它的物質、它的密度和外形。美總仿佛是發自體內的光，仿佛是精神的照射，或者是同人類意識的高級衝動聯繫在一起。同一時期的詩人彼埃特羅·班布指出：「身體的美，尤其是面部之美…，僅是神聖美德的外現。美即善良。因此，真正對美的愛應該是最善良最神聖的。」喬爾丹諾·布魯諾（Giordano Bruno）說：「靈魂比身體可能具有的美還要美得多。」生理美是人的意識的「反光」。蒙田也曾說過，象徵愛情的維納斯的美主要是「精神基礎」。法國哲學家丹納在《藝術哲學》曾談到這個問題，他指出：

> 精神的生命是肉體生命的終極，肉身開的花：缺少精神，肉體就殘缺不全，像流產的植物一樣無法開花結果；一個無論如何完美的身體，必須有完美的靈魂才算完備。我們要在身體各部的和諧中間，姿態中間，頭的形狀與面部表情中間，表現這靈魂，要使人感覺到心靈的自由與健全，或者卓越與偉大。

許多人都曾提到身體美與靈魂美的關係。作家張愛玲寫道：「女人有美的身體，就用身體愉悅人，有美的思想，就用思想愉悅人。而能兩者結合，當然是求之不得。」作家柏楊說得更為有趣：「美而惠的女子千不得一，倘若遇見，能娶則娶之，不能娶時，則千萬多看幾眼，以資紀念。」

人是一個整體，人的美也是內容與形式、現象與本質、內在世界與外在行為的美

的統一。按照柏拉圖的說法，心靈美與身體美的和諧一致是最美的境界。所謂心靈美，就是指人的精神世界的美，包括美好的理想境界、良好的審美情趣、高尚的品德情操等等。心靈美是以真為基礎、以善為靈魂、以美為形式的真、善、美的統一。柏拉圖曾經這樣地教導青年：

> 應該學會把心靈的美看得比形體的美更珍貴，如果遇見了一個美的心靈，縱然他在形體上不甚美觀，也應該對他起愛慕，憑他來孕育最適宜使青年人得益的道理。

世界上最美、最高貴的所在，無過於人類的精神。靈魂比身體可能具有的美要美得多。孟子將內在美理解為「充實」：「充實之謂美，充實而有光輝之謂大」，人們如能「善養吾浩然之氣」，就能不侷限於有限的身體而要騰躍到內心充實的境界。「心靈美」最重要的是高尚、優良的品德。18世紀英國哲學家哈齊生（Francis Hutcheson）則說：「容貌上令人喜愛的東西，主要是道德品質的表徵。」美是人的本質力量的一種表現。人的優良品德作為人的本質力量的感性顯現形式而成為美，得到肯定的審美評價。優良的道德品質使人格變得崇高，不斷昇華，從而顯示道德美的魅力。審美價值和道德價值標準是統一的，因而倫理和審美是互相適應的，善即適應美，惡即適應醜。德國詩人萊辛曾提出藝術家要「使我們認識善和惡的真正實質」，「向我們表明善在它的一切組合和結果中的美，即使在不幸中善怎樣產生幸福；相反，闡明惡的醜，即使在幸福中惡也是災難性的。」蘇格拉底認為善的也就是美的。色諾芬在《回憶錄》中記載蘇格拉底的論述說：

> 你知道任何美的東西，從一個角度來看，也是善的嗎？例如德行，往往從這個角度看來是善的，而從另一個角度看來則是美的；又例如男子，我們說他們是美的，即是因為他們的行為是善的。同樣，我們的身體也是如此；總之，我們使用的每一件東西，都是從同一個角度，也就是從有用的角度來看，而被認為既是善的，又是美的。

因此在對於美女的評論中，關於心靈和道德之美就占有很大的比重。人們對於女性的精神境界、道德品質和行為方式上的評價，往往是評判一個女性是否美的重要標準。在《舊約聖經》中，就有對女性道德的讚美和要求。《聖經‧箴言》第31章說道：

> 才德的婦人，誰能得著呢？她的價值遠勝過珍珠。…

她開口就發智慧。她舌上有仁慈的法則。她觀察家務，並不吃閒飯。他的女兒起來稱她有福。她的丈夫也稱讚她，說才德的女子很多，惟獨你超過一切。豔麗是虛假的。美容是虛浮的。惟敬畏耶和華的婦女必得稱讚。願她享受操作所得的。願她的工作在城門口榮耀她。

中國傳統文化對於女性的品性和道德有更具體和嚴格的要求。在先秦時代，「美人」一詞並不特指漂亮的女人，它也指有道德的人。確切地說「美人」就是聖王、賢者、善人。在《離騷》中，屈原有時以美人自居，有時「美人」則指理想君王。他作《思美人》，流露了君臣之思：「思美人兮，攬涕而佇眙。媒絕路阻兮，言不可結而詒。蹇蹇之煩冤兮，陷滯而不發。申旦以舒中情兮，志沉菀而莫達。原寄言於浮雲兮，遇豐隆而不將。因歸鳥而致辭兮，羌迅高而難當。高辛之靈晟兮，遭玄鳥而致詒。欲變節以從俗兮，媿易初而屈志。獨歷年而離湣兮，羌馮心猶未化。宿隱閔而壽考兮，何變易之可為。知前轍之不遂兮，未改此度。」他以「美人」自居時似乎特別關切青春年華的可貴，對草木衰落和時光流逝的歎息總是與恐懼衰老和事業功

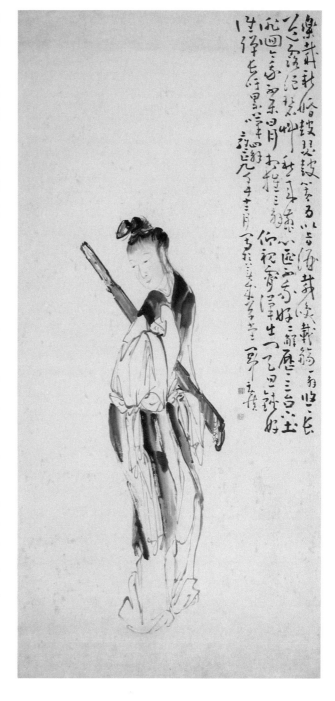

黃慎 墨筆仕女圖 清 瀋陽故宮博物院藏

曲江青杏花開權
手同看有後才今
日玉人何處耳枕
邊應夢馬蹄未
吳門唐寅

名未就的緊迫感聯繫在一起。「汨餘若將不及兮，恐年歲之不吾與。…日月忽其不淹兮，春與秋其代序；惟草木之零落兮，恐美人之遲暮。」古文人芬芳悱惻之懷，常托寄於美人香草。以後多以「美人」比喻君子或以「美人」自況，表達某些期待或失意的情緒。例如丁晏評論曹植的作品指出：「美女者，以喻君子，言君子有美行，願得明君而事之，若不遇時，雖見徵求，終不屈也。」

中國古代，女子的內在美被認為主要表現於婦德、婦言、婦容、婦功四個方面，即品德、言辭、儀表與手藝四種德行。《周禮・天官・九嬪》說：「掌婦學之法，以教九御婦德、婦言、婦容、婦功。」鄭玄注：「婦德謂貞順，婦言謂辭令，婦容謂婉娩，婦功謂絲枲。」所以，歷代都有一些「女子教材」，著重教化女子的生活禮儀規範。漢代劉向作《烈女傳》，提出母儀標準是「聖賢有智、行為儀表，言則中義，胎養子孫，以漸教化，既成

▌唐寅　設色杏花仕女圖　明
　瀋陽故宮博物院藏

其德，致其功業」。在《烈女傳》中，賢明的標準是「廉正以方，動作有節，言成文章，咸曉事理，如也紀綱，循法興居，終日無殃」；仁智的標準是「豫識難易，原度天道，禍福所移，歸義從安，危險必避，專一小心，永懼匪懈」；貞順的標準是「修道正進，避嫌遠別，為必可信，終不更二，天下之俊，勤正潔行，精專謹慎」；節義的標準是「必死無避，好善慕節，終不背義，誠信勇敢，何有險披，義之所在，赴之不疑」；辯通的標準是「文辭可從，連類引譬，以投禍凶，推摧一切，後不復重，終得一心，開意甚公」。至於怎樣稱作「孽嬖」呢？他說「惟若孽嬖，亦甚嫚易，淫妒熒惑，背節棄義，指是為非，終被禍敗」。

東漢蔡邕的《女訓》，把女子休德與外貌的裝飾聯繫起來。他說：

心，猶首面也。是以甚致飾焉。面一旦不修，則塵垢穢之，心一朝不思善，則邪惡入之。咸知飾其面，不修其心，惑矣。夫面之不飾，患者謂之醜，心之不修，賢者謂之惡。患者謂之醜，猶可，賢者謂之惡，將何容焉⋯

唐代德宗年間，有宋家五姐妹，皆「慧美能文」。其中大姐宋若莘作《女論語》，由其妹若昭闡釋成文。若昭文辭高潔，不願歸人，常以曹大家自許。貞元年間德宗詔其入宮中，官拜尚宮，掌六宮文學，兼教諸皇子公主，號曰「宮師」。這部《女論語》對女子的德行操守有許多具體的要求，其中說道：

凡為女子，先學立身，立身之法，惟務清貞，清則身潔，貞則身榮。行莫回頭，語莫掀唇，坐莫動膝，立莫搖裙，喜莫大笑，怒莫高聲。內外各處，男女異群；莫窺外壁，莫出外庭，出必掩面，窺必藏形。男非眷屬，莫與通名；女非善淑，莫與相親。立身端正，方可為人。

中國傳統文化中這些關於婦女「四德」的要求，我們今天批評它是封建的，是對女性人性的壓制和束縛。這種批評當然正確。並且，這些要求在今天看來早也不合時宜了。然而值得注意的是，這些要求實際上把內在美作為女性美的基本要求，反映了那個時代文化對於女性美價值理想和審美理想。

內在的心靈美和外在的行為美是和諧統一的。或者說，內在的心靈美是通過行為來體現出來的。人的審美趣味每天表現在他的品行修養、習慣、待人接物等方面，這一切也就是行為美。一般說來，具有高尚道德品質和良好審美情趣的人，也必然具有美的行為，而違反道德準則的行為往往伴隨著對審美準則的破壞。一個人在個人行動和舉止中不道德的表現使他在審美上令人生厭，使外形美變成徒有其表的美。

行為美包含很多內容：審美風度、舉止態度、語言特點等等。特別是在公共場所和社會交往中，人的行為方式往往能直接表現出他的道德品質和審美情趣，人們也往往根據一個人的行為來評價其品性。當然，每人的行為舉止都富於個性特色。但無論人們的性格、風度、習慣多麼地千差萬別，都不應缺乏分寸，即在待人接物方面善於掌握分寸，使自己盡可能帶給別人更多益處和快樂，至少也不使他人感到不快。正是富於分寸感的行為舉止才使我們得到美的享受，才使人們的交往變得輕鬆愉快。正如培根指出的：「…在美方面，相貌的美高於色澤的美，而秀雅合式的動作又高於相貌的美。這是美的精華。…」

人的風度是人的生理面貌重要的審美特徵。風度是人們在一定程度上的思想修養和文化涵養的外現，風度美是人的內秀與外美的和諧統一的體現，是通過人的外在行為如表情、語言、姿態等方面而顯現出來的。於身心和諧中把握體態的適度，於「無為」中實現靈敏機智的追求，於輕鬆、恰當性中追求力度，於環境的平衡中攫取美，這就是風度之美。有人說風度是人「美的伴侶」。風度特別表現在面容、表情、姿態和具有特色的舉止上。萊辛（Gotthold Ephraim Lessing）曾經強調，風度就是我們所謂美的特殊再現形式。德國哲學家謝林（Schelling）在《藝術哲學》中描寫過兩種風度：一種是符合永恆和諧規律的高級形式，一種是在一定程度上具有暫時性的形式，即人體的姿態和動作及其在造型藝術中再現。風度是人體為保持個人同環境平衡而作出理想動作的高度發達的、具有審美意義的能力。實際上它表現世世代代的生物進化和社會生活發展過程中形成的十分恰當的屬性。人體合乎美感的風度是人體各個部分和諧勻稱的結合，是人體動作的自然靈巧性、生命力、輕鬆感和恰當性。叔本華說：「優美就在於每一舉動與姿勢都是最輕便、最適度、最自然的，從而是他的意向或意志行為的合適表現。沒有多餘的舉動流露出無目的、無意義的手足無措或姿勢錯亂，也沒有任何姿態顯得舉止生硬或呆若木雞。」

英國藝術評論家約翰・伯傑區分了男性和女性的風度。他認為男性的風度建基於他身上的潛在力量。這可以是道德的、體格的、氣質的、經濟的、社會的、性的等等，但其力量的物件總是外在物象。男人的風度使人聯想起他有能力對付你或有能力為你效勞。在男人那裡，風度始終不失為一種對別人產生影響的力量。但是，女人的風度在於表達她對自己的看法，以及界定別人對待她的分寸。她的風度從姿態、聲音、見解、表情、服飾、品味和選定的場合上體現出來。實際上，她所做的一切，無一不為她的風度增色。女性的風度深深紮根於本人，以致男性常認為那是發自女性體內的一種熱情、氣味或香氣。英國詩人密爾頓（John Milton）指出：「男人是為思索和勇氣而存在，女人是為溫柔和典雅而存在。」現代有研究者提出女性風度類型包括：溫柔嫻靜、高雅端莊、自然質樸、嫵媚優雅等，並提出了衡量標準：1. 舉止：要求端正、

斯文、得體。2.態度：要求真誠、溫和、耐心、善良。3.作風：要求正派、高雅、自重、自信。4.性格：要求活潑、溫情、樂觀、大方。5.言談：要求直言，不饒舌。娓娓動聽，甜美悅耳。

關於美女的理想樣本

　　每人都有心目中理想的美女。各民族所謂美女的標準，實際上也就是他們在歷史上形成的關於美女的理想，關於理想美的模式。在人的審美發展過程中，不僅產生審美趣味，還產生審美價值的基本形式，即「美應當是什麼樣子」的概念。這種概念的體系、應有的審美價值的形式，就是我們的審美理想。理想和趣味一樣，是在審美經驗的基礎上產生的，並且概括這種經驗。審美理想表現的是社會文化的審美實踐活動。按照義大利哲學家克羅齊（Benedetto Croce）的美學觀點，所謂理想美就像一個神話，在這個神話中，一個完成的形態只有當它作為一個長期生成過程的結果時，才能被理解。在開始階段，種種零散的、一般人的願望及少數人的藝術趣味，恰好是相互一致的。一旦發生這種互相融合，隨之而來的形象儘管仍處於可塑狀態，或會被後代人加以豐富、精練、曉諭。理想美像一個容器，可以注入愈來愈多的經驗，到了某種程度，它滿了，定型了。例如，關於人體美的理想，在西方，實際上從古希臘開始形成，在從文藝復興時期到現代人的頭腦中，逐漸塑造了完美的典型。審美理想滲透於審美感受之中，主宰著一定民族、一定時代、一定階級的審美趣味、風尚和趨向。

　　理想總是一種樣本。那麼理想的美女該是什麼樣的「樣本」呢？或者說，我們憑藉什麼樣的「美女的理想樣本」來判斷美女呢？在歷史上常有人提出理想美女的標準和樣本，反映了人們對於美女理想價值的探索和確認。這些「樣本」本身就構成了人類文化史上一個豔麗和美好的景觀。閱讀這些「樣本」的「文本」使我們看到，人類對於「美女」具有怎樣的價值理想和審美期待。

　　在文藝復興時期的義大利，活躍著許多由貴婦人主持的沙龍，時常對各種時尚話題進行熱烈的討論，比如愛情、騎士、女人等等。有一次討論到什麼才是完美的女性時，有一位叫馬格尼費科的紳士對「完美的女性」做了詳細的描述。他認為，一個完美的女性必須出身高貴，有女性的風度而又甜美，她必須在一舉一動和一言一行之中都表現出來。她必須是儀態動人、全無矯揉造作，而且她必須是美麗的。她還須具備「grazia」（優雅），因為古希臘抒情詩人品達爾經常被引用的詩裡說，「這就使得其餘的一切都會美麗而溫馨」。優雅的魅力，哪怕是坐著也會展現出來。這就是評判一位淑女的標準。而她的內在品質：

她必須聰明、機智、絕無傲慢和嫉妒，必須具有高貴的美德、善良而謙遜，當然她必須是一位好主婦和禮貌周全的女主人；她還確實應該具有活潑的機智，從而可以款待她的客人。她必須在造就一個完美的騎士的各種品質方面具有決定性的作用，因為每個在外表上真正受人尊敬的男人必定力求博得一位女士的青睞，而她必須懂得怎樣去發現他的愛情是否真誠。對於聰明的女人來說這並不困難。當一個騎士傾吐他的愛情心聲時，她必須表明她理解他，但卻審慎地把談話轉移到另一個題目上——然而假如她不能做到這點，她就必須把這當成純屬兒戲並暗含著她認為他只不過是在獻殷勤而已，並不意味著說話當真；因為她所應得的並沒有那麼偉大，而他的讚譽也必定是純屬他那方面的禮貌性，而非由於她有任何長處。她就將以這種方式不僅贏得了謙遜的聲名，還能免於失敗的危險；這便是我所希望於一個女性接受傾訴愛情的方式。

17 世紀法國作家艾弗瑞蒙對「理想女性」的看法，認為這必須是一位成為那個時代一切特徵品德的典型女性。他給她規定了如下的屬性：

身材修長恰到好處，相貌正常，儀表嫻雅亮麗，絕無矯揉造作，也沒有任何輕佻的舉動使得女人扭動臀部而有傷風化。她的心靈應該開明而不過分傾向於推敲深奧的題材；她必須有洞見又富有活力；她整個人品必須是高貴而偉大的，天性要樂善好施。在事業方面，她必須具有辨別力；必須是虔誠的而不固執或嚴厲；她最大的魅力在於她永遠不失自我的那種本領。

艾弗瑞蒙向我們表明的是，他想像中的女人在現實中是不存在的，他的涵義是說在他見過的所有美婦之中，儘管她們具有那些裝點出來的品質，然而他總是發現她們有著一切理由要隱藏起來的其他品質。

17 世紀末 18 世紀初法國作家安東尼・漢密爾頓的妹妹，被認為是當時宮廷裡最美麗的女人。在格拉蒙特勳爵所著的《查理二世宮廷回憶錄》裡這樣描述她：

她的前額廣闊，又白又嫩；她頭髮梳理的整齊並下垂得輕逸而又自然，是別人難以仿效的。她的膚色鮮妍，不是任何裝扮出來的色澤可比的；她的眼睛不大但活潑有神，能表達出她所願意表達的一切；她的口形極其雅致、身材完美非凡；她的小鼻子纖巧朝上，那是她如此可愛面孔上的絕非不重要的裝飾。

歷史上總有人不斷提出理想美女的樣本，所以我們會讀到許多關於理想美女的經典論述。18世紀法國啟蒙時代的思想家盧梭（Rousseau）寫過一本《愛彌兒》，他在其中設計了一個關於美女的樣本，體現了他那個時代對於美女的理想和期待。

　　盧梭的《愛彌兒》不僅是一部哲理小說，而且是盧梭政治思想的經典。書中將一個人的理想成長軌跡設計成「愛彌兒」這個人，然後讓他經歷理想人生的四個階段：嬰兒、兒童、少年和青年，直到結婚組成家庭，最後還加上宗教啟蒙。這部著作對後世啟蒙教育發揮了極其重要的作用。

　　盧梭認為在青春期，以愛為核心的道德教育乃是重中之重。人性本善，「文明」使其浸染而腐化，只有通過正確的教育使其保存、恢復和發展天生的善性。正確的方法是自由發展個人天性秉賦，遵循「自然」的發展過程，從生活與實踐中獲得知識與經驗，取得生理和心理的平衡，培養社會狀態的自然人。在美育方面，盧梭認為「一切真正美的典型是存在於大自然中的」；「儘管最共同的特點綜合起來就是美，但美麗的人畢竟還是很少。」「所謂審美，只不過就是鑒賞瑣細東西的藝術」，是「真正的官能享受的美」。他「教他認識和喜愛各種各樣的美」，「使他的愛好和興趣貫注於這種美」，「學習利用」「真正的美來充實我們的生活」。他談到，要引導愛彌爾

溥儒　設色仕女圖　瀋陽故宮博物院藏

兒「把他的審美力集中地用來鑒賞那些比較單純的事物」，保存他健康的和純潔的審美力。盧梭在這本書裡也談到對女人之美的看法。他說：「女人應具備的第一重要品質是溫柔。」女人既有人體自然美，又有穿扮修飾美。但是，「真正的美，是美在它本身能顯出奕奕的神采」，一種精神氣質的美。「她們是能夠做到風度優嫻、聲音動人、步履輕捷、舉止大方，且處處顯示其優點的。」「她應該態度謙虛、舉止謹慎，而且略微含羞；她在別人的眼中看來，也要如同她在自己的良心看來一樣，不愧為一個有品德的人。」「她們不僅應當值得尊重，而且還必須有人尊重；她們不僅要長得美麗，還必須使人喜歡；她們不僅要聰明，還必須讓別人看出她們的聰明；其榮耀不僅在於她們的行為，而且還在於她們的名聲。」

盧梭為愛彌兒設計了一個女友「蘇菲」。她是按照盧梭審美標準設計的女性美典型。蘇菲出生在良好的人家，天性善良、富有魅力、使人動心。按照盧梭的描寫，蘇菲並不美麗，但男人一到她身邊就會忘掉比她更美的女人；而美麗的女人一到她身邊就會覺得自己不怎麼美。乍看她雖不漂亮，但愈看就愈覺得她長得好；有些東西，她那樣長法就好看，誰也趕不上她了。也許別人的眼睛比她漂亮，嘴巴比她乖巧，樣兒比她吸引人，但身材不如她勻稱，膚色不如她好看，手沒有她白嫩，腳沒有她小巧，目光沒有她柔和，相貌沒有她動人。她使你看到就感到喜歡，但是不會使你心裡入迷；她使你一看到她便動心，但又說不出你動心的道理。

蘇菲有很高的審美力，穿扮總是很好看。她表面上對裝飾品不講究，卻是花了一番功夫精心搭配而成的。蘇菲「之所以愛美德，是因為任何事物都沒有美德那麼美」，「一個德性優良的婦女就等於是天使。」對於這樣理想美女的樣本，盧梭寫道：「如果一個16歲的女孩子長得聰明又可愛，平時寡言鮮笑，善解人意，同時態度又溫柔，語言又誠懇，美麗的容貌顯示出她的青春，羞怯的樣子又使人感到喜悅，她尊重別人，從而也贏得了人家的尊重；見到這樣一個少女，哪個粗野無理的人還敢不收藏他那傲慢地氣焰，還敢不檢點他的行為呢？」

在中國古代文獻中，也有不少關於人體理想之美的描述。《詩經》中就有許多與婦女有關的內容。其中《衛風·碩人》是讚美衛莊公夫人莊姜的詩。東周初期，衛莊公娶齊莊公的女兒莊姜為妻，當莊姜嫁到衛國時，衛人目睹她的美貌無不為之傾倒，於是編了一首歌來讚頌她：

碩人其頎，衣錦褧衣，齊侯之子，衛侯之妻，東宮之妹，邢侯之姨，譚公維私。
手如柔荑，膚如凝脂，領如蝤蠐，齒如瓠犀，螓首蛾眉。巧笑倩兮，美目盼兮。
碩人敖敖，說于農郊，四牡有驕，朱幩鑣鑣，翟茀以朝，大夫夙退，勿使君勞。
河水洋洋，北流活活，施眾濊濊，鱣鮪發發，葭菼揭揭，庶姜孽孽，庶士有朅。

這首詩反映了國君夫人的莊重、高貴、素樸之美。從詩人的描繪來看，當時是以碩大健壯、高高個子、皮膚白嫩、面目端莊、方額彎眉、牙齒潔白整齊為美。微微一笑臉蛋上露出美麗的酒窩，眼睛明亮而黑白分明，這些都是古代美人的重要條件。另外在《詩經》中，對平民女子的美貌也有所表現。如《鄭風·出其東門》描寫了一位穿著樸素的貧家女子，卻為一位青年所喜愛。她穿著白色上衣，披著淡綠色頭巾，與那些衣著華貴的貴婦相比，別有一番韻味。

中國古代文獻中最著名的「理想美女」樣本，是據傳為屈原所作的「楚辭」中《大招》（王逸說：「《大招》者，屈原之所作也，或曰景差，疑不能明也。」（《楚辭章句》）也有學者認為，《大招》是秦代以後、或秦漢之際某一無名氏之所為。）一段關於舞女的描寫。由於舞蹈要求對稱的隊形和整齊一律，所有舞女從服裝到外形，從容貌到動作，全部趨於標準化。「二八齊容，起鄭舞些」，她們仿佛用一個模子鑄造而成。《大招》這一段對美女的迷人之處做了全面細膩的描寫，其中寫道：

> 青目宜笑，娥眉曼只。容則秀雅，稺朱顏只。魂乎歸徠，靜以安只。嬌修滂浩，麗以佳只。曾頰倚耳，曲眉規只。滂心綽態，姣麗施只。小腰秀頸，若鮮卑只。魂乎歸徠，思怨施只。易中利心，以動作只。粉白黛裡，施芳澤只。長袂拂面，善留客只。魂乎歸徠，以娛昔只。青色直眉，美目婳只。靨輔奇牙，宜笑嘕只。豐肉微骨，體便娟只。魂乎歸徠，恣所便只。

在中國古典文獻《大招》之前，還沒有從欣賞的角度對美女的容色體態做過如此生動逼真的描繪。這些舞女的姿態、動作，都是按照某種審美趣味精心培育起來的。她們喜歡用長長的舞袖半掩羞顏，使面孔含有某種模糊而神秘的意味。眼睛要含情地斜睨著，眉毛要用黛色畫成彎彎的；開口的甜笑最好微露皓齒，並顯出淺淺的酒窩來。甚至身體某個局部也打上雕飾美的烙印，或「小腰秀頸」，或「豐肉微骨」，活力和自然越是被禁錮在缺少自身目的的純肉體狀態中，那樣的肉體就越顯得美。所有這些成為後世的詩詞反覆渲染的美人特徵。一提起「美人」，人們就會想起這樣的美女，詩人們也喜歡以她們作為描寫的對象。日本學者笠原仲二曾這樣歸納中國古代美女的原型：年輕；身材苗條而肉體豐滿；削肩；白皙而潤滑細膩的皮膚；新芽嫩葉般的細手柔指；蜷蟠般的脖頸；長垂的雙耳；高髻黑亮的濃髮；黛眉明目，脈脈含媚；笑靨；高直的隆鼻；朱唇間齒如編貝；舒徐優雅的體態舉止。

在中國古代的其他詩文作品中，還有許多關於理想美女的描繪。比如戰國時期的宋玉在楚辭《登徒子好色賦》中說：「天下之佳人，莫若楚國；楚國之麗者，莫若臣裡；臣裡之美者，莫若臣東家之子」。其「東家之子」何以為天下最美女子？因為她「增

之一分則太長，減之一分則太短，著粉則太白，施朱則太赤，眉如翠羽，肌如白雪，腰如束素，齒如含貝，嫣然一笑，惑陽城，迷下蔡。」這是一位身材適中，膚色適度，體態婀娜，笑容嫵媚的姑娘，宋玉斷定她為天下美女的標準。樂府詩歌《古詩為焦仲卿妻作》中的劉蘭芝：「足下躡絲履，頭上玳瑁光。腰若流紈素，耳著明月璫。指若削蔥根，口如含朱丹。纖纖作細步，精妙世無雙。」如此等等，都表達出中國古代文人心目中理想美女的形象。後漢傅毅的《舞賦》生動地再現了宮廷舞女的盛大場面，維妙維肖地描繪出舞女的每秒情態。《舞賦》寫道：

> 楚襄王既遊雲夢，將置酒宴飲，謂宋玉曰：「寡人欲觴群臣，何以娛之？」玉曰：「臣聞，激楚結風，陽阿之舞。材人之窮觀，天下之至妙，噫，可進乎。」王曰：「試為寡人賦之。」玉曰：唯唯。爾乃鄭女並進，二八徐侍，妖服極麗，姁媮致態。貌嫽妙以妖冶，紅顏曄其揚華；眉連娟以增繞，目流涕而回波。珠翠的皪而照曜兮，華袿飛髾而雜纖羅。顧形影，自整裝；順微風，揮若芳。動朱唇，紆清揚，抗音高歌，為樂之方。其始興也，若俯若仰，若來若往，雍容惆悵，不可為象。羅衣從風，長袖交橫，駱驛飛散，颯遝合併；綽約閑靡，機迅體輕。於是合場遞進，按次而俟；埒材角妙，誇容乃理；軼態橫出，瑰姿譎起。回身還入，迫於急節；紆形赴遠，漼似摧折。纖縠蛾飛，繽飄若絕；遷延微笑，退復次列。觀者稱麗，莫不怡悅。云云。

宋玉的《神女賦》所描寫的「神女」，可看作是中國古代文人心目中理想美女的樣本。賦中的神女是一位美麗而聖潔的仙姝，她溫文爾雅，舉止高貴而又美豔無雙。賦中楚王夢遊高唐，得與神女相遇，一見之下「精神恍惚」，「寢而夢之，不自識；悒兮不樂，悵然失志」。然而神女高貴絕倫，只可神交，不可褻瀆，「歡情未接，將辭而去；遷延引身，不可親附。似逝未行，中若相首，目略微眄，精采相授」，似合實離，若悲若喜，使楚王陷於乍喜乍悲之中無可排解。從而更襯出神女之美麗、高貴與神秘。《神女賦》中之神女，是一位理想化非凡美麗而聖潔的仙姝，「上古既無，世所未見，瑰姿瑋態，不可勝贊」。她由遠至近，「其始來也，耀乎若白日初出照屋樑，其少進也，皎若明月舒其光」，以日月喻神女的美質。她溫文爾雅，「曄兮如華、溫乎如瑩」，她身著彩衣，「五色並馳，不可殫形」，她的舉止高貴合度，「振繡衣，被袿裳，襛不短，纖不長，步裔裔兮曜殿堂，婉若游龍乘雲翔」，她「嫭被服，倪薄裝，沐蘭澤，含若芳」。神女何以如此美豔，「夫何神女之嬌麗兮，含陰陽之渥飾」，是因為她把天下女性的美都集於一身。

《神女賦》中，宋玉把「神女」看作自然界最美麗的存在來描繪。「造化鐘神秀」，

▌陳洪綬　簪花圖　明　北京故宮博物院藏

大自然把一切神奇和秀美都體現在女性身上，體現在神女身上。宋玉筆下的神女，展現了先秦時代中國文人的審美情趣和對於女性美的感受與理想。

　　除此，中國文學中的女性形象最美的有兩個──山鬼和洛神。山鬼表現出來的實際上是一種淳樸、原始、自然的美；而洛神卻是那種雍容華貴，精雕細作的美。儘管二者屬於不同形式的美，但有一點是相同的：她們都是美到無以復加的地步！屈原的《山鬼》這樣寫道：

若有人兮山之阿，被薜荔兮帶女蘿。既含睇兮又宜笑，子慕予兮善窈窕。乘
赤豹兮從文狸，辛夷車兮結桂旗。被石蘭兮帶杜衡，折芳馨兮遺所思。
餘處幽篁兮終不見天，路險難兮獨後來。表獨立兮山上，雲容容兮而在下。
杳冥冥兮羌晝晦，東風飄兮神靈雨。留靈修兮憺忘歸，歲既晏兮孰華予？
采三秀兮於山間，石磊磊兮葛蔓蔓。怨公子兮悵忘歸，君思我兮不得閒。山
中人兮芳杜若，飲石泉兮蔭松柏。君思我兮然疑作。雷填填兮雨冥冥，猿啾
啾兮狖夜鳴。風颯颯兮木蕭蕭，思公子兮徒離憂。

在屈原的筆下，山鬼的出場像一部優質電影，開始是遠景，頗具朦朧之美，繼而
鏡頭由遠及近，女神的形象逐漸清晰可見，使人感到了具體的美，儀態萬方，歷歷在
目。山鬼的苦苦等待和她的失戀，讓人感受到一個有血有肉，充滿感情的女性形象。

曹植的名作《美女篇》寫美女，寫其容姿、體態、裝飾之美，又寫其求「賢」難，
故只能「盛年」獨處，以表達懷才不遇的心境。在《美女篇》中，曹植用極為華麗的
詞句、雕琢的語句描繪了美女的衣服、首飾等華貴服飾，同時盡力描繪其嫻雅、優美
飄逸的情態和感傷氣質。這位美女仿佛是當時美的代表，集中了當時服飾之精華，成
為美的化身：

美女妖且閑，采桑岐路間。柔條紛冉冉，落葉何翩翩。
攘袖見素手，皓腕約金環。頭上金爵釵，腰佩翠琅玕。
明珠交玉體，珊瑚間木難。羅衣何飄飄，輕裾隨風還。
顧盼遺光彩，長嘯氣若蘭。行徒用息駕，休者以忘餐。

借問女安居，乃在城南端。青樓臨大路，高門結重關。
容華耀朝日，誰不希令顏？

媒氏何所營？玉帛不時安。佳人慕高義，求賢良獨難。
眾人徒嗷嗷，安知彼所觀？盛年處房室，中夜起長歎。

《洛神賦》是曹植在《美女篇》之後又一篇描繪「神女」的作品。《洛神賦》熔
鑄神話題材，通過夢的境界，描寫人、神戀愛的故事。賦中大量描寫了洛神的容貌、
姿態、服飾，對洛神之美用了多層次多側面描寫，使用大量排比和對偶及眾多的比喻。
有人說《洛神賦》中所描寫的洛神，實際上是曹植所愛戀的嫂子甄后的形象。《洛神
賦》具有很高的審美價值，是描寫「美女」主題的經典之作：

黃初三年，余朝京師，還濟洛川。古人有言，斯水之神，名曰宓妃。感宋玉對楚王神女之事，遂作斯賦。其辭曰：

餘從京域，言歸東藩。背伊闕，越轘轅，經通穀，陵景山。日既西傾，車殆馬煩。爾乃稅駕乎蘅皋，秣駟乎芝田，容與乎陽林，流眄乎洛川。於是精移神駭，忽焉思散。俯則未察，仰以殊觀，睹一麗人，於岩之畔。乃援御者而告之曰：「爾有覿於彼者乎？彼何人斯？若此之豔也！」御者對曰：「臣聞河洛之神，名曰宓妃。然則君王所見，無乃是乎？其狀若何？臣願聞之。」餘告之曰：「其形也，翩若驚鴻，婉若游龍。榮曜秋菊，華茂春松。仿佛兮若輕雲之蔽月，飄飄兮若流風之回雪。遠而望之，皎若太陽升朝霞；迫而察之，灼若芙蕖出淥波。穠纖得衷，修短合度。肩若削成，腰如約素。延頸秀項，皓質呈露。芳澤無加，鉛華弗禦。雲髻峨峨，修眉聯娟。丹唇外朗，皓齒內鮮，明眸善睞，靨輔承權。瑰姿豔逸，儀靜體閑。柔情綽態，媚於語言。奇服曠世，骨像應圖。披羅衣之璀粲兮，珥瑤碧之華琚。戴金翠之首飾，綴明珠以耀軀。踐遠遊之文履，曳霧綃之輕裾。微幽蘭之芳藹兮，步踟躕於山隅。於是忽焉縱體，以遨以嬉。左倚采旄，右蔭桂旗。攘皓腕於神滸兮，采湍瀨之玄芝。餘情悅其淑美兮，心振盪而不怡。無良媒以接歡兮，托微波而通辭。願誠素之先達兮，解玉佩以要之。嗟佳人之信修，羌習禮而明詩。抗瓊珶以和予兮，指潛淵而為期。執眷眷之款實兮，懼斯靈之我欺。感交甫之棄言兮，悵猶豫而狐疑。收和顏而靜志兮，申禮防以自持。於是洛靈感焉，徙倚彷徨，神光離合，乍陰乍陽。竦輕軀以鶴立，若將飛而未翔。踐椒塗之郁烈，步蘅薄而流芳。超長吟以永慕兮，聲哀厲而彌長。爾乃眾靈雜遝，命儔嘯侶，或戲清流，或翔神渚，或采明珠，或拾翠羽。從南湘之二妃，攜漢濱之遊女。歎匏瓜之無匹兮，詠牽牛之獨處。揚輕袿之猗靡兮，翳修袖以延佇。休迅飛鳧，飄忽若神，陵波微步，羅襪生塵。動無常則，若危若安。進止難期，若往若還。轉眄流精，光潤玉顏。含辭未吐，氣若幽蘭。華容婀娜，令我忘餐。於是屏翳收風，川後靜波。馮夷鳴鼓，女媧清歌。騰文魚以警乘，鳴玉鸞以偕逝。六龍儼其齊首，載雲車之容裔，鯨鯢踊而夾轂，水禽翔而為衛。於是越北沚。過南岡，紆素領，回清陽，動朱唇以徐言，陳交接之大綱。恨人神之道殊兮，怨盛年之莫當。抗羅袂以掩涕兮，淚流襟之浪浪。悼良會之永絕兮。哀一逝而異鄉。無微情以效愛兮，獻江南之明璫。雖潛處於太陽，長寄心于君王。忽不悟其所舍，悵神宵而蔽光。於是背下陵高，足往神留，遺情想像，顧望懷愁。冀靈體之複形，禦輕舟而上溯。浮長川而忘返，思綿綿督。夜耿耿而不寐，沾繁霜而至曙。命僕夫而就駕，吾將歸乎東路。攬騑轡以抗策，悵盤桓而不能去。

美女標準的文化性和時代性

　　古往今來，一代代的人不斷地想像、描繪和設計理想美女的「樣本」，樹立了一個個美女的「典型」，供人們欣賞、讚歎和愛慕，體現了人類對於美女的審美理想。但是，這些樣本所描述的只不過是對於把人類作為一個整體來看的理想的形態。然而這些描述其實更體現了描述者本人的審美情趣與審美理想，這些都與他的種族、文化、時代及個人特質相關。不僅如此，美女之美不僅在於這樣的理想的描述，更在於個體的差異，在於不同文化、不同種族、不同時代乃至不同個人之間各有千秋的特色之美。法國詩人波特萊爾寫道：美由「恒久不變的」東西和「相對的、有條件的東西」綜合形成，所謂「相對的、有條件和東西」即是指「年齡、服裝、道德和感情」。他說，「我反對任何人說美──哪怕一丁點兒美──不是由這兩者構成的。」達爾文指出：「人的審美觀念⋯就其表現而論⋯變化多端，不但族類之間有很大的差別，即便同一族類，各民族之間也很不一樣。」他在《男性的墮落》書中，曾嘲笑男性美根本就沒有什麼標準形式。他寫道：「在男人的心目中，根本就沒有什麼美的一般標準。」如果誰發明了這種標準，「我們可能在短時間會趨之若鶩；但很快就會希望其多樣化；一旦實現了多樣化，我們又會期望看到超出現行標準範圍的一些特徵。」對於一個文化群體而言，儘管所有成員均具有極大的相似性，但是也存在著一些有趣的差異，而異性正是通過這些差異才能識別出那些符合他們特定標準或喜好的人。達爾文的這個看法同樣也適用於關於女性之美問題的討論。這個判斷涉及到女性之美的相對性問題。所謂相對性，概括地說有兩個基本方面：一是審美主體的審美趣味和審美價值是不同的，因此在不同的審美主體看來，美或不美是不同的；二是作為審美對象，比如「美女」，作為一個個體，又各有獨特之美，譬如百花爭妍各有千秋。而這一切又都與文化有關。

　　對於人理想中美的標準，由於不同的民族、不同的文化及不同的時代，各各的標準，因而在對美的判斷上會有相當大的差異。17 世紀英國詩人 A・寇里（Abraham Cowley）說：「美，你這怪誕的無尾猿，在每個地方都改變你的形狀⋯」。美的判斷不只是個人的趣味，美是文化的產物。一個文化有自己特殊的組織美和觀照美的方式。文化作為一個基本的模式單位，不同文化就有不同的美。譬如中國繪畫不同於西方繪畫，西方的教堂不同於伊斯蘭的清真寺，伊斯蘭的傳奇故事不同於印度的史詩，印度的佛塔不同於瑪雅的金字塔。這些不同不僅僅是形式上的，更是意境上、境界上和文化內涵上的不同。美國著名人類學家瑪格麗特・米德（Margaret Mead）曾以田園詩般的筆調，描繪薩摩亞女子在這種文化傳統中所具有的性自由。這在其它文化中可能是

各民族所謂美女的標準，實際上也就是他們在歷史上形成的關於美女的理想，關於理想美的模式。

勒維　開羅‧閒談
1873　油畫木板
30×20cm

不多見的或者表現的形式是不一樣的。在對人體美的審美活動中，不同的文化也有差異的、不同的甚至相反的。對於世界上存在的各種不同的人體美的理解，就要理解在各個文化中顯現出來的美。離開了具體的文化背景，我們就無從瞭解它們所具有的審美價值和文化含義，甚至可能把它們看作是怪誕的和荒謬的。

　　各種文化都有自己對於宇宙和人生的觀念，這些觀念決定了它們獨特美的理想和美的形象。一般說來，審美理想上的民族性，主要是來源於歷史地形成的民族共同生活。正是在這種悠久深厚的生活基礎上，形成了一個民族的審美標準所共有而不同於其他民族的風格和特色。理想的美女首先是而且主要是特定民族、特定文化習俗中的

理想美女，這取決於她們的民族和文化的審美觀念和審美理想，而這種觀念和理想往往與該民族、該地區人們的身體特點一致。各個民族對人體美的審美理想，經常是各從其日常生活中所常見到的體型、長度、面型、膚色等等中不自覺地形成的一種經驗標準。這一標準在這個民族中帶有一定的經驗普遍性質，為這個民族的人們所喜聞樂見。這和前面說到美女的「種屬尺度」意思是一樣的。只不過前者作為人類一般的「種屬尺度」，而這裡強調的是某一民族內的「種屬尺度」。

　　實際上，在不同的人種、種族和民族之間，無論是在膚色、身材和面貌上，都有很大的不同。因而不同的人種、種族和民族之間，就有不同的「種屬尺度」。達爾文認為，理想美的標準恰恰是本民族形體特徵的典型表現。他說：「…有人習慣於橢圓的臉形、平直而端正的面貌和鮮明的膚色，如果這些特點發展得更顯著一些，他們就要進而加以讚美，我們歐洲人就是這樣。在另一方面的人們則習慣於寬闊的臉、高顴骨、扁平鼻子和黑皮膚，而如果這些特點發展得強烈一些，他們也要加以欣賞。一切特徵如果發展過分，則反而成為不美，這也是無疑的。因此，一個完整無缺的美人，即所以成其為美的許多特徵全都發展得恰如其分，在任何種族裡都是個絕無僅有的尤物。」凡是最足以代表民族型的，即這種特點最多與最發達的人，大約就是最美的。比如，高高隆起的乳房當然是一種美，但非洲黑人婦女的乳房過早下垂，因此不少地方則以下垂的乳房為美。有位曾經同美洲印第安人多年生活在一起的人類學家指出，談到女人，「試問一個北部的印第安男子什麼是美，他會回答說：一副寬闊而扁平的臉；小眼睛，高顴骨，左右兩頰各有三四個寬黑的橫紋；一個低平的額角、一個又大又寬的下顎、一個重厚的鷹爪鼻子、一身黃褐色的皮膚和一對長長的、可下垂到褲腰帶的乳房。」「我們所瞭解的美對他們來說是陌生的。然而他們認為他們自己的女子要比歐洲的女子美麗得多。」這一點正如 18 世紀法國啟蒙思想家伏爾泰所說：「如果問一隻青蛙美是什麼樣的，…她會回答美就是一只有著小小的腦袋，上面長著大大的圓眼睛，寬寬的扁嘴巴，黃色肚子和褐色背的母青蛙。」18 世紀英國著名藝術理論家約諾爾茲（J.Reynolds）也指出：

　　…習俗在某種意義上可以顛倒黑白，只是由於習俗，我們才偏愛歐洲人的膚色而不愛非洲人的膚色，同理非洲人也偏愛他們自己的膚色。我想沒有人會懷疑，如果非洲畫家畫美女神，他一定把她畫成黑顏色、厚嘴唇、平滑的鼻子、羊毛似的頭髮。他如果不這麼畫，我認為那反而是不自然；我們根據什麼標準能說它的觀念不恰當呢？我們固然常說歐洲人的模樣和膚色勝過非洲人；但是除掉看慣了之外，我們找不出任何理由。…就美來說，黑種民族和白種民族是不同種的。

例如，雖然各民族都欣賞和陶醉面孔的美麗，並都認為面孔是人最為重要的美之部位，但對於面孔之美的標準，各民族甚至在一個民族的不同時代，也不盡相同。古希臘人很看重臉型，把它當作衡量一個人美醜的標準。在古希臘人心目中鵝蛋臉是最完美無缺的臉型。這種臉型使臉頰呈狹窄的斜面狀，並能凸出女性的下顎細小、柔弱的特徵。在古希臘和羅馬的雕塑藝術中，以及在義大利文藝復興運動的畫作中，鵝蛋臉都是最完美的臉型。義大利文藝復興時期的畫家拉斐爾（Raphrael Santi）所畫的大多數人物都是鵝蛋臉。在黑白電影時代，電影攝影師們也喜歡鵝蛋臉的人，部分的原因是鵝蛋臉容易接受燈光投射，無論從哪個角度拍攝都是對稱的。而現代西方人則是偏好倒置的古典型，因為現代人認為女性理想的臉型是娃娃臉，這種倒置的蛋型臉使下顎顯得更圓胖豐滿。18 世紀歐洲人認為臉色蒼白的女人是美的，身體強壯是鄉下人的特點。1712 年漢堡出版的《趣味大全》介紹了各民族的風俗，說道：「女人不喜歡她們臉色紅潤，而把蒼白視為美。」蒼白是那個時代最美的臉色。

但在古代中東，人們看中的卻是圓臉。《一千零一夜》的〈美人魚朱爾納與她的兒子巴達‧巴西姆〉故事中，國王沙裡曼驚豔於他美麗新妃子的容貌「像滿月，又像晴朗日子裡的燦爛陽光」。書中將美麗的臉被比作滿月或珍珠，是散發著柔和光輝的圓形。細眉大眼，額頭秀麗，乳房大小適度、高聳豐滿，腹部白皙，肚臍眼深敞，臀部圓潤，身材勻稱的白肌膚女性，是阿拉伯人心目中的理想美人。《一千零一夜》中有一段描寫：

> 我的妻子是舉世無雙的美女。玲瓏如玉的瓜子臉，細長的頸子，塗著碳粉的眼睛，側臉看來宛如秋牡丹，嘴唇嬌豔欲滴，玲瓏的身材宛如若完美的雕塑品。…
>
> 腰部的曲線和緩適度，肚臍像盛著麝香粉的象牙小盒，大腿宛如雪花膏做成的圓柱。
>
> 光滑的腹部，像大花苞一樣地柔軟；豐勻的大腿宛如珍珠柱子，臀部則像清澈的大浪一般。
>
> 額如撓弓，齒如白貝，身材纖細，臀部渾圓而膨滿似枕；兩個大腿像產自敘利亞的石柱。…

在非洲的阿散蒂人中，懷孕婦女隨身攜帶一種「akua mma」的小玩偶，用來防止孩子出現身體缺陷。這些玩偶呈現了阿散蒂人的審美觀：圓又平的臉，高前額，小嘴，長長的脖子。準媽媽們專注地凝視著這些面孔，希望這種帶著主觀意識的仔細觀察，能使腹中的孩子將來長得更漂亮。

亞洲人對臉型的的審美觀又有所不同。一位人類學家寫道：「對於日本人來說，理想的女性臉型必須形成日本人所敬愛的、日本藝術所常常描繪的富士山的輪廓；頭髮要平直、烏亮、光滑；…眼睛得細長，外眥微微上挑，雙沒纖乘兩線，懸在兩眼之上；…日本貴婦的嘴要小，兩唇紅潤、豐滿；穿上和服就成為顯著特徵的脖頸則修長、稍顯彎曲。整個面部要求淡色：象牙般的潔白，在兩頰稍事顏色…每一細節，甚至兩頰上的紅暈都要犧牲掉以符合日本美中不可缺少的精細纖巧。」《萬葉集》第9卷中有一首歌形容美女：

安房周淮地，
美女曰珠名，
腰細如蜂胸豐滿，
笑立似花美嬌姿。

古印度人將女性分為藝術型、蓮荷型、象型和海螺型四種類型。前兩種屬於標準的美女。藝術型的女性長得細腰豐臀高乳，打扮華麗，富有情趣，代表了自然界中最美的東西，與之交往將給人極大的歡樂。蓮荷型的女性身材較為消瘦，但仍不失俏麗。

理想的美女標準還因不同的階級而有所差異。車爾尼雪夫斯基曾經指出，農民喜歡面色紅潤、結實、豐腴的女子，而貴族更喜歡纖弱、手腳嬌小、甚至耳朵也小的女子。不過他承認「健康在人的心目中永遠不會失去價值」，但是他立即補充說：「對上流社會的人來說，蒼白、病態、軟弱、憔悴、倦怠也是…美的方面」。

生活在不同時代人的審美觀點也不完全一樣。每個時代都以不同的形式表現各自的體驗，並一再修改自己的種種規定。每個時代的審美觀點、審美趣味、形體的裝飾行為及流行的裝飾潮流，都鮮明地體現了時代的特色。每個時代都企圖奏出新的旋律，理想美的標準也因時代的變化大有不同。一個時代的美女理想，同時也是這個時代特別珍視的精神品質的理想。從人類開始記述自己的故事並有目地留下記錄中我們得知，在過去的六千年，人體的形態基本上沒有發生變化。然而，在任何一個特定的時候都會有一種特別的體型和體態最受人們推崇。普列漢諾夫在《沒有地址的信》中批評了把某種審美理想，例如維納斯雕像或拉菲爾的聖母像所體現的理想，看作是超歷史的永恆標準的錯誤觀點。他指出：「屠格涅夫極不喜歡那些宣傳功利主義藝術觀的人，他有一次曾說…米洛島的維納斯比1789年的原則（指法國大革命時的人權宣言。）更不容懷疑…。基督教徒有他們自己的關於女人外形的理想。這些理想可從拜占庭的聖像上就可以看到。這些聖像的崇拜者，對米洛島的或其他所有的維納斯都表示極大的『懷疑』。他們把所有的維納斯都叫做女妖，只要有可能就加以消滅。到了

後來，這些古代的女妖重新受白種人喜愛。而為這一時期做好準備的是西歐市民階層中間發生的解放運動，換句話說，正是鮮明地表現在 1789 年的原則中的那個運動。因此同屠格涅夫相反，我們可以說，歐洲人愈是具備宣布 1789 年的原則的條件，米洛島的維納斯在新歐洲就變得愈是『不容懷疑』了。這不是什麼奇談怪論，而是赤裸裸的歷史事實。文藝復興時代藝術史的全部意義──從美的概念方面看來──就在於基督教和修道院對人的外形的理想逐漸讓位給在城市解放運動的條件下產

▎東洋仕女
上村松園　焰
1918　絹本設色
190.9×91.8cm
東京國立博物館藏

生的世俗理想，而對古代女妖（指維納斯女神雕像）的回憶，促進了這種世俗理想的形成。…拉斐爾的聖母像是世俗的理想戰勝基督教和修道院的理想的最凸出的藝術表現之一，這一點是無可爭辯的。」因此「在某一時期、某一社會或某一社會階級中占統治地位的美的理想，部分起源於人種發展的生物學條件（這些條件也造成了種族的特點），部分地起源於社會或這一階級的產生和存在的歷史條件。正因為如此，這種美的理想總富有十分明確的內容，且完全不是絕對的、即不是無條件的內容。」

有研究者說：「目前還不清楚人類為什麼會有一種願望，即每過一段時間就使自己的樣子有所改變。不可否認的一點是，儘管我們還不清楚是什麼驅使我們這樣做的，但我們確實被某種力量所驅動，根據當前的潮流來美化和重新塑造自己。」精神分析心理學家弗羅姆（Erich Fromm）在《愛的藝術》中指出：

什麼東西能使一個人有魅力則取決於一時的時髦，這不僅指一個人的生理條件，也包括他的精神氣質。20年代，一個抽煙、喝酒、難以捉摸和有性感的女子被看作有魅力，而今天則要求女子能操持家務，為人要謹慎。19世紀末、20世紀初富有刺激性和雄心勃勃的男子具有魅力，如今卻是心地厚道的男子更受歡迎。

　　現代社會心理學認為，社會上許多人在一段不長的時間中，都去追求某種生活方式，從而導致了人民彼此間發生連鎖性的感染。它既體現在人們物質生活（衣食住行）方面，也體現在人們的精神生活（文化娛樂）方面，總是折射出一個時代的風尚與社會面貌。漢代長安古謠說：「城中好高髻，四方高一尺；城中好廣眉，四方且半額；城中好大袖，四方全匹帛。」唐多慷慨之歌，宋多悲涼之音。羽扇綸巾、長袍馬褂是古來漢族士人的典型服飾，燕尾西服、高頂禮帽則是中世紀後歐陸貴族的衣飾風尚。流行會改變人們對美的見解。在原始時代，女性美主要凸出強調的是女性獨有的生殖魅力，凸出乳房、隆腹和肥臀，而不注意面部表情和姿態的描繪。這反映出史前人類的人體審美，都與生殖和養育密切相關。20世紀30、40年代，標準的美女是端莊大氣的英格麗‧褒曼，到了50、60年代，就成了性感名星瑪麗蓮‧夢露的天下。此後，甜美可人的梅格‧里安和俏麗的黛米‧摩爾成為美女群中的亮麗風景。19世紀前，西方人欣賞小而圓的堅實乳房，到20世紀下半葉，飽滿豐盈的乳房被認為是最美的。在只有有錢人才能長胖的地方，肥胖就會成為魅力的象徵，並令人喜愛。而在今天瘦

身成為普遍的審美理想，而減肥竟然成為一個令人揪心的話題，全世界花在減肥上的錢財竟然不計其數。

中國古代的美女觀也鮮明地體現了各個時代的特點。粗壯結實，是新石器時代女神像的造型特點，生殖和生產的標準就是美的標準。夏商周三代的理想美女是柔弱細膩，春秋戰國時代，妻、妾、妓分化，妻的標準是德性，妓的標準是色藝，而妾的標準自然介乎二者之間。這一時期男人的美女觀壓倒了女人的美女觀；士大夫的美女觀壓倒了老百姓的美女觀。男人美女觀的精神是柔弱順從；士大夫的美女觀的綱領是精緻細膩。魏晉時代則產生了一種令人驚奇的現象，就是美貌崇拜，開始著重於裝飾，把對美貌的欣賞玄學化，其審美的哲學高度空前絕後。到南朝，中國的美女觀完成了一輪循環，經歷了從健康自然到病態雕飾的退化。隋唐時期雍容富態、健康自然成了美女的主導性標準，剛健婀娜也是當時人們欣賞的婦女之美，人們崇尚健康、豐碩、肥胖的女性形象。比如楊貴妃「有姊三人，皆豐碩修整」都是胖美人。另外，這時期婦女的穿著相當暴露，有詩為證：「粉胸半掩擬晴雨」，「半胸蘇嫩白雪饒」。健康與性感，就是隋唐美女的主要標準。宋朝以後，大致是以觀音菩薩的本貌作為女性美的高標準，各個時代所雕塑繪畫的觀音菩薩，就是當時審美標準的具體說明。這時人們對美女的要求漸漸傾向文弱清秀：削肩、平胸、柳腰、纖足。北宋中葉以後開始形成對「三寸金蓮」的崇拜，中國人的性感焦點全部集中到了小腳上，小腳與嫵媚成為美女的社會標準。晚清開始，西方美女觀成為優勢話語，中國的傳統美女觀則節節敗退。但整個社會還是把「林黛玉」作為美女的偶像，「病美人」到民國時期還是主導性的美女標準。直到近二、三十年，美女觀發生了真正的改觀，人們理想中的美女是健康、姿色、才藝與品行的統一體。

不同民族、不同時代有不同的審美標準和審美理想，因而也有不同的美女標準。但據最近的美國《新聞週刊》報導，在全球化的時代，美女的標準也開始全球化了。

對於面孔之美的標準，各民族甚至在一個民族的不同時代，也不盡相同。圖為台灣屏東的排灣族婚禮舞會中漂亮的新娘（右）。（右圖，王庭玫攝）

粗壯結實，是新石器時代女性神祇崇尚的特點。

女性之神　西元前 2000 年前後
黏土雕塑　巴黎羅浮宮美術館藏
（左圖）

　　幾百年來東、西方在評價美女上早已各自形成了一套理論，而且各自都因擁有獨有的特色感到自豪。隨著時間推移，人們對美女的看法也開始發生變化，新標準逐漸出爐。多年以來，亞洲美女的標準是肌膚細嫩和櫻桃小嘴，如今要是以這樣的面貌到國際選美舞台上亮相，就會遭到淘汰的命運，因為亞洲的標準已和國際標準脫軌，如今的美女身材個個苗條而勻稱。長久以來，三圍的魔術數字是 26、24 和 26。凡是具備這個條件的女人都有可能成為國際性的美女。一般來說，只有符合西方特點的美女才有機會獲得國際好評。於是，亞洲的印度、韓國和日本等國的女性都紛紛效仿西方美女，而把傳統東方美女標準丟到一邊。如今國際上普遍認為西方女性具有大眼睛、橢圓臉蛋和「骨瘦如柴」的身材才是真正的美，而東方人的小眼睛、圓形臉蛋和圓潤身材並不被西方人所接受。但光有西方美是不夠的，必須東西方兼備。也就是說，現代美必須把東西方美的優點融為一身。隨著網際網路和衛星電視的普及和影響，「東西合璧」的美女越來越受到注目。當然，她們當中絕大多數的外形並不是與生俱來的，而是整形的結果。有很多女性為了滿足國際標準的要求，讓醫生「修理」身體，以達到「東西合璧」的目標。

第3章

美女的魅力

美麗的女性使男人心醉神迷，甚至會使他們頭暈目眩，激起他們的自然感情；美女的無窮魅力有時甚至會改變人們的想法和觀念，軟化其意志和決心，超越傳統的準則和習俗，做出出乎意料的決定。

被維納斯的聖火所燃燒

在西方美術史上，最具有美女魅力的是集女性的柔婉秀美、典雅婀娜於一身的愛與美的女神維納斯。

波蒂切利　維納斯的誕生（局部頭像）　1485-86　蛋彩畫畫布　175×280cm　翡冷翠烏菲茲美術館

　　當美女進入審美關係的領域，成為審美主體觀賞的物件，就會在審美主體那裡引起強烈的情感、情緒和心理反應，引起審美主體愉悅和快感，刺激起欣賞、讚歎、愛慕等激情，甚至可能激起性幻想等生理反應。這就是美女的魅力所在。魅力是美女的外在表現形式，是美女價值的實現方式。如果一個「美女」不能激起審美主體的這些情感，或是因為她沒有真正進入審美關係的領域，沒有成為審美的對象；或者是因為不符合「此時此地」的民族的文化的審美標準，因而也就不是真正意義上的美女。

　　在西方藝術史上，最具有美女魅力的是集女性的柔婉秀美、典雅婀娜於一身的「愛與美」化身的女神維納斯。她是古羅馬神話中最漂亮的女神，是被歷代藝術家描繪、

維納斯在西方美術史上象徵著一切女性之美。

波蒂切利　維納斯的誕生　1485-86　蛋彩畫畫布　175×280cm　翡冷翠烏菲茲美術館藏

歌頌最多的女神，象徵著西方美術史上一切女性之美。她身上終天地造化，匯人間智識，集藝術靈秀，成為古代文學藝術中不可忽視的一個重要存在。她具有的女性之美是理想中的理想、美中之美、萬相之相。

荷馬吟唱道：「美貌莊重的阿芙羅狄忒，我要思念她。她帶著金花環，乘著西風神吹出的和風，來到起伏的大海上，降落在柔情的浪花中…」

在古希臘神話中，維納斯叫做阿芙羅狄忒，「維納斯」是她在羅馬神話中的名字。關於維納斯的身世，《荷馬史詩》中記載，她是宙斯和瀛海之神奧克阿諾斯的女兒黛奧涅私通所生。另一種說法，維納斯誕生在大海上，「阿芙羅狄忒」就是「從海水的泡沫裡誕生」的意思。據說，宙斯的父親克羅諾斯在推翻其父烏蘭諾斯的統治時，閹割了烏蘭諾斯，並把割下來的生殖器隨手丟進大海。由於神力的作用，它變成許多白色泡沫漂浮在海洋上，孕育出了美神阿芙羅狄忒。泡沫隨著波浪飄揚，西風把她吹向東方，最後抵達賽普勒斯島的海岸。在那裡維納斯的肉體從泡沫中湧出，一個絕代佳人就這樣誕生了。島上的女神們歡迎她，將她華麗地裝飾一番，把她帶到奧林匹斯山，奉為十二主神之一。她的腳踏上大地時，所過之處立即長出了綠草和鮮花。容光煥發的維納斯走路時香氣四溢，無論是誰，甚至眾神都逃脫不了這位愛神魅力的誘惑。

布格羅　維納斯的誕生　1863　油彩畫布　300×217cm　巴黎奧塞美術館藏

　　「維納斯」（Venus）的英語發音是由「魅力」一詞轉借而來的。在阿芙羅狄忒的身上，有一條著名的可以迷惑人的玉帶，連天后赫拉都曾借用過，以迷惑宙斯。奧維德在《愛的藝術》中寫道：「維納斯的聖火可能使最冷酷的胸膛燃燒。」阿芙羅狄

忒雖是最美的女神，卻嫁給了最醜的火神赫淮斯托斯（Hephaestus）。原因之一可能是因為她對丈夫不忠，風流韻事很多。她與戰神阿瑞斯（Ares）有私，曾被丈夫發現。她同時還愛戀著商神赫爾墨斯（Hermes）和美少年阿多尼斯（Adonis），天上和人間很多是非都與她有關。譬如，她使宙斯變成牛追逐歐羅巴；又使宙斯變成鵝與麗達尋歡而生下海倫，許願給帕里斯王子最美的女子做妻子，從而引起十年的特洛伊戰爭，不但使地上的人，而且令天上的神都捲入了這場殘酷而持久的鏖戰。美國歷史學家威爾·杜蘭曾這樣形容古希臘人對維納斯的崇拜：

> 阿芙羅狄忒是所有女神中的第一位；…除使阿芙羅狄忒成為美的理想化身之外，還要成為異性之愛或異性相悅的神。希臘人以多種方式和目的崇拜她：視之為天上之神，司天文並為貞潔或聖愛之女神；視之為時髦之神，以各種方式表達性愛的女神；甚至還稱她為美臀的維納斯女神。雅典和科林斯的妓女們為她建神殿，尊她為她們的主包聖者。每年四月初希臘各城多慶祝她的節日 Aphrodisia；這一天，凡是參加的民眾都可享有性的自由。

古希臘著名雕塑家伯拉克西特列斯（Praxiteles）的傑作〈奈達斯的阿芙羅狄忒〉是一座典型的維納斯雕像。希臘晚期有位作家給我們留下了在奈達斯島參觀維納斯殿堂的生動描述。這座殿堂坐落在茂密的果樹叢林中，在這個清新的果園中間是一座小小的神殿，正開著門。朝聖者可以看到在綠色掩映中潔白發亮的女神。她正要去舉行沐浴儀式，一隻手仍拿著脫下來的襯衣。雙唇略開帶著微笑，但並沒有完全喪失一位奧林匹亞神的莊嚴。這位作家和他的朋友們讚美她，就如同她是絕代佳人。其中一人在激動之中竟然跳到她的底座上，摟住她的脖子。聖殿的祭司有些吃驚，但在得到賞金後打開了神殿後門的鎖，讓參觀者欣賞女神的背面，人們備加興奮。

12 世紀末，有位叫格裡高利烏斯（Magister Gregorius）的英國人到羅馬遊歷，他對那裡的古蹟和雕刻留下深刻的印象。在《羅馬城奇跡譚》一書中描寫到他在羅馬的見聞，特別提到自己如何被一座著色的裸體維納斯雕像所深深吸引。他寫道：

> …可是這座帕羅斯大理石偶像，是用如此令人驚歎而又難以言傳的技藝雕成的，好像活物，而不是一座雕像。因為這座雕像就像一個因為裸體而羞紅了臉的婦人似的，臉色白裡透紅。如你仔細觀察，會發現在雪白肌膚下像有血在石像中流動似的。由於它外表神奇的美麗、具有異常的吸引力，儘管我的住所離那裡有兩英里遠，我還是三次返回去看它。

俄國作家烏斯賓斯基也曾說到他在看到著名的〈米洛的維納斯〉雕像時心中的奇異感受：

> 我站在神像面前，望著她，不停地自問「我這是怎麼了？」從一開始看到神像起，我就這樣問自己，因為這使我感到全身充溢著極大的歡樂…。在此以前，我就像（我是突然有這樣感覺的）手中捏成一團的手套一樣。手套也像人的手一樣嗎？不，這不過是個皮圍圍而已。但是，我給它吹上一口氣，它就會像人的手；這時，忽然有一種我自己也無法理解的事物，也朝著我的被歪曲、摧殘、蹂躪的心靈吹了一口氣，立即使人挺直了腰，煥發了精神，那些失去知覺的部位仿佛又都起了雞皮疙瘩，促使我立刻像人長大似的情景一樣，伸展起來，我精神振奮，把那不久前的睡意一掃而光，用那活力和光明充實著廣闊胸懷，充實著我成熟壯大的肌體。

我注視著這尊神像的兩隻眼睛，竭力想弄清楚這種感覺由何而來？這到底是怎麼回事？我的這種無形而來的、堅決的、平靜的、喜悅的心情，其奧妙到底何在？但是我卻無法回答自己的任何一個問題。我覺得沒有任何辭彙，能確切地表達這尊神像有巨大活力的秘密。

▌在那短促的一瞥中……

上述對於維納斯的這種審美經歷，許多人都有相似的體驗。美女是生活中的一道風景，總給我們賞心悅目的感覺。我們對於美麗的面孔、優美的身體及一切有關人體的藝術品，比如雕像、繪畫、攝影等等，都禁不住要多看上幾眼，甚至駐足觀賞乃至流連忘返。即便是偶遇陌生美女，也會令人賞心悅目。世界上正因為有了她們，才充滿了詩情畫意。

托爾斯泰在《安娜·卡列尼娜》中寫到渥倫斯基在火車上與安娜·卡列尼娜邂逅。描寫到渥倫斯基在那一瞬間的感受：「…（他）感到自己非得再看她一眼不可；這並不是因為她非常美麗，也不是因為她姿態上顯露出來的端麗和溫雅，而是因為她走過他身邊時她那迷人的臉上的表情帶著幾分特別的柔情蜜意。」「在那短促的一瞥中，渥倫斯基已經注意到了有一股被壓抑的生氣在她臉上流露…」。也許正是從這一瞥開始，註定了渥倫斯基和安娜的愛情故事，以及那令人迴腸盪氣的悲劇結局。

對於美女的這種審美感受，是人的美感體驗的表現形式之一。美感是一種由審美

物件所引起的複雜心理活動和過程。美感產生於審美主體與審美物件的相互作用中。人們通過感覺感知審美物件，並且在審美主體的一些主觀條件影響下，將知覺專注於物件的感性、具體性的形態，使直接的感覺因素獲得充分的興奮，物件的這一方面獲得了充分的注意，從而構成審美感受。同時，審美主體往往結合感性的形象，通過想像和思維的相互作用，既保留了現象中的具體性、鮮明性、生動性，又達到了深刻地反映和認識事物的本質，從而構成審美感受中的理性認識，由此產生一種特有的情感愉悅，進入審美感受的高級狀態。

青春女性具有的美的力量是巨大的。1957 年，23 歲的法國影星碧姬·芭鐸（Brigitte Bardot）主演了《上帝創造女人》這部電影，從而一舉成名。據法國《電影世界》雜誌統計，那一年發表在法國報紙上有關她的文字達到 100 萬行、週報上 200 萬行、玉照 2 萬多幅。《電影世界》還報導，她是 47% 的法國人談話的主題。1994 年，模特兒克勞迪亞·希弗穿著黑色的天鵝絨服裝在羅馬的西班牙式舞台上僅僅走了 4 分鐘，據《每日電訊報》稱，當時駐足觀看的人數達到 450 萬，整個城市一時之間都為之「靜止不動」了。

宋玉的《神女賦》中對楚王的一段描述，也頗有趣味。楚王迷戀美麗的神女，竟然沉陷於「精神恍惚」之中，他「寢而夢之，不自識；惘兮不樂，悵然失志」，他一入睡就夢見她，醒來則悵然若失。本來就「交稀恩疏，不可盡暢」，更何況她懷堅貞磊落，固守高潔，若想占有她，終於無望，「懷貞亮之絜清兮，卒與我兮相難」。雖然貴為楚王也只有哀歎了：「神獨亨而未結兮，魂煢煢以無端。含然諾其不分兮，喟揚音而哀歎」。她只可神交，不可褻瀆，使我無端地感到孤獨無依，我的語言竟然含混，想說也說不清楚，愛戀之情還未盡敘，她卻要離我而去了，「歡情未接，將辭而去；遷延引身，不可親附。似逝末行，中若相首，目略微眄，精采相授」。牽腸掛肚，神魂顛倒，但追求卻永無回應，只有將苦情埋在心底，又能向誰訴說！

漢樂府民歌中著名的敘事詩〈陌上桑〉，塑造了一個堅貞美麗的農家女子形象。詩歌的第一部分描寫羅敷的驚人美貌。作者沒有正面描述，而是從她生活的環境、所用的器物、所梳的髮式及所著的衣服落墨。詩中運用了別開生面的烘托手法，通過旁觀者見到羅敷時的神態舉止來表現羅敷的美：過路人看到她，不由自主地放下擔子捋著鬍鬚注目而視；少年人看到她，脫下帽子戴上帩頭，想引起她的注意；耕者忘記了身邊的犁，鋤者也忘記了手中的鋤…各種人都因羅敷而神魂顛倒，你想羅敷有多美：

　　日出東南隅，照我秦氏樓。秦氏有好女，自名為羅敷。羅敷喜蠶桑，
　　采桑城南隅。青絲為籠系，桂枝為籠鉤。頭上倭墮髻，耳中明月珠。
　　緗綺為下裙，紫綺為上襦。行者見羅敷，下擔捋髭須。少年見羅敷，

達文西　抱貂的夫人
1483-90　油彩畫布
54×39cm　波蘭克拉
科夫扎特里斯基美術
館藏

　　脫帽著帩頭。耕者忘其犁，鋤者忘其鋤。來歸相怨怒，但坐觀羅敷。

　　美麗的女性使男人心醉沉迷，甚至會使他們頭暈目眩，激起他們的自然感情；美
女的無窮魅力有時甚至會改變人們的想法和觀念，軟化其意志和決心，超越傳統的準
則和習俗，做出出乎意料地決定。古希臘有一則傳說，雅典的執政官審判藝妓芙麗涅，
她是當時最著名的美女，伯拉克西特列斯的著名雕塑〈奈達斯的阿芙羅狄忒〉就是以
她為模特兒的。在法官宣布芙麗涅的罪行後，激憤的人群大嚷大叫：「處死她，處死
她！」嚴厲的法官已決定判她死刑。就在這千鈞一髮之際，芙麗涅的辯護人從她肩上
取下了紫紅色的長衣，使她裸身站在人們面前。法官和沸騰的人群驀然地驚呆了，他
們都被藝妓美妙絕倫的身體驚得目瞪口呆了：

神聖的形體放射出

靜謐清麗的光彩，

人群，一剎那前還在怒吼：

「將這高傲的藝妓處死！」

倏忽間，全都啞口無言，

沉醉於阿芙羅狄忒的廟宇。

　　文藝復興時期義大利作家薄伽丘（Boccaccio）年輕時曾生活在那不勒斯。1331年復活節前星期六的彌撒上，他遇見了當時那不勒斯最為美的女人阿奎諾夫人（Maria d'Aquino）。對於薄伽丘來說，她似乎比希臘女神阿芙羅狄忒更為美豔，世界上沒有比她金黃色秀髮更可愛的東西了。他稱她為「浪漫的小火焰」，而渴望自己燒灼在她的情火之中。此後的幾個月裡，他所想的只是如何去親近她。他到教堂去作禮拜，為的是希望她能在場；他徘徊在她窗前的街道上；聽說她在柏亞（Baiae）地方，他就趕去。薄伽丘還為她寫了許多思慕、燃燒、激烈的愛情十四行詩。這些詩作成為薄伽丘早年的主要代表性作品。

　　哥德也與薄伽丘有相似的經歷和感受。他在自傳《詩與真》中談到少年時代與女友格麗琴第一次見面時的情景。哥德是在朋友的晚宴上遇見格麗琴的。他們一幫朋友在一起吃喝，後來要添酒便喊侍女出來，但是出來的不是侍女，而是一位非常漂亮的女郎。哥德說：「這個女郎的容貌，從這一瞬間起，無論我到哪處去都緊跟著我；那是一個女性給我最持久的印象。我既不能也不想尋找一個藉口，到她家去看她，我便為愛她的緣故上禮拜堂，不久就發現她坐的地方。這樣子，在悠長的新教的禮拜儀式中，我可以看她個飽，出教堂時我不敢同她搭訕，更不敢陪著她走，當她看見我，像是向我點頭答禮時，我已覺得幸福極了。」

　　在我們日常生活中，也不乏有一些與此相似的奇異遭遇。作家伍爾夫（Leonard Woolf）在他的《自傳》中寫道他和斯蒂芬姐妹倆的初次見面：「見到她們，不愛上她們，對於男人來說幾乎是不可能的。」凡奈莎（Vanssa Stephen）和佛吉尼亞（Virginia Stephen），白色衣裙，寬邊帽子，手持陽傘，一樣蒼白一樣美麗，倫納德只覺得心魂蕩漾，要把一生獻給她們。著名作家詹姆斯‧喬伊絲（James Joyce）在《一個青年藝術家的畫像》中寫到斯蒂芬‧迪達勒斯在海邊看見一個年輕姑娘，與一種孤獨、自然、陌生的美不期而遇。他看見她時，她正用「一雙修長、纖秀、光裸的腿」站在海邊，「那張絕對標緻的臉宣示著人類之美所能達到的極限」。她的美轉化而為他感官與精神上的雙重渴望：

她的形象永遠地進入到他的靈魂中，這是一個無言的時刻，所有的只是那充
滿狂喜的神聖的寂靜…。一個意外遭遇的天使來到他的跟前，一個以年輕
和美為標誌的天使，她是來自公正的生命法庭的使者。在這充滿狂喜的一瞬
間，通往謬誤和光榮的所有大門都在他的面前打開，它們一直朝著無限的遠
方延伸著、延伸著！

法國詩人波特萊爾在《惡之花》中有一首詩〈給一位過路的女子〉，極為傳神地
寫出了「在那短促的一瞥中」的感受。

喧鬧的街巷在我周圍叫喊，
頎長苗條，一身喪服，莊重憂愁，
一個女人走過，她那奢華的手
提起又擺動衣衫的彩色花邊。

輕盈而高貴，一雙腿宛若雕刻。
我緊張如迷途的人，在她眼中，
那黯淡的、孕育著風暴的天空
啜飲迷人的溫情，銷魂的快樂。

電光一閃…複歸黑暗！──美人已去，
你的目光一瞥突然使我復活，
難道我從此只能會你於來世？

遠遠地走了！晚了！也許是永訣！
我不知你何往，你不知我何去，
啊我可能愛上你，啊你該知悉！

著名詩人艾茲拉‧龐德（Ezra Pound）有一首詩歌〈在地鐵站〉。這首詩只有兩句：
「黑暗人群中幽幽閃現的面孔：潮濕、黝黑的枝上的花朵。」後來龐德描述了他為何
會寫出這兩行詩句的情景：「三年前在巴黎，我從拉孔柯德走出地鐵站，突然間看見
了一張非常美麗的面孔，然後又是一張，又是一張，再後是一個孩子漂亮的臉，然後
又是一張婦女美麗的臉。我想了一整天，想找到一個合適的句子來表達我所有的感受，
可是我沒有找到，任何可以用來表達我的這種突如其來的優美感受的詞句都逃匿了…，

像面前這首短詩就是試圖記下那一瞬間情緒的語句，在那一刻裡，一樣外在的、客觀的事物突然轉化成了內在的、主觀的東西。」

美在情人的心裡

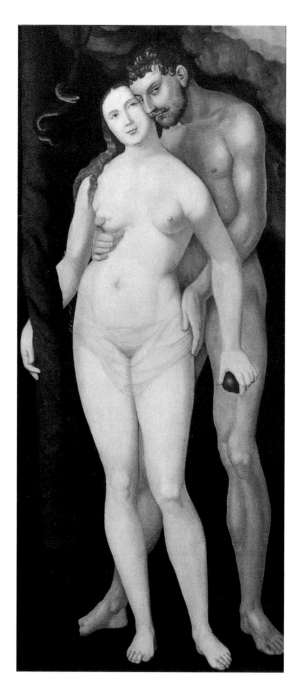

美女的魅力，就在於它激發起審美物件的美感體驗。美感的一個凸出的特點，是它帶有濃厚的情感因素。物件與主體的不同關係產生不同的情感，不同的情感又驅使主體採取不同的活動，以符合主體的要求和需要。人們愛美女、讚賞美女，但是，不僅不同時代、不同民族有不同的美女標準，每個人的心目中也有對美女不同的感受，這與審美主體的情感因素有關。所謂「情人眼裡出西施」就是說，當主體與物件處在密切的情感關係中時，物件就會在主體那裡呈現出獨特的美和魅力，或者說只有此時，主體才會感受到別人無法體驗到的美感。

審美化是愛情的重要成份和因素，愛戀的感情中始終包含著對美的「感知」。陶醉於理想化中的情侶，總是彼此把對方看作審美的形象。兩人都會在對方

漢斯·巴杜格·庫林　亞當與夏娃
1531　油彩畫布　144.5×64.5cm
馬德里泰森美術館藏

身上看出美的特徵，它包括面容、體形、姿態、道德品質和氣質等等。這種美體現在對方獨一無二的個性中，具有一種征服的力量。古希臘劇作家索福克勒斯（Sophocles）寫道：「新娘眼中流露出的熱情讓人心醉，愛神阿芙羅狄忒，總在進行這種戰無不勝的消遣。」莎士比亞的喜劇《愛的徒勞》中說：愛情「使美一個器官發揮出雙倍的效能」。愛情蘊含的力量大得出奇。「它使眼睛增加一重明亮，戀人眼中的光芒可使猛鷹眩目；戀人的耳朵聽得出最微細的聲音，任何鬼祟的奸謀都逃脫不過他的知覺；戀人的感覺比蝸牛的觸角還要靈敏；戀人的舌頭使善於辨味的巴克科斯（希臘神話中的酒神）顯得遲鈍；…愛情像斯芬克司一般狡獪；像那以阿波羅的金髮為弦的天琴一般和諧悅耳；當愛情發言的時候，就像諸神的合唱，使整個的天界陶醉在仙樂之中。」蒙田在《隨筆集》中引證古羅馬詩人卡圖魯斯的詩：

> 可憐的我！感官全已陶醉。
> 當我見到你，累斯比，（累斯比是卡圖魯斯對他的情婦克洛迪亞的稱呼）
> 心靈和語言便不聽使喚；
> 微妙的火遍燒我全身；
> 耳畔響起嗡嗡的聲音；
> 雙眼蒙上沉沉的黑夜。

蒙田認為，愛情使人的感覺發生變化。「愛情能把美貌和優雅賦予被愛的人，並使愛戀的人們失去清晰和正常的判斷力，把他們所愛的人看得與實際不符、更加完美。」這是一個愛情心理學的問題。喬治・桑塔亞那指出：

> 戀愛的能力給予我們觀照一種光輝，沒有這光輝，觀照往往不能顯示美；我們的審美敏感的全部感情方面…就是來源於我們的性機能的輕度興奮。…還需要什麼以最深刻的意義和美來瀰漫這世界呢？一往情深於一個明確物件，它在心中所產生的一切影響，不難當作是這物件的威力和屬性。然而，在這裡有些影響是有力而深遠的。它們觸及你靈魂深處。深藏在心的財寶都浮到意識的表面上來。你的想像力和心靈第一覺醒。所有這些新的價值都結晶在那時呈現於心的那些事物。如果幻想為某個人的形象所盤踞，而她的品質也有力量促成這種變革，那麼一切價值都集中在這一形象上了。這個物件就顯得十全十美，就是所謂的墮入情網。

所以，在愛的情感光譜上，讚賞的作用（興奮的作用）顯得十分凸出。讚賞表示由於對美的直觀或意識而獲得精神上的高度滿足。康德指出：讚賞乃是不斷重複的驚

奇，這種驚奇並不隨著新鮮感的喪失而消失。熱戀中的男女總是透過相互理想化和精神裝飾化的稜鏡看待對方。他們看到或者覺得，他們的對方一切都好、都美，甚至是神聖的。這一切感受在人類之初就已存在了。英國詩人彌爾頓的《失樂園》中，亞當看到上帝用他的肋骨造成的夏娃，驚歎道：「…美極了，可愛極了，似乎全世界美的東西都相形見絀，或薈萃於她一身，都包含在她和她的容貌裡。從那時起，把以前沒有感覺到的愛注入我的心。她的風度激起愛的精神和愛的喜悅，吹進了萬物。」而在莎士比亞的故事裡，羅密歐在凱普萊特家見到茱麗葉以後發出驚歎：「她是天上明珠降落人間！…我從前的戀愛是假非真，今晚才遇見絕世的佳人！」早在古埃及的情詩中，有一首是一男青年歌頌美麗情人的，詩中寫道：

> 妹妹，舉世無雙的妹妹，
>
> 無可媲美的人！
>
> 她像一顆晨星，
>
> 升起在幸福年華之初。
>
> 她的膚色白皙，閃光明亮，
>
> 一雙討人喜歡的眼睛，
>
> 甜蜜的雙唇，
>
> 不多講一句話；
>
> 挺直的頸項，耀眼的乳房，
>
> 頭髮如真正的青天石；
>
> 手臂賽似黃金，
>
> 手指猶如荷花的苞蕾；
>
> 寬寬的肩部，纖細的腰，
>
> 兩腿走路美無比，
>
> 高雅的步子踩著地，
>
> 步步踩著我的心。
>
> 她令所有的人引頸翹望。
>
> 她擁抱的人多麼幸福，
>
> 除了她，我心中沒有別的人！
>
> 她在外面散步，宛如又一個太陽！

第6世紀的阿拉伯詩人安塔拉（Antara）曾這樣描寫心愛的女子：

> 我看到一個白皙的女子，她的長髮拖曳及地…，它們如夜色般漆黑…，在烏

黑頭髮的陪襯下，他如一輪旭日，而她的長髮宛如深沉的黑夜…，絕色少女鋒利如箭的目光攫住了我的心，這些箭留下了無法癒合的傷痕。她走過去了…乳房豐滿如瞪羚。她莞爾一笑，珍珠般的皓齒在雙唇間閃閃發光，那裡藏著醫治戀人的良藥…，她匍匐在偉大的真主面前，以額觸地，而偉大的真主在她的美貌面前低下了頭。

土耳其作家紀伯倫（Kahlil Gibran）曾說：「美在情人的心中」。情人眼裡看到的是心上人的秀麗、完美、無與倫比的人品和德行。當一個青年不再環顧所有姑娘，而專注某一人時，她在他心目中會頓時變成最出眾、最美麗、最有吸引力的姑娘。她開始成為他的世界中心，他的生活獲得了新的審美和道德價值。他會千方百計地沿著某條軌道，緊貼著這個神秘的宇宙中心而旋轉。義大利詩人但丁在自己的第一部作品《新生》中描述了對貝雅特裡齊的愛情。他說他在 9 歲時第一次見到貝雅特裡齊，就已神魂顛倒。他猶豫不決，不敢接近心愛的人，向她訴說如神光般照亮他心靈的愛情。他寫道：「她身著典雅鮮紅色的衣服出現在我面前，這麼質樸、這麼尊貴，…從此愛情就主宰了我的心…每次不管她從哪裡出現，只是希望看到她那美妙的鞠躬就把我心中的一切邪念驅散，她燃起了我慈善的火焰，使我原諒一切傷害過我的人。如果那時有誰來問我什麼事，我的回答就會只有一個『愛情』，而我的臉上會洋溢著寬容。」

艾德蒙‧斯賓塞（Edmund Spenser）是 16 世紀英國著名的詩人，濟慈、雪萊都十分推崇他的作品，稱他為「詩人中的詩人」。1594 年在他新婚之際寫了一首十四行詩〈小愛人〉，極力地讚美新婚妻子伊莉莎白‧波麗的美麗與魅力。詩中寫道：

告訴我，商人的女兒，以前你曾否見過
如此漂亮的女人，在你們的鎮上，
如此甜美、可人，溫柔似她，
美貌兼備德行，便益增風采，
她善良的眼睛似青玉般明亮，
前額似象牙般白淨，
她的雙頰象太陽曬紅的蘋果，
嘴唇似櫻桃般誘人欲嘗，
她的胸脯象碗明淨的乳酪，
乳頭就象含苞待放的百合，
她的雪頸似大理石般光潔，
而她的胴體就像一座美麗的宮殿…

實際上，幾乎所有男人寫的情書都極力讚揚對方美麗。馬克思和燕妮的愛情是一個傳之已久的動人故事。19歲的馬克思稱燕妮為唯一神妙美麗的女子。他無法用語言表達對燕妮美貌的讚賞。馬克思38歲那年寫信給燕妮說，她的像片儘管拙劣，還是使他明白了，為什麼中世紀醜陋的聖母像「還會有熱烈的欣賞者，甚至比出色的聖母像的欣賞者還多。」馬克思承認燕妮的相片不如本人，他寫道：「但是我把陽光所未能記錄的東西完善了，並發現我的眼睛雖為燈光和煙草所損壞，但仍舊不僅在夢中，甚至不在夢中也能描繪形象。你好像真的在我面前，我雙手捧著你，自頂至踵地吻你，跪倒在你面前，歎息著說：『我愛您，夫人！』事實上，我對你的愛勝過威尼斯摩爾人的愛情…我不能以唇吻你，只得求助於文字，以文字來傳達親吻…」

▌美女與性感

處於愛情關係中對所愛物件的欣賞和讚美，不同於對於女神比如維納斯的審美情感。如果說，對女神之美的審美感受是那種柏拉圖式的對於美的理念的景仰，那麼，對於愛情物件的審美感受，則是對於現實的、具體的感官之美的愛戀，這其中包含著強烈的或者淡淡的情慾願望。實際上，美女之美的諸種要素中，性感是一個重要成份。如果沒有性感的因素，美女之美就會變成了「神聖之美」，因而就不具備了美的現實性價值。關於美女的性感可從兩層含義上來理解：一是從性的觀點來看她是美的，無論是體態容貌還是風度氣質，都顯示出性的特徵，包含著豐富的性的資訊；二是她的美是如此的嫵媚動人，足可以激發起性的慾望與幻想。具有這樣性感的美女，才是生活在我們當中現實的美女，而非可望不可即的「女神」。

柏拉圖和他的學園裡的一些思想家，把女神阿芙羅狄忒分成了兩個不同的形象：阿芙羅狄忒–尤瑞尼婭——天堂裡的阿芙羅狄忒，代表智慧和神聖的愛，從日常事務脫開；阿芙羅狄忒–潘德摩絲——所有人的阿芙羅狄忒，她在本質上象徵著生理的愛，因支持賣淫而出名。柏拉圖在《宴飲篇》中這樣寫道：

> 阿芙羅狄忒的神性，上起蒼天與宇宙之間的清澄世界，下至愛慾、邪惡等人類的本能所引起的各種衝動，可謂兼收並蓄、無所不包。在春天，她可以讓大地開花，使農作物豐收；到了淒涼的冬天，她便下冥府。

柏拉圖的這個比喻，由於反映了人類內心深處的一種感情。它成為中世紀和文藝

安格爾 1845 年所畫的〈巴羅與法蘭潔西卡〉，取自但丁《神曲》中的愛情故事。

復興時期哲學的一個原理，是對女性裸像的辯護詞。從最早的時代起，這種擾人的、非理性的肉體慾望一直在形象中尋找解脫，歐洲藝術中反覆出現的目標之一就是賦予這些形象一種形式，使維納斯不再是世俗的，而變成神聖的。但，阿芙羅狄忒是愛與美的象徵，是美的企慕與慾的宣洩的統一體。正如黑格爾指出的：「*女愛神阿芙羅狄忒…代表人類的性慾和同類愛之類的感情。*」

　　愛與美是緊密地聯繫在一起的。審美感受的愉快與生理快感有一定的聯繫，對生理的適應滿足與精神享受有內在的相互滲透和聯繫。對人自身的審美感情，是人類漫

長歷史時期兩種生產實踐的產物，是人類性選擇意識的沉澱。一個完美的女性總是被認為是一個性物件。男人在欣賞女人之美的同時，在潛意識裡往往還存在著一種占有慾。恩格斯說：「體態的美麗…曾經引起異性間性交的慾望。」喬治‧桑塔亞那指出：「如果我們不探索性對於我們的審美敏感的關係，就會暴露出我們對人性的觀點完全不切實際。」

　　中國古代的人已明確認識到性與審美的關係。「窈窕淑女，君子好逑」。《詩經》把「窈窕」作為后妃之德，朱熹注：「窈窕，幽閒之義。貞潔之操，情慾之感，不介於容儀。」阮籍在《詠懷詩》中寫出對美人、愛情和性歡樂的真誠渴望和追求：

西方有佳人。皎若白日光。被服纖羅衣。左右佩雙璜。修容耀姿美。順風振微芳。登高眺所思。舉袂當朝陽。寄顏雲霄閒。揮袖淩虛翔。飄颻恍惚中。流眄顧我傍。悅怪未交接。晤言用感傷。

　　詩中對佳人麗質天姿的細膩描寫，表達了自己思慕、嚮往的真實抒發。尤其是「悅怪未交接」一句，直接表達了對性愛的慾望。

　　英國哲學家休謨在《人性論》中說道：「美引起生理的追求」。他認為，性愛包括三種情感：1.由美貌發生的愉快感覺；2.肉體上的生殖慾望；3.濃厚的好感或善意。其中美貌尤為重要。喬治‧桑塔亞那指出：「若不是感官首先被吸引，性的吸引力就不能起作用。本能中預定追求的那個物件，也必須能迷惑眼睛和娛悅耳朵。兩性為了這個緣故就發展了第二性徵；性的感情也就同時擴張到各種第二物件上。

▌仇英　設色仕女圖　明　瀋陽故宮博物院藏

顏色、儀態、容貌就變成了對性慾的刺激和兩性選擇的嚮導，在它們能完成那任務之前，便取得了某種內在的魅力。」恩格斯在談到中世紀的騎士文學時，曾把其中描寫的「熱戀」稱為「性的衝動的最高形式」，並指出其中萌發著「個人的性愛」。關於「個人的性愛」，恩格斯解釋：「性愛常常達到這樣強烈和持久的程度，如果不能結合和彼此分離，對雙方來說既使不是一個最大的不幸，也是一個大不幸。」

關於人類審美觀的性愛特徵，佛洛伊德指出：「對美的愛戀是深藏於它之中的慾望的完美例證。」靄理士也指出：「一件從性的觀點看屬於美的東西當然開頭就有一種力量，可以打動基本的生理上反應的傾向。」他還說，在男性美和女性美的標準裡，性的特徵很早就成為一個重要的成分。德國哲學家叔本華說：「只有那種被性衝動沖昏了頭的人才會把矮小、窄肩、寬臀、短腳的人稱作女性；因為，女性的全部美都是與這種性衝動密切相關的。」德國文化史家愛德華·傅克斯認為，自古以來審美觀便含有性的成分。人體的自然美就是從根本上努力揭示男人和女人的截然不同，儘量鮮明地揭示男人不同於女人、女人不同於男人的生理特點。簡言之，完全的美就在於揭示男人和女人的性徵。他指出：

> …文藝復興時代於是最終宣布人的理想典型是感性的人，也就是要比其他任
> 何人都更能激起異性的愛，而且純粹是動物性的愛，從而激發起強烈的性
> 慾。這不僅適合於整體，也適合於局部，即適合於評價男女的局部的美。

人類具有動物性和社會性的雙重屬性，人類之愛除了具有動物性的意義之外，還具有社會的、文化的、精神的意義。所以，人能以審美的方式駕馭著自己內心的原始衝動。這種原始衝動的外化形式就表現為人們的（男人和女人）的性感。有關研究者指出，性感是一種慾望的表達。這慾望就是——我想吸引你（們）。當一個人用各種方法表達這慾望時，通常他（她）就會變得性感。因此也可以說，通常一個人只有當他（她）希望自己是性感的時候，他（她）才有可能成為性感的。還有人認為，性感「是一種意識，一種態度，一種氣質。性感是從內心發出的，與完美身材並不直接的掛鉤。」人類的性感不但是本能的流露，而且滲透著人的信仰、理想和精神追求，甚至還帶有社會風俗的烙印。因此，人的性感的產生既受性慾衝動的影響，同時又是對性慾衝動的昇華、限制和壓抑。也就是說，人類使性感文化起來了。

性感是女性魅力的標誌。對於女人，性感是一種欲拒還迎的氣質，一種欲說還休的感覺。性感文化創造了性感美。性感美是自然美和羞恥美的高度結合。完全不知羞恥的即沒有文化含義的純動物性的東西是沒有任何美感的。例如：那些情意綿綿的愛情詩歌和歌曲，那些像愛神維納斯那樣美的人體雕塑，那些令人迫不及待地要親臨其

境的裸體畫，那些優美高雅而又挑逗的情人舞，那些男女健身運動員的表演和攝影等等。一些色情片雖然比較多地自然暴露，但仍然保存著某種羞恥感，所以還是為人們所接受的。而通過性感美的不斷潛移默化，使人類在生理上充份地調動了荷爾蒙的作用，性衝動和性快感大為增強。由於性感美的驅使，人的想像力變得豐富而旺盛。

中國古代詩人薛縕的《贈鄭女郎》詩，表現出女子以自己的美麗媚惑男子的心理：

> 豔陽灼灼河洛神，珠簾繡戶青樓春。
> 能彈箜篌弄纖指，愁殺門前少年子。
> 笑開一面紅粉妝，東園幾樹桃花死。
> 朝理曲，暮理曲，獨坐窗前一片玉。
> 行也嬌，坐也嬌，見之令人魂魄銷。
> 堂前錦褥紅地爐，綠沈香榼傾屠蘇。
> 解佩時時歌歌管，芙蓉帳裡蘭麝滿。
> 晚起羅衣香不斷，滅燭每嫌秋夜短。

晚唐詩人李商隱在〈無題〉詩中描寫閨閣之情，深沉、細膩地描摹了女性悱惻的思緒、婉曲的心理。詩是這樣寫的：

> 鳳尾香羅薄幾重，碧文圓頂夜深縫。
> 扇裁月魄羞難掩，車走雷聲語未通。
> 曾是寂寥金燼暗，斷無消息石榴紅。
> 斑騅只系垂楊岸，何處西南任好風。

> 重帷深下莫愁堂，臥後清宵細細長。
> 神女生涯原是夢，小姑居處本無郎。
> 風波不信菱枝弱，月露誰教桂葉香。
> 直道相思了無益，未妨惆悵是清狂。

據生物科學的研究，世界上多數的美都是一種求偶的信號，都意在將他人的注意力引導到自身所具有的美上來。尼采曾提到一個命題，即美的生物學意義就在於性生殖。自然界裡，人類所認為美麗的花朵就是植物的生殖器官，蟲鳴鳥語是動物的求偶舉動，而一個誘人的女子必然具有明顯的性特徵。健康的膚色、高聳的乳峰、渾圓的臀部，這些與生殖有關的性徵都被公認是美的表現。從女人的角度看，一個美男子必

台灣東排彎族少女的頭飾相當美麗（林建成攝影提供）　　台灣花蓮阿美青年的帽飾（林建成攝影提供）

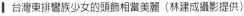

須健壯魁梧，以保證在性能力上是個合格配偶，在體力上可充當她的保護者。所以，有些民族和地區的男女雙方都儘量顯露自己性感的身體部分。在帶有原始性質的跳舞中，他們竭力擺動生殖器、臀部及乳房，以誘惑異性。不少人類原始時期的繪畫、泥塑也極力誇大這些性感器官，引人注意和羨慕。原始的人體裝飾最根本的目的，也就是要增加自身的吸引力並且顯示其美，以博得異性青睞。在這種過程中，無論是欣賞者還是被欣賞者，實際上都經歷了一次美感的測定和考驗。這是一個選擇的過程，這種選擇使得社會共同的美的標準得到確立。隨著文明進展，原先用暴露誇大性器官來引起異性注意，逐漸演變為穿著遮掩性器官為目的之服裝。然而，人們在服裝設計上都離不開「即隱蔽，又暴露」的原則，即將不美的部位掩蓋起來，將美的部位顯露出來，由此造成第二性徵在性誘惑方面的更大作用。人們更加注意自己體態上的表現和毛髮的修飾。某些民族的紋身、繪彩、鼻飾、耳飾、頭飾、頸飾、腳飾，都是為使身體增加性色彩和性誘惑力。現代婦女塗抹（如抹口紅）和加戴某種飾物（耳環、耳後插花、項鏈、手鐲、胸針和腰帶等），以及緊身衣、短裙、美容化妝等，來吸引男子對身體上的性感應區的注意。裝飾的目的是取悅於異性。

　　不過根據有的研究者說，在現代西方國家，性感已經出現了新的定義，也就是說；性感不再是表現胸部和臀部而是表現在腦部。高聳的胸脯、豐滿的臀部只是低級性感，秋波流轉的眼神、風情萬種的表情只是中級性感，而自信的風度、出色的智慧及卓越的能力則是高級性感。

第 **4** 章

傾心打造美女

美女不是天生的，而是人們傾心打造出來的。

女性美的「工藝方面」

人們給美女賦予了極高的審美價值，使她們成為人類審美活動中重要的組成部分。美女的魅力和風采，美女的姿色和性感，以及作為美女的精神品質和文化內涵，成為人類審美文化中一道亮麗的風景線。美女是人類的一個審美理想，成為美女則是所有女人的夢想。但國色天香的美女畢竟少，而相貌平平的女人大有人在。每個女人心裡都潛意識地希望自己是個美人，可惜缺少應有的天賦條件。這正如佛洛伊德所說的，上帝是有過失的，因為他的工作粗糙，品質不高。因此，人的工作就是要彌補這些粗糙的和品質不高之處，按照人的願望和情趣改善按照上帝影像創造的人。

保羅‧瓦雷裡（Paul Valery）曾說，我們背負有三重的肉體問題，而且永無解決途徑。第一重是我們正「據有的」，即我們正生活著的。這重肉體對於我們無論誰來說，「都是最重要而且客觀存在著的」，是我們正體驗著的另一個自己；第二重是公眾面前的，「這重肉體被藝術家所描畫，承受著種種物質的修飾、裝潢和保護，這是我們的愛戀者所看到和需要看到、並渴望著去觸摸的」，傳統藝術所表現的就是這第二重身體；第三重肉體是人的生物體，這重肉體之所以被我們瞭解是通過「解剖和肢解，…沒有任何東西可使我們懷疑肝臟、大腦或腎器的存在」，這重肉體是我們極力要疏離逃避的，而美就是用來掩飾它、並幫助我們否認它的存在的。因此，在對待自己的身體美學上，一方面人們對自己的身體充滿了欣賞和讚美，以自己的身體之美作為驕傲和自信的資本；另一方面，又按照各自民族、文化所給予的審美觀點，利用一切可能的裝飾手段來美化自己，對認為身體的某些不盡理想的部位進行裝飾和改善，把作為自然物的人體通過添加某些象徵性的符號轉化為表現文化的物件。所以，在人類歷史上，人們總是在不斷地修飾、裝飾和完善自身的「美」，為此創造了許多比如化妝、美容、整容、裝飾等技術和藝術，用來「彌補這些粗糙的和品質不高的方面」，按照人的願望和情趣，按照關於美女的審美標準和理想，來「改造和完善按照上帝影像創造的人」。這些都可說是女性美的「工藝的方面」。正因為如此，在相當的程度上所謂「美女」，並非都是天生麗質，也是經過「工藝」的重新塑造，是人們傾心打造出來的。俗話說「三分人才，七分妝飾」，「打造美女」成為各民族人體裝飾藝術和文化的主體部分，同時也表現出各民族的文化特點。

化妝術是打造美女的基本「工藝」。光潔柔嫩的肌膚，端莊秀雅的儀容是每位女性引以自豪的。女性在對面部進行渲染，描畫和修飾時，要使自己煥發風采，表現出

迷人的韻味。妝飾是將自己的長處發揮出來，再加以表現。隱醜顯美，巧妙襯托，再根據時間、地點、場合做不同的變化，使自己最自然的、最生動的優點表露無遺，才是妝飾的藝術。楊貴妃的妹妹虢國夫人朝見唐玄宗時，「卻嫌脂粉汙顏色，淡掃蛾眉朝至尊。」她十分通曉美容化妝的內蘊，以自然美為主，修飾美為輔。修飾本身就是一種文化、一種修養，它是人們將內在的涵養用比較好的身體語言表達出來的一種方式。女人根據不同的環境打扮自己，並且得體，很重要也不容易，它需要不斷地提高自己的素質。一個女人打扮得體、談吐優雅又不矯柔造作，以這樣的高貴氣質展現在人們面前，不僅別人見了精神為之一爽，連自己也會感覺良好。

也有些女人在化妝上極力誇張，把自己變成了一束花、一個鳥籠，或把自己變成了博物館，還有些女人把自己變成了難解的符號。喬吉特・勒布朗在《回憶錄》中回憶她的青年時代時，寫道：

> 我總是打扮得像一幅畫。有個星期我把自己打扮成范・艾克式人物，魯本斯寓意畫中的人物。我依然記得，一個冬日我穿著鑲銀邊、用紫天鵝絨做的無袖長袍，穿過布魯塞爾的馬路。我拖著長裙，不屑將它提起，誠心誠意地讓它在人行道上掃動。黃色的裘皮帽子戴在我的金髮上，但最不尋常的要數我領頭上的那顆鑽石了。這一切都是為了什麼？很簡單，是因為我喜歡，這樣做會令我覺得我的生活超凡脫俗。我越是受到嘲笑就越打扮得離奇。由於受到嘲笑，我羞於對我的容貌作出哪怕是最微小的改動。改動是令人感到屈辱的退讓…在家可就不一樣了。我的模特兒就是高佐利和弗・安吉裡克的天使，就是伯恩・鐘斯和瓦茲的畫中人。我穿的衣服總是天藍色和金黃色的，折疊的衣裙在我周圍飄動。

在人類妝飾藝術中，滲透著性動機、性心理，並且因性角色不同而呈現出明顯的妝飾性別失重。同樣是性文化所確立的男性美與女性美的不同審美特徵，使得妝飾有了一定的審美之規。妝飾的審美趣味的變化，意味著一個性感形象的變化。所以，妝飾是性心理所化解出來的藝術表現，與性文化交織在一起，構成一種複雜的以人體為表現主體的藝術創造，它融凝著人類性心理的文化代償作用。化妝是創造性審美價值的過程，它調動了許多手段，增添和展示性感，將樸素昇華為賞心悅目，所以，一個人略加修飾立刻就會提高其性感程度。妝飾的目的是達到美麗嬌豔。越是貌美的人，其性感程度越高。妝飾是給別人看的，特別是給異性看的。妝飾者希望自己的外在美得到異性認可與肯定。有些女人聲稱她們「是為自己而打扮的」，可是，甚至在自戀

「打造美女」成為各民族人體裝飾藝術和文化的主體部分，同時也都表現出各民族的文化特點。

馬奈　娜娜　1877　油彩畫布　154×115cm　德國漢堡美術館藏

時也隱含著讓別人觀賞的意思。愛打扮的女人若是不被人看到，便無法得到完全的滿足。托爾斯泰的妻子在結婚十年後仍希望別人仰慕她。她喜歡緞帶和裝飾品，希望把自己的頭髮弄成波浪形；要是無人注意，她就會問，這是怎麼回事？而她覺得好像要哭出聲來了。

▎修飾本身就是一種文化，是一種修養，它是人們將內在的涵養用比較好的身體語言表達出來的一種方式。

喜多川歌麿　名所風景每人相十二相——
結髮　大判（左圖）

　　人類對於美的追求貫穿於整個人類歷史。美化自身的觀念不僅是人類對於客觀世界審美活動的一個重要組成部分，同時也是人類在發展自身文化的初始階段中最早形成的審美意識之一。在原始時代，人們就已開始了對於面部的美容與修飾。在我國新石器時代的洞穴壁畫裡，很明顯可以看出女子的臉都塗著紅土色。在周口店山頂洞人的遺址中，考古學家們也發現了塗了紅色的貝類飾物與墓中的赤鐵礦粉末。西元前27世紀的美索不達米亞平原南部的女性們，普遍流行用含有礦物質的有色泥土來塗臉，她們把一種敷面的土稱為「黃金的土」，並形容為「臉上的花」。

　　在西方現存最古老、有關化妝的記載，是《聖經‧列王記下》第9章，說有一位敢與耶和華作對的耶斯列女王耶洗別。當她聽見耶和華的使者殺了她的兒子，以色列王約蘭的耶戶又受命來懲治她時，她不慌不忙地化妝，高高地梳起頭髮端坐在窗前等

候。當耶戶進來時，豔光四溢的她冷笑道：殺了主人的人，你平安嗎？結果她被耶戶叫人從樓上扔了下去。這就是《舊約全書》中有名的「擲殺耶洗別」一節。

　　古埃及婦女是美容的先驅。埃及人可說是世界上最好化妝的民族。古代埃及的美容術是人體、面孔、手指等部位的修飾藝術。臉上打胭脂，嘴上搽口紅，頭髮

▎魯本斯　維納斯化妝（局部）　1612-15　畫布　123×96cm

手腳抹油，指甲塗顏色，眼部畫眼圈，是一般埃及婦女常見的打扮。早在西元前 5000 年時，埃及婦女便會修腳、染髮、畫眼眶。西元前 2000 年左右，她們就已用方鉛礦和石青畫眼睛，用紅赭石塗脖子，用染成黃褐色的乳脂來塗臉、脖子和手臂，再拔掉眉毛畫假眉，同時用「散沫花」染手掌、腳掌和指甲、頭髮。據說一代豔后克麗奧佩托拉還寫過關於化妝品的論文。相傳她所使用的化妝品，來自新鮮蔬果、牛奶等。有人綜合介紹她的美容方法：洗面劑用 2-3 茶匙的燕麥片放入 2 匙開水待其涼後，用它輕輕擦臉，擦 30 分鐘清除毛孔中的污垢。皮膚清新劑將檸檬、橙或橘汁與水混合，塗在臉和身體上，促使毛孔收緊，使皮膚清新亮麗。護髮素取一匙蜂蜜與半杯牛奶混合，均勻地抹在洗淨的頭髮上，並按摩片刻，頭髮便變得更亮澤。除臭劑在食物中放上青菜葉子阻止體味散發，再與區芹混合，發出麝香味。油浴將桂皮與丁香搗碎，放入植物油中（菜油、豆油、茶油均可），加熱後塗抹全身，30 分鐘後用水洗淨，使皮膚柔滑並有除皺功效。古埃及時比較有錢的人家，化妝品通常隨人殉葬。在一個墳墓裡曾發現了 7 種香膏和兩種胭脂。凡有墳墓的地方只要掘下去，一定可找到鏡子、剃刀、梳子、粉盒等與化妝有關的東西。1922 年埃及斯達卡美王的墓被挖掘，據埃及學者提供的關於這個金字塔的挖掘報告說，墓中有用象牙作裝飾的、雕刻極精美的化妝台，台上置放著各種半透明的雪花膏石做的瓶子，瓶子裡裝著黑色、綠色的化妝品以描眼睛，還有妝臉的粉質頰紅。古埃及的女性面妝的特色極重眼妝，以濃眉大眼的特徵聞名於世。「眼圈膏」這種現代最時髦的化妝品，就是起源於埃及，由阿拉伯而傳至西方。阿拉伯人叫它 alkohl。埃及人對於口唇的裝飾不太注意，據說古埃及人對於口唇的性的作用認識較晚，不知道口唇與眼睛同樣對於男性的誘惑力，古埃及人也沒有男女接吻的習俗。

希臘神話中，說發明化妝品的是美神阿芙羅狄忒，她將化妝的方法又傳給了絕世佳人海倫。實際上，是埃及人的化妝品和化妝方法傳到了希臘，希臘女性才開始有了完整的化妝術。她們又發明了之後統治女性臉部兩千多年的化妝品：鉛粉及頰紅和口紅。以油為基本原料，用花製成的香水，其種類數以百計。每一名體面的婦女都擁有各色各樣的鏡子、飾針、髮針、別針、鑷子、梳子、香水瓶及胭脂與油膏盒。阿裡斯托芬在一部未完成的作品中提到婦女們梳妝打扮時用的一整套用品，其中有：指甲鉗、鏡子、化妝用油彩、蘇打、假髮、紫色裝飾品、鑲邊、紅色顏料、鉛白顏料、沒藥（myrrh）、輕石、束胸帶、托臀帶、面紗、海色顏料、頸鏈、眼影、柔軟的羊毛裝、金髮飾、髮網、腰帶、薄紗短斗篷、女子晨裝、紫色鑲邊的禮服、帶拖裙的禮服、無袖衫、梳子、耳環、鑲嵌寶石的項鏈、耳環的垂飾、葡萄串狀的耳環垂飾、手鐲、扣形髮飾、扣形腳飾、扣形踝飾、飾鏈、戒指、美容石膏、髮夾、自娛器、寶石、項鏈、彎形的耳環垂飾，以及大量其他我們現代人連名稱含義都無法明白的東西。希臘女人

▎裝飾是性心裡所化解出來的藝術表現，它融凝著人類性心裡的文化代價作用。

秀拉　撲粉的年輕女子　1888-89　油彩畫布　94×79.5cm　倫敦古特爾藝術研究所藏

化妝的特點在於全身皆妝，胸口塗白粉，兩乳施以紅點，臀部畫成彩色，手、腳趾甲都塗上紅。為了防止出汗，皮膚上塗抹乳香樹油，用摻有特殊香料的油膏塗抹全身。講究的婦女要用棕櫚油擦臉部及乳房，用墨角蘭（marjoram）搽眉毛及頭髮，用麝香草精塗頸部及膝蓋，用薄荷擦肩，用沒藥塗腿和腳。希臘哲學家、歷史學家色諾芬曾說：「她們如果在夏季外出，其汗會順臉而下，在頭頸流成紅色的皺紋。而頭髮拂其面，竟成白色。」她們還發明了夜用護面脂，以穀物磨碎、篩細後的粉末作為主要原料，

■ 古埃及路克索西岸的帝王谷霍倫哈布墓壁畫，壁上圖畫中的女子畫著「重眼妝」，是當時的特色。

混合油脂而成。女人在卸妝之後厚厚地敷在臉上，清晨再用清水、牛奶洗掉。希臘婦女也用剃刀或石灰等脫毛劑，清理臉上和身上的汗毛。

在羅馬時代，女性的化妝充分體現了這個時代奢華的特徵，美容術（beautification）被稱為當時最重要的技術之一，醫生、王后和詩人們都有很多關於這方面的著作。據有關文獻顯示，在西元前150年左右開始，羅馬的女性已陸續擁有了鉛白粉、胭脂、面脂、染髮料、假髮、香料等等化妝品，她們愛好修飾達到了登峰造極的地步。羅馬帝國時油膏、潤膚劑、潤髮脂、香水更廣為應用，因此生產這類化妝品的行業生意興隆。位居第二的行業是保養皮膚的、染髮的、保護牙齒和指甲的各種製劑。羅馬帝國時期的貴婦人每天盥洗都離不開整套的瓶瓶罐罐。她們每天用於梳妝打扮的時間達數小時，幾乎是從起床持續到近午。一個羅馬少女的閨房就是一間化妝品用具的大庫房。據說尼祿皇帝的妻子波普婭（Poppaea）皇后的膚色潔白，而且泛有珍珠和絲綢的光澤。她喜歡用鉛粉和白堊粉擦臉，同時還愛用胭脂、塗黑眼圈。為了讓皮膚變得更加白淨美麗，她創造了多種護膚方法。其中，以油脂、蜂蜜、穀粉、麩麥皮、豆粉等原料製作的面膏，被稱為「波普婭面脂」。有位詩人說：一位富家女「塗滿了『波普婭面脂』，黏住了她那不幸的丈夫的嘴唇」，而他卻從沒看到她的臉。波普婭還首先發明了用驢奶洗澡。普林尼（GaiusPliniusSecundus）在《博物志》中記載：「由於驢奶具有增白消皺的美容功能，有的婦人一日洗驢奶臉達七百回，這是人所共知的事。波普婭是第一個想出用驢奶洗臉的女性，為此，她甚至在旅行時也帶上飼養的驢。」

詩人尤維那利斯在詩中記述了貴族婦人在化妝時危姿高坐，左右侍女環繞的情景。他寫道：「如果女性失去了兩頰健康的血色，可以用胭脂；如果眉色淡了，可描上新的顏色；如果本來的臉並不好看，可以貼黑色的小圓點，讓臉顯得白淨又神秘；如果兩眼失去了神采，可以加灰色的眼影…」。諷刺詩人馬修爾（Martial）也嘲諷他的女友：「蓋娜，你在家時，整天都在梳粧檯前梳頭。雖然睡覺時，你把牙齒和絲綢的衣裳放在一起，把欺騙都裝在一百個盒子裡。雖然你的臉並不跟你一起睡覺，那眉毛在早晨又回來了，眉毛下的眼睛還向我暗送秋波…這一切使我忍不住笑。」《愛之神》的作者對女人的化妝更是做了絕妙的諷刺。寫道：

無論是誰，只要見過晨起的婦女，都會認為她們比那些動物（猿）更令人噁心，而一大早人們是不會提及這些動物的名字的。無疑，這就是她們小心地把自己關在屋裡而不讓任何男人見到她們的緣故；因為沒有女人會一大早衝進溪水裡洗去沉沉睡意，然後開始做一些正經事，因此總是有一大群與她一樣醜陋的老婦人及侍女圍站在她身邊，用各種化妝品處理她那無法令人開心的臉蛋；她總是設法用數不清的顏料和脂粉來掩蓋她那不討人喜歡的臉色；

她的侍女們如遊行隊伍般列隊而立，手裡捧著各種用具，至於銀盤、水壺和鏡子更是不必說，成堆、成排的盒子把房間塞得跟藥房一樣——盒子裡滿是謊言和欺騙，但卻能使牙齒變白、使眼睫毛變黑。…當她們不可思議地用這些虛假、騙人的化妝術裝扮完全身後，又用顏料塗紅那不知羞恥的雙頰，於是那紫紅花朵般的臉蛋與塗滿油膏的死白肌膚形成強烈對照。

奧維德認為這些化妝的藝術都是虛幻的，因此他建議女士們把這些花樣在她們的愛人面前收藏起來，只要梳整好頭髮，就能使他神魂顛倒。

中世紀，歐洲婦女進入一個「無妝的時代」。基督教會禁止婦女使用化妝品，他們把化妝品稱為「裝點色慾的藥膏」，認為「女人在臉上塗脂抹粉，而使她們的創造者（上帝）認不出她來，那麼她在祈禱時，能希望上帝賜給她什麼呢？」基督教會提倡禁慾主義，反對女人凸出自己的美麗，「即使是天生麗質也應加以掩蓋或漠視，因為若讓男人看到，也是危險的。」直到文藝復興以後，婦女的化妝品和化妝術才有了新的發展。文藝復興時代的女人和其他時代的女人一樣，不滿足於天生姿色，於是各種化妝品大行其道。她們染髮，幾乎總是染成金黃色，並且戴假髮，有農村婦女剪下頭髮出售。16世紀義大利盛行用香水，頭髮、帽子、襯衫、襪子、手帕、鞋子都要噴上幾滴香水。富裕家庭女子的化妝檯上擺滿了各式化妝品，通常裝在用金銀或象牙做的精緻的盒子裡。胭脂不止搽在臉上，也搽在胸部，在大城市裡，婦女們都是袒胸露背。她們使用各種藥劑來保持身體的乾淨、指甲的光亮、肌膚的柔嫩。在頭髮上戴花，並佩戴各種珠寶首飾。1525年以後還流行戴耳環，而帽子、衣服、鞋子乃至扇子都飾有珠寶。

18世紀，愛俏的婦女不惜為梳妝打扮一連花掉5、6個小時。往往由理髮師，有時也由女僕伺候她們梳洗；她們則利用這段時間與「情人」聊天。一位英國人在1779年寫道：「每個坐在梳粧檯前的法國女人都以為自己體現了世上最高雅的趣味，她認為凡是人們發明的面部化妝品，沒有一種不歸她專用。」《警世詞典》也確認，婦女們總是挖空心思從事自身的修飾。這部詞典對「梳妝」的定義為：「梳妝乃是集中使用各種香粉、香水、胭脂。所有這些化妝品均有殘害人的本性，使人變醜變老的特性，對年輕、漂亮女人也不例外。通過梳妝打扮，人們掩飾身材的缺點，畫眉毛，安假牙齒，改容換顏，直至脫胎換骨。」

1715年法國發生了一場暴亂，原因是貴族們將麵粉用做撲髮粉，造成了糧食短缺。為了美容目的而大量貯存麵粉的做法是在法國大革命以後才銷聲匿跡。人們將大量的錢財精力投資在美容上，而且不惜頂風冒險；在他們看來，生活就以它為倚賴了。1770年英國議會通過了一項法律，判定實施化妝的婦女是在施行巫術，被其誘惑而

布格羅　維納斯的
化妝　1879　油彩
畫布　130×97cm
阿根廷國立美術館
藏

與其結婚的男子可以解除婚約。這個法律說：「本法案自實施日起，婦女如果有利用
香水、顏料、化妝品、假牙、假髮、鐵束腰、裙箍、高跟鞋和撐背等引誘他人與之結
成夫妻者，將適用此項法律，她們將被判定為行使巫術罪和用意不良罪，婚姻也將無
效。」

　　17、18世紀西方婦女流行在面部貼「美人痣」，據說這是效仿維納斯，因為維納
斯一生下來臉上就有一顆美人痣。當時流行的這種美人痣又叫「俏皮膏」，最初是用
來掩蓋臉上或身體其他部位的有損於美的斑點。1715年的《婦女百科全書》中寫道：
「所謂維納斯之花，是女人臉上用俏皮膏貼住的小癤子。」這種俏皮膏很快走紅，因
為這一點點黑色，特別能顯出皮膚的白皙。而在當時，白皙的皮膚正是美的最高特徵。

於是婦女們紛紛用黑色的美人痣更加鮮明地凸出自己蒼白的膚色。美人痣還有一個特點，就是它能像任何缺陷一樣，吸引別人的注意。於是，只要在特別想叫人注意的地方貼上美人痣，就能讓大家的視線集中到那裡。誰要想叫人家注意她的美麗的脖子或肩膀，就把美人痣貼在那裡。風流仕女把它貼在胸部的上方，而風塵女子則往下貼到乳溝裡。

大約在 17 世紀中葉以後，人們開始不滿足於小小的黑點，千方百計把美人痣做成奇形怪狀，比如有月牙形、星形、動物形和昆蟲形等，甚至有一段時間流行跳蚤形狀的美人痣。17 世紀末的作家亞伯拉罕‧阿‧聖克拉拉（Santa Clara）寫道：

> 許多高傲的美人，希望顯示她們的皮膚白嫩細膩，用鹿、兔或狐形的小黑點
> 來點綴。有人在臉上貼滿了飛禽，如果我沒有看錯的話，連她們鼻子上也棲
> 了一隻勇敢的鷓鳥。在洛可可時代，任何東西的線條都較柔和，這些可笑的
> 俏皮膏也有所收斂，形狀也減少但並沒有絕跡，一直使用到洛可可時代結
> 束。

在 18 世紀早期，這一時尚具有無比的重要性，美人痣的位置竟然有了政治意義。右翼輝格黨的女成員的美人痣點在右臉頰上，左翼保皇黨的女成員的美人痣點在左臉頰上。這不再是單純的痣了，而是被精心剪成了星形、月牙形、王冠形和心形等形狀。19 世紀美容術重新繁榮，不過這時的美容技術已建立在科學的基礎上。美容術作為使人保持健美的一門衛生學科，其作用日益重要。而我們今天，美容術也正在創造真正的奇蹟。

▍粉白黛黑施芳澤

中國古代婦女很早就開始面部的化妝。最遲在戰國時代，中國婦女已嫻熟地運用化妝品美容。那時女子以白妝為主，「飛雪丹」即一種含水銀成分的白色妝粉，是當時貴族女子的專用妝品。《楚辭》中說：「粉白黛黑施芳澤，長袂拂面善留客」。《戰國策》記載：「鄭國之女粉白黛黑立於衢間，見者以為神。」此後，敷面以白粉始終是貫穿女性化妝的主旋律。清初的李笠翁在《閒情偶寄》中說：「婦人本質，惟白最難」，恰當地表達了中國古代的女性審美觀。

中國古代婦女的面部妝飾，除粉黛外，還有額黃、花鈿、斜紅、妝靨及點唇等名目，傅粉施朱，演變出多種化妝方法。古代婦女的妝飾過程大致可分為七個步驟：

1. 敷鉛粉：因為以黃色顏料染畫在額間，也稱「鵝黃」、「鴉黃」。

2. 抹胭脂：類似現代的腮紅，粉狀胭脂。

3. 畫黛眉：古時婦女常剃去原來的眉毛，然後用燒焦的柳條或礦石製成的青黑色顏料畫上各種形狀，名叫「黛眉」。細而長的叫「蛾眉」到寬闊的叫「廣眉」。

4. 染額黃（或貼花鈿）：是一種以黃色材料製成的薄片狀飾物，用時醮以膠水黏貼於額頭，簡單的花鈿只是一個小圓點，複雜的則以金片、黑光紙、魚腮骨、螺鈿殼及雲母片等材料，剪製成各種花朵之狀，尤以梅花為多見。

5. 點面靨：通常用胭脂點染，也有像花鈿一樣，用金箔、翠羽等物黏貼而成。

6. 描斜紅：一般都描繪在太陽穴部位，工整者形如弦月，繁雜者狀似傷痕，為了造成殘破之感，還用胭脂暈染成血跡模樣。

7. 塗唇脂：就是以唇脂塗抹在嘴唇上。主要原料是丹，丹是一種紅色的礦物質顏料，也叫朱砂，具有鮮明強烈的色彩效果。

《朝野僉載》記載唐代宮妓的妝飾，寫道：

> 睿宗先天二年正月15、16夜，於京師安福門外作燈輪高20丈，衣以錦繡，飾以金玉，燃5萬盞燈，簇之如花樹。宮女千數，衣羅綺，曳錦繡，耀珠垂翠，施香粉。一花冠、一巾帔皆萬錢，裝束一妓女皆至三百貫。…少女千餘人，衣服、花釵、媚子亦稱是，於燈輪下踏歌三日，歡樂之極，未始有之。

古人對婦女眉色十分重視，常用眉毛來形容婦女的嫵媚之態，比如「面如滿月，眉似翠翰」、「眼蹙秋水，眉蹙春山」。有的甚至把「蛾眉」「遠嶂」等語詞直接用作美女的代稱。如屈原《離騷》：「眾女嫉餘之蛾眉兮；謠琢謂餘以善淫。」杜牧《少年行》：「豪持出塞節，笑別遠山眉。」畫眉亦稱「掃眉」，是中國最流行、最常見的一種化妝方法。唐李商隱〈代贈二首〉詩：「總把春山掃眉黛，不知供得幾多愁」；溫庭筠《南歌子》詞：「倭墮低梳髻，連娟細掃眉」。畫眉的習俗早在戰國時已經出現。前引《楚辭·大招》中有「粉白黛黑，施芳澤只」、「青色直（置）黛，美目娼只」詩句。黛是一種畫眉材料，它和粉脂一樣都是當時婦女化妝的必需品。在《韓非子·顯學》中也提到了畫眉習俗。如「故善毛嬙、西施之美，無益吾面；用脂澤粉黛，則倍其初。」秦漢時代，畫眉更普遍了，而且越畫越好看。如秦始皇宮中「皆紅妝翠眉」；西漢武帝劉徹「令宮人掃八字眉」。《西京雜記》中寫道：「司馬相如妻文君，眉色如望遠山，時人效畫遠山眉。」這是說把眉毛畫成長長彎彎青青的，像遠山一樣秀麗。後來又發展成用翠綠色畫眉，且在宮廷中也很流行。宋朝晏幾道《六麼令》中形容：「晚來翠眉宮樣，巧把遠山學。」《米莊台記》中說「魏武帝令宮人畫青黛眉，連頭眉，

一畫連心甚長，人謂之仙娥妝。」這種翠眉的流行反而使用黑色描眉成了新鮮事。

　　隋唐時期畫眉之風更盛。隋煬帝時寵姬吳絳仙「善畫長蛾」，受到隋煬帝的青睞。一時間數千宮人爭畫長眉，致使螺黛供不應求。朝廷不得不從波斯國運來大批眉黛分發給後宮嬪妃。唐人馮贄在《南部煙花記》中寫道：「煬帝宮中，爭畫長娥，司宮吏日給螺子黛五斛，出波斯國。」到了盛唐時期，流行把眉毛畫得闊而短，形如桂葉或蛾翅。元稹詩雲「莫畫長眉畫短眉」，李賀詩中也說「新桂如蛾眉」。為了使闊眉畫得不顯呆板，婦女們又在畫眉時將眉毛邊緣處的顏色向外均勻地暈散，稱其為「暈眉」。還有一種是把眉毛畫得很細，稱為「細眉」，故白居易在《上陽白髮人》中有「青黛點眉眉細長」之句，在《長恨歌》中還形容道：「芙蓉如面柳如眉」。到了唐玄宗時畫眉的形式更是多姿多彩。《中華古今注》中說楊貴妃「作白妝黑眉」，當時的人將此認作新的化妝方式，稱其為「新妝」。徐凝在詩中描寫道：「一旦新妝拋舊樣，六宮爭畫黑煙眉。」唐代張泌《妝樓記》中記載：「明皇幸蜀，令畫工作十眉圖」。所謂「十眉」，即：鴛鴦眉、小山眉、五嶽眉、三峰眉、垂珠眉、月棱眉、分梢眉、涵煙眉、拂雲眉、倒暈眉。蘇東坡說：「成都畫手開十眉，橫煙卻月爭新奇。」晚唐陶穀《清異錄》記載當時妓女畫眉：

> 瑩姐，屏康妓也，玉淨花明，尤善梳掠畫眉，日作一樣。唐斯立戲之曰：「西蜀有十眉圖，汝眉癖若是，可作百眉圖。一夕假以歲年，當率同志為修眉史矣」。有細宅春不喜瑩姐，目為「膠眉變相」。自昭哀以來，不用青黛掃眉，皆以善墨火煨染指，號「薰墨變相」。

　　古代稱口紅為口脂、唇脂。口脂朱赤色，塗在嘴唇上，可以增加口唇的鮮豔，給人健康、年輕、充滿活力的印象，所以自古以來就受到女性喜愛。這種喜愛的程度可以從《唐書‧百官志》中看到，書中記：「臘日獻口脂、面脂、頭膏及衣香囊，賜北門學士，口脂盛以碧縷牙筒。」這裡寫到用雕花象牙筒來盛口脂，可見口脂在諸多化妝品中有著多麼珍貴的地位！口脂化妝的方式很多，中國習慣以嘴小為美，即「櫻桃小口一點點」，如唐朝詩人岑參在〈醉戲竇美人詩〉中所說「朱唇一點桃花殷。」唐末點唇名式也很多，如：胭脂暈品、石榴嬌、大紅春、紅春、嫩吳香、豐邊嬌、萬金紅、聖檀心、露珠兒、內家圓、天宮巧、恪兒殷、淡紅心、猩猩暈、小朱龍、格雙唐、眉花奴，如此等等。唐朝元和年以後，由於受吐蕃服飾、化妝的影響，出現了「啼妝」、「淚妝」，顧名思義就是把妝化得像哭泣一樣，當時號稱「時世妝」。詩人白居易曾在〈時世妝〉一詩中詳細形容道：「時世妝，時世妝，出自城中傳四方，時世流行無遠近，腮不施朱面無粉，烏膏注唇唇似泥，雙眉畫作八字低，妍媸黑白失本態，妝成

近似含悲啼。」這種妝不僅無甚美感，而且給人一種怪異的感覺，很快就不流行了。唐宋時還流行用檀色點唇，檀色就是淺絳色。北宋詞人秦觀在《南歌子》中歌道：「揉蘭衫子杏黃裙，獨倚玉欄，無語點檀唇。」

傅粉即在臉上擦粉。中國古代婦女很早就擦粉了，這一直是最普遍的化妝方式。據唐書記載，唐明皇每年賞給楊貴妃姐妹的脂粉費高達百萬兩。對於傅粉的方法，清初戲劇家李漁的見解頗為獨到，他認為當時婦女擦粉「大有趨炎附勢之態，美者用之，愈增其美」，「白者可使再白」，「黑上加之以白，是欲故顯其黑」，鮮明地道出了化妝與審美的關係。更值得深思的是，古人還把傅粉等化妝方式同道德修養相聯繫，指出美容應與自我的修身養性結合起來，如東漢蔡邕認為：「攬照拭面則思其心之潔也，傅粉則思其心之和也，加粉則思其心之鮮也，澤髮則思其心之順也，用櫛則思其心之理也，立髻則思其心之正也，攝鬢則思其心之整也。」這種觀點不僅頗有見地，而且寓意深刻。

額黃，又叫鴉黃，是在額間塗上黃色。這種化妝方式起源於南北朝，在唐代最為盛行。據《中國歷代婦女妝飾》中記：這種妝飾的產生與佛教的流行有一定關係。南北朝時佛教在中國進入盛期，一些婦女從塗金的佛像上受到啟發，將額頭塗成黃色，漸成風習。南朝簡文帝《美女篇》云：「約黃能效月，裁金巧作星。」這裡說的「約黃效月」，就是指額黃的化妝方式。唐代額黃盛行時，溫庭筠在詩中吟出「額黃無限夕陽山」之句，李商隱也寫道：「壽陽公主嫁時妝，八字宮眉捧額黃。」唐代牛僧孺在《幽怪錄》中還專門記述了神女智瓊把額頭化妝成黃色的故事。至宋代時額黃還在流行，詩人彭汝勵歌曰：「有女天天稱細娘，珍珠落鬢面塗黃。」這些都反映出古代婦女喜歡額黃的情景。

中國古代婦女的臉上裝飾流行「花鈿」，與近代歐洲人流行的「美人痣」有異曲同工之妙。張生赴長安趕考，托人給崔鶯鶯捎了一點小禮物。崔鶯鶯回信中提到：「惠賜花勝一盒，口脂五寸，致耀首唇膏之飾。」崔鶯鶯提到的「花勝」，作為「耀首之飾」，就是指唐代女性貼在臉上或鬢上的小花片。當時這類用於裝點臉、鬢的小花片一般被叫做「花子」、「花鈿」、「面花」等等，而以「花鈿」一名比較常用。在詩文中，紅的花鈿被叫做「赤鈿」，綠的叫「翠鈿」，金色的叫「花黃」。

女子在臉上飾物之習，由來已久。據《中華古今注》記載：「秦始皇好神仙，常令宮人梳仙髻，貼五色花子，畫為雲虎鳳飛升。至東晉，有童謠云：織女死，時人貼草油花子，為織女作孝。至後周，又詔宮人貼五色雲母花子，作碎妝以侍宴。如供奉者，貼勝花子，作桃花妝，插通草朵子，著短袖衫子。」在南北朝時，貼面之物漸成美容裝飾，開始流行起來。據說，一日壽陽公主臥殿簷下，一朵梅花正落其額上，染成顏色，拂之不去。宮女見之奇異，乃爭相效仿。到了唐代，貼花鈿更為流行，成為

婦女普遍的裝飾。據唐人段成式《酉陽雜俎》記載：「今婦人面飾花子，起自昭容上官氏，以掩點跡。大曆以前，士大夫妻多妒悍者，婢妾小不如意，輒印面，故有月點、錢點。」這裡提到的「昭容上官氏」，即一代才女上官婉兒。據說她用翠鳥翠羽做成朱鳳、梅花、樓台等小巧精緻的圖案，飾於眉間，被時人稱為「眉間俏」。由於她的宣導，花鈿裝飾在貴族婦女中大為流行。路德延〈小兒詩〉中描寫小男孩淘氣，女人的東西他也要掏弄玩耍，其中舉動之一就是「妝奩拾翠鈿」；顧夐〈酒泉子〉中描寫一感情失意的女性，則是「掩卻菱花，收拾翠鈿休上面。金蟲玉燕鎖香奩，恨厭厭。」新疆阿斯塔那唐墓中出土的初唐時期的彩繪女俑，嘴角附近相當笑靨的地方貼一對小圓鈿。新疆出土的〈奕棋仕女圖〉、相傳為張萱作品的〈搗練圖〉等藝術品上，則可以看到盛、中唐時代的女性，一般只在額上正對眉心處貼一朵花鈿。敦煌61窟壁畫中，五代時期曹義金家族的貴婦們，一張張臉龐上不但有紅有綠，而且有花有鳥，在額頭上、眉梢、眼角、雙頰、嘴角、兩腮，都要貼上或紅或綠或金色，呈花鳥或圓點型的小片花鈿，這些花鈿幾乎覆蓋了整個面孔。而且，花鈿都是一對一對地貼在面龐兩側，呈左右分布，所以在人面上就出現了「鴛鴦比翼」、「蛺蝶重飛」。有專家指出像這樣的貼一臉小花片，乃是晚唐五代的風氣。貼花鈿的風俗一直持續到元明。宋代《清異錄》記載：「江南晚季建陽進茶油花子，大小形制各別，極可愛，宮嬪縷金於面，背以淡妝，以此花餅施於額上，時號『北苑妝』。」汪藻在〈醉花魄〉中吟：「小舟簾隙，佳人半露梅妝額，綠雲低映花如刻。」明代小說《金瓶梅》第24回中寫到「宋惠蓮額角上貼著飛金並面花兒」，「飛金」即指金箔做的花鈿，「面花兒」指彩色的花鈿。第27回寫潘金蓮，「拖著一窩子杭州攢翠雲子網兒，露著四鬢，額上貼著三個翠面花兒，越顯出粉頭油面，朱唇皓齒。」第40回，潘金蓮裝扮成丫頭搞笑，「貼著三個面花兒」。第89回，形容春梅，「花鈿巧貼眉尖」。

花鈿的材料，主要是用絹羅剪成。唐人崔液〈踏歌詞〉：「鴛鴦裁錦繡，翡翠帖花黃」。元人白樸〈端正好·秋香亭上正歡濃〉套曲中：「做一個面花兒鋪翠縷金貓，歡喜時貼在臉上」。說明花鈿中的翠鈿一類，是用翠鳥毛貼成的。此外，還有紙、雲母片、蟲翅、魚鰾等材料做成的。鈿除了用顏色染繪之外，還有用金屬製造者。王建〈提花子贈渭州陳判官〉：「膩如雲母輕如粉，艷勝香黃薄似蟬；點綠斜嵩新葉嫩，添紅石竹晚花鮮。鴛鴦比翼人初貼，蛺蝶重飛樣來傳；況復肖郎有情思，可憐春日鏡台前。」寫盡了花鈿的美麗。

醫學美容讓女人瘋狂

▌張萱　搗練圖（局部）　唐代　絹本設色　37×147cm　美國波士頓美術館藏

　　科幻小說《鋼海岸》，講的故事發生在幾個世紀以後的月球，在那裡居住的每個人的身分都是平等的，沒有高低貴賤之別，而且每人的美麗隨手可得。人們的壽命可達兩百多歲，並且能永保年輕和活力。他們可以轉換性別，喝了一種藥水就可以在一夜之間改變眼睛的顏色和毛髮的構造。他們還能自行設計身體和面容，也可以隨意組合基因。小說的主角赫爾迪·詹森去變臉街尋找一位臉部整容師，他決定重新安裝一個鼻子和一對耳朵，並使嘴唇再稍稍飽滿些。這些事在這裡並不需要手術。他只需喝下鹹鹹的藥水，裡面充滿了上億個微型電機，又稱微型機器人，是一種分子大小的精密裝置。一旦它們有了一點點人的基因碎片，就會自己到達正確的目標地點。有一些

直接進入臉部 DNA，並將它重新組合。大一點的微型電機帶有微型發動機、刮削器和機械臂，它們能用其他微型電機輸送的材料挖出獲添上各種器官，比如鼻子。完成工作後他們便自人體排出，回到瓶子裡等待下一位顧客使用。

「變臉街」的故事表達了人類的一種追求美麗的美好願望。不過在地球上，這種「變臉街」早就存在了。只不過人間的「變臉街」沒有月球上的「變臉街」那麼簡單，喝點藥水就行。人們想到的「變臉」方法最行之有效並且最常用的，就是把手術刀伸向人的面孔，做醫學整容。

整容或美容的最簡單目的是去除皺紋，因為人們把皺紋看作是衰老的標記。人們最大的恐懼是對死亡的恐懼，而表示衰老的皺紋則提醒人們正一步一步走向死亡。正如法國詩人波特萊爾寫的：

美之天使，你可知你已滿面皺紋？
可知年華漸去痛苦地歸入卑微的驚懼
可知從微笑之中看出隱藏的恐懼
你的眼中長久以來的深愛化為烏有
你可知這一切的痛苦與無奈？

進行整容美容和裝飾，意味著同流逝的時光作鬥爭；因為人的身體也是一種隨著時間逝去而退化的物體。柯萊特·奧德里在小說《輸家》中描繪了這種頑強而近乎殘酷的鬥爭：

這已不再是年輕時那結實的肉體了；從胳膊到大腿，肌肉的形狀在覆蓋著鬆弛皮膚的脂肪層下顯露出來。她很煩惱，於是修改了她的日程表：早上做半小時健美操，晚上上床前做 15 分鐘按摩，她開始查閱醫學書籍和時裝雜誌並注意腰圍。她做果汁喝，偶爾服用瀉藥，並戴橡皮手套洗碟子。她的兩件心事──恢復身體的青春和翻新房子，最後變成了一個，於是她終於到達了一個死點⋯世界仿佛停頓了，懸在衰老和腐敗之外⋯她現在認真上游泳課，以求改善體形。金格·羅傑斯吐露：「我每天早上用梳子擊頭 100 下；這正好用兩分半鐘，而我的頭髮如絲一般⋯」怎麼才能讓你的足踝變得細長呢？每天用腳尖抬起身體，不要讓腳跟挨地；這種鍛鍊只須用一分鐘，一天抽一分鐘又算什麼呢？此外還要用油洗指甲或用檸檬洗手，或用搗碎的草汁塗在面頰上。

人們千方百計地呵護自己的面孔，最直接的就是修整、去除或者掩蓋面部的皺紋。有專家指出，人類的臉生來就適合整容，因為臉上有為數眾多的靜脈和動脈血管，血液的充分供應加快了復原的過程。整形外科的起源很早，根據史書記載中國早在秦代即有兔唇的修補手術。印地安人在西元前6、7世紀就會重建鼻子，印地安人對戰俘、小偷或通姦者會處以割鼻的酷刑，因而有些印地安醫師採用前額的皮瓣來重建鼻子。此種手術至今仍被採用，可以說是整形外科的始祖。在西方，整形外科至少可以追溯到13世紀，當時的文獻中有對隆鼻手術的描繪。16世紀著名外科醫生塔利亞科是近代整形外科的宣導者，他為在決鬥中失去鼻子的人重塑鼻子，也採用取前額一塊皮膚移植的方法。但是教會認為他改變了上帝造出來的形貌，因而在他去世後，不允許他的屍體埋在教會的公墓。近代整形外科手術在許多方面都頗為成功。其中包括齶裂閉合術、治療先天性梅毒造成的塌鼻子的隆鼻術、還有治療因事故造成的面部損傷的整容術。另外還能修正一些不太嚴重但仍會導致心理障礙的外貌缺陷，如歪下巴、翹鼻子、胎記、色胎痣和招風耳等。

早期的整形外科主要在於鼻子的重建，以及一些先天性畸形（如兔唇）的修補，並未發展成一專門的醫學。直到20世紀初第一次世界大戰爆發，整形外科才蓬勃發展。今天隨著科技的發展和生活水準的提高，醫學美容學迅速興起，整容整形手術和美容一樣成為不可阻擋的潮流，滲入我們的生活，成為人體裝飾藝術文化的一部分。現代科技和現代醫學給了我們這個時代的女人比以往任何時代的女人都無法企及的風光：從面膜護膚、磨皮換膚到光除斑、重瞼、填鼻、隆胸、豐乳、抽脂減肥。現代女人可隨心所欲地「創造」自己的青春和美麗。技術的發展也改變了人們的觀念。過去那些尋求用整形外科手術改變自己外型的人，一直被視為病態，被認為是情緒沮喪、或自戀癖等。而在現代，尋求外表美的努力不再被看成是不健康的病態現象。精神分析學家約翰‧傑多甚至提出，他認為整形外科與經由精神分析改變性情的做法沒有什麼不同，兩者都意在塑造「新的自我」。

現代的「醫學美容學」或「美容醫學」，是一門以人體形式美理論為指導，採取手術或非手術的醫學手段，來直接維護、修復和再塑人體美，以增進人的生命活力美感和提高生命品質為目的之新興醫學交叉學科。醫學美容學是醫學、美學與美容技藝三者相結合的產物，由多種臨床學科與某些非臨床學科相互交織而成，並以應用為特徵的醫學新學科。「醫美學」研究的物件是人的體形美（即人體的形態美）及維護、修復、再塑其體形美的一切醫學技能和設施的基礎理論。現代科技的發展使醫學美容如虎添翼。特別是20世紀90年代以來，不同波長的超脈雷射技術在醫美領域推廣，使原來棘手的問題迎刃而解，治療變得簡便而迅速。超聲技術的進步，並應用於美容整形外科，特別在人體塑形方面顯示出良好的勢頭。遺傳工程學的成果，可能會使一

些先天的畸形得到有效的控制，或矯治於萌芽狀態。分子生物技術成果在醫學美容中的應用，使人們的養顏護膚變得事半功倍，有效地抑制衰老，隨其進步可望青春永駐的夢想變為現實。組織工程研究成果及不斷的進步，使給人「製造」一個體表器官的可能性越來越大，將來無論是什麼原因造成的體表器官的缺失，都將獲得與原來無論外觀形態、還是功能都完全相同的體表器官。

醫美學通過醫療手段及美容整形外科手術而達到美容的目的，包括紋身美容、中醫藥美容、鐳射美容及各種美容整形外科手術等。採用手術手段進行美容的是醫學美容學中主要部分，即美容外科。美容外科涉及範圍包括修復或矯正一些體表的先天性或後天性缺陷，以及消除一些沒有病理改變而只限於形態上的疵點，以期更完善。美容手術幾乎無所不能，所以人們也稱整容手術為「身體定做」（body customization）。目前國際美容外科有 5 項新潮流：1. 美容外科的手術範圍不再只侷限於眼、臉皮等顏面美容整形，已深入至骨架的全改造，達到改頭換面的效果；2. 美容外科與美容化妝術的結合，發揮整體美的改造效果；3. 內窺鏡美容手術，是整形美容的新招；4. 鐳射去縐紋，美容不留痕跡；5. 巨量、顯微植髮術，成為禿頭者的福音。

自從整形手術被廣泛應用到提高美的品質上之後，女性便不再面臨「一次失敗乃永久失敗」的命運，也不會把希望寄託在下一代身上，因為她們可以利用先進的醫學技術把圓形臉改成橢圓形、把三圍改成國際標準。隨著生活水準的提高和美容整形手術的普及，要求做美容手術的人越來越多了，無論國內外都風行一時。日新月異的世界科技，為那些苦於自己面容不夠姣好的女性提供了全新的機遇。據有關資料的不完全統計，目前「整容換膚」的人數每年以 20％ 的比率遞增。而且整形價格已降低，不再是貴婦淑女的專利，逐漸增多的中產階級也有能力使自己向國際美靠近。

在國外，最高技術的醫生是心臟手術醫生，其次就是整形手術醫生。美國人到了歲數就找整形醫生，這幾乎已成了美國文化的一部分。全世界幾乎一半的美容手術是在美國進行的，而美國手術的 1/3 又在加州進行。另外做美容手術的人當中 70％ 是女性。根據美國整容美容協會的統計，4/5 的美國婦女即便別人知道她做了整容手術也不感到尷尬。有業內人士稱，美國人用於「製造美女」的費用一年為 400 億美元，日、韓等國家也都把整形美容當作重要產業來發展，鼓勵民間投資。

好萊塢有獨步全球的電影工業，也有鬼斧神工的整容行業，號稱世界整形之都。曾經寫過《生活，電影：娛樂是如何征服了現實》一書的文化評論家尼爾・加布勒說，「在好萊塢，每個人都必須看上去青春洋溢，活力四射。」一名金融家分析：「俊男美女滿街都是，不過你可能不知道他們很多人都為此付出了高昂的代價！特別是在洛杉磯，你能否在這裡混下去完全取決於你的長相如何！」在這裡，即使是最漂亮、最酷的人也會對自己的容貌感到心裡沒底。所以，能讓明星們甘願掏出大把錢的地方，

費雯麗因主演《亂世佳人》中漂亮迷人的郝思嘉而一舉成名。

除了服裝店、美容院之外，就是整容醫院了。

　　也許不為人知的是瑪麗蓮・夢露的纖腰，是除去兩根肋骨才達到的。瑪麗亞・凱莉自 1998 年接受整形手術，兩年間做過兩次隆胸手術，而她的臉部、頸部都換過膚，通過手術除去了皮膚被太陽灼傷的部分，才擁有了近乎完美無暇的肌膚。費雯麗因主演《亂世佳人》中漂亮迷人的郝思嘉而一舉成名，她渴求肥臀纖腰，因而做了骨盆擴充術，達到了豐臀襯出細腰的效果。以主演浪漫喜劇《月色撩人》而獲得第 60 屆奧斯卡金像獎影后的雪兒雖已年近 50 歲，看起來仍像妙齡女郎。雪兒為使周身細嫩，用特製藥劑漂白過面部及全身。樂壇大姐大馬丹娜為能在格萊美上豔光四射，也接受過除眼袋和收緊眼瞼手術，一小時的手術花去 10050 英鎊。據說湯姆・克魯斯和席琳・狄翁也常注射 Botox 抗皺紋針。兩度獲得奧斯卡影后的伊莉莎白・泰勒有過八次婚史，她為了銀幕形象完美，在「八嫁」時仍豔光四射，不惜動用重金全方位修飾翻新周身軟組織的「不美」的部分。被好萊塢明星認為能讓眼睛閃閃動人、更加有神。兩度榮獲奧斯卡獎影后的珍・方達，面對成千上萬崇拜她的影迷，曾不只一次說：「千萬不

要做整形手術，女性永保青春的秘訣惟有健身。」但是她拉過眼皮、面皮，做過下顎整形手術，也曾隆胸，這些手術都做得很成功。20世紀90年代韓劇及電影十分流行，全球的亞洲人對韓星都有一份驚豔感。其實這些漂亮的韓國美女絕大部分都是靠整型而來。在韓國的演藝圈，不在臉上動刀就很難成為大牌影星。

裝飾美女的藝術

人們對於人體美的渴望，在歷史上發展起來的「打造美女」的「工藝」，不僅有在面部的化妝和整容，還表現出對人體裝飾的熱情，渴望借助裝飾來增加身體的美，發展出美女人體裝飾的藝術。從歷史上看，人體裝飾的藝術普遍存在於世界各民族中。這是各個民族，無論其文明程度、宗教信仰、自然環境、經濟模式及人種民族有何種區別，都有的一個共同的精神生活習俗。裝飾乃至殘損身體的行為，大多數都是以審美觀為動機的，最主要的意義是具有被欣賞和被珍視的審美意趣。人體裝飾習俗的藝術性之一，就是它體現了人們對於自身形象或形體的審美意識和欣賞心理。威爾·杜蘭在其著名的《世界文明史》中指出：

藝術是由於個人身上精緻的裝飾而來的。起初，美好之物可能就是所思慕的物件。後來，美感的意識產生了強烈與亢進的性慾，並將這美的氣氛傳遍到有關她的每樣東西與每一樣像她形狀的物體，所有能裝飾她使她滿意，或讓她說出來的顏色，所有她所喜愛的裝飾品與衣服，以及所有可以使她均勻與喜愛的式樣與姿態動作，都是美的。

早在原始社會人類就發明了許多化妝品、飾品和化妝術。在一切社會文化中，人們都對自己身體進行各種各樣的修飾或裝飾。英國藝術史家朱利安·羅賓遜（Julian Robinson）指出：

自古以來不同文化社會用各種方法修飾裝點肉體，意圖提增其社會評價與性吸引力。…突顯並美化形體，似乎是人類與生俱來的本性、心理情境的表達，並不像許多理論所指的那麼浮面而無價值，卻是審美意識的重要體現，且可能是諸多表達方式中由來最久的一種。

男女用各種不同方式美化裝飾身體，尤其具有文化上心理上的重要意義，和語言一樣是人類進化的重要工具，也是一切藝術形態發展的基礎。

人類本性喜好創新與追求完善，發揮到裝飾自己的身體，所流露的美感表達與所有藝術表現一樣，都是人類情感與創造力的反映。

西方的考古學家發現，距今大約 20 萬年前的尼安德特人已有在身體上佩帶裝飾品的習俗，在埋葬死者時還用花卉作為隨葬品，這可以看作是迄今發現的人類最早美化自身的例子。至舊石器時代晚期，作為美化自身的人體裝飾品有了更多的發現，包括石、骨、牙、貝（蚌）、蛋殼等，這些小巧的裝飾品不僅製作精細，而且在上面還穿有小孔或塗染有紅色顏料。進入新石器時代以後，人體裝飾品的種類和式樣更加豐富，同時還出現了一些永久性的人體裝飾手法，如有意識地改變頭形、鑿齒、黥面、

穿耳等，甚至還出現了紋身。一切原始氏族的裝飾較衣服更為華麗，他們甘願裸體，但對於裝飾決不肯忽視。德國藝術史家格羅塞（Ernst Grosse）指出：「喜歡裝飾，是人類最早也最強烈的欲求」。所以裝飾之於原始人，正如現在衣服之於我們一樣重要。幾乎所有的原始民族都對裝飾顯示出特殊的興趣，他們似乎天生就有一種美感。凡是記載赤身裸體的民族，沒有一個不有裝飾的器物和方法。比如巴攸特人戴著珠索，巴西人喜歡耳環、耳墜、臂環、貝殼項圈、鼻塞、唇栓；他們鄰族的姊妹們費盡心機把整塊的石英磨成細針，插入下唇。民族學家們拍下他們赤身裸體而又在頭頂、耳垂、頸項、腰際、手腕和腳踝上掛滿飾物的照片，往往令文明人感到難以理解。19世紀達爾文旅行時就發現，人們有著一種普遍的「對身體裝飾的熱情」，為了一種「極為美麗的東西」，常不惜犧牲自己和忍受痛苦。達爾文寫道：

> 野蠻人是極其注意他們個人的外表的。他們可望打扮是無人不知無人不曉的；一位英國哲學家甚至提出，衣服的創制不是為了保暖，而是為了裝飾。像伐伊茲教授說的那樣「無論一個人如何窮途潦倒，對打扮自己總感到一份樂趣。」還有一個例子，說明南美洲裸體的印第安人真是不惜工本地來裝飾自己：「一個身材高大的男子，不辭辛勞兩星期以賺足交換價碼，換得把自己全身塗成紅色的『赤卡』（chica）。」在馴鹿時代，歐洲古代半開化的人把碰上而揀到的任何有彩色或奇特的東西帶回洞穴裡。今天各地的野蠻人都用羽毛、項圈、手鐲、耳環等裝點自己。他們在身上臉上塗滿各種顏色、各式花樣。洪姆博爾特說得好，「如果塗身紋面的各民族像穿衫著褲的各民族在我們的研究裡等到同樣注意的話，我們會認識到最豐富多彩的想像和千奇百怪的巧思曾經活動過而創出了這些塗身紋面的時髦的式樣來，和服裝樣式的由來初無二致。」

達爾文進一步指出：「…在改變頭顱的形狀上，在頭髮的打扮上，在塗色、紋身、穿鼻、穿唇、穿耳上，在打牙、挫牙等等，同樣的一些形式會在全世界相距極遠的各地區裡長期地流行過，而有的地方至今還在流行。…儘管分成了若干種族而各有所隸屬，人在心理方面有著密切的相類似的性格，其他也幾乎是普遍通行的一些習尚如舞蹈、假面劇、粗率的繪畫等，所指證的也無非是人心相同的這一層道理。」

美國人類學家羅伯特·路威（Robert H. Lowie）指出：「無論穿衣服不穿衣服，野蠻人無不在身體的裝飾上費很大的氣力。」「赤身裸體的野蠻人在身上刺花紋，在嘴唇和耳朵上穿孔塞塞子，在脖頸、臂膀、腳骨上套銅環，弄得累贅不堪。幹什麼？要漂亮啊。」他還指出：「倘若衣服之起源不因羞恥，也不因實用，可能的動機還有

一個——愛美的慾望。所有其他動機加在一起恐怕還抵不上這一個。愛美的慾望往往出之以冶艷的形式。西伯利亞人皮外套上的繡花，夏威夷人的奇異的鳥翼髻，它們的主要的目的，甚至可說是唯一的目的，都是審美的快樂。人類之從事裝飾，遠在製陶和種地之先：在大約距今二萬年前的墳墓裡，已有用穿孔貝殼或牙齒編成的項圈。甚至全新世的冰鹿人也已感覺到裝飾身體之需要。」

人體裝飾是用一定的物質，通過技術手段，在人體上造成一定的形態或附著一定的裝飾物，以反映人們的愛好、感情和風尚。這是一種以人體自身為媒介的藝術。有關原始人的人體裝飾藝術，德國藝術史家格羅塞在《藝術的起源》書中第 5 章用了很長的篇幅來詳盡考證和論述。該書指出原始的人體裝飾「一半是固定的，一半是活動的。我們將一切永久的化妝變形，例如蠱痕（Scarrification）、刺紋、穿鼻、穿唇、穿耳等，都包括在這一類裝飾裡。活動的裝飾只是暫時聯繫到身體上去的一些活動的飾品，其中包括原始氏族間認為最珍貴的纓、索、帶、環和墜子之類。」格羅塞所說的「固定的」即永久的，「活動的」即暫時的。原始人體裝飾中最有代表性的是紋身、繪身和佩帶裝飾品（頭飾、胸飾、身飾、服飾等）。格羅塞認為，在人體裝飾藝術的起源上，以紋身為代表的固定裝飾「是最顯著地代表著裝飾的原始形式的」，並且「顯然和某幾種固定裝飾有因果關係的」。

達爾文認為所有的人都把臉作為鑒賞的中心，「於是臉就成為斫喪之所」。常見的髮飾、耳飾、鼻飾和頸飾等物品裝飾形式和黥面、繪臉等固定裝飾，還有令人驚異的撐唇、束頸、穿腮、壓頭及鑿齒等形式。耳、鼻、唇穿孔在許多民族中都很普遍。在耳朵上打孔掛耳環這種古老習俗流行於全世界。比如在美索不達米亞人的神話《伊師塔神女下凡》中，愛的女神戴著耳環到達地獄，守門人要求她要將耳環摘去，這是一個重要的禮節，因為地獄太美了，簡直無法讓人戴耳環。伊魯特裡亞婦女戴著像管狀的鐵環，鐵環上雕有女人頭像、河神、獅子或公羊。古希臘婦女的耳垂上懸掛著盤飾和極小的厄洛斯雕像。羅馬婦女的耳環十分巨大，以至於奧維德警告婦女：「不要將來自西印度群島的珍貴石頭掛在耳朵上，使你的耳朵不堪重負。」東南亞各民族的耳飾十分講究。耳垂上一般都開著相當大的孔，有的塞著木塊、象牙、寶石或金屬塞子，或用竹、銅、銀製成管，管中插上鮮花、羽毛、染色的山羊毛等，塞於耳孔中。以銅作為耳環的更多，有時佩耳環的數量多得使耳朵無法承擔，必須連帶拴在包頭上支持其重量。

鼻飾習俗一般有兩種，一是環狀，穿繫在鼻中隔處，稱為鼻環；一是柱狀，插在鼻腔上，叫做鼻塞。這種習俗在原始社會就已存在。在山東尹家城岳石文化中就發現過我國最早的鼻環。黃河上游玉門火燒溝四壩文化遺址中，在一個人骨架的鼻骨下發現一件青銅鼻環。吳振臣《甯古塔紀略》記載，赫哲族姑娘鼻子上穿一環，環上又垂

下白色銀片，直到唇部，以為美觀。世界上穿鼻孔、戴鼻環的習俗起源可能相當古遠，在奧斯托蒂特蘭發現的一幅奧爾梅克人洞穴畫，年代可以追溯到西元前1500年前，畫面上領主戴著玉製的鼻環。在印度、巴布亞新磯內亞、澳大利亞、非洲及美洲一些地區的部族都有佩戴鼻飾的習俗。印度婦女的鼻飾最考究、最漂亮。印度婦女的鼻飾幾乎全由金銀和珍珠寶石做成，其粗細如同細毛衣針一般，它的介面處有一個鉤子和一個小孔，中部佩有珍珠或寶石。鼻環多種多樣，其直徑從1-3英寸不等。人們通常將鼻環佩在左鼻孔。為了佩戴鼻環，女孩在11、12歲時都要紮鼻飾眼兒。一些複雜而漂亮的鼻環還常借用長長的金鏈和髮卡加以固定。鼻飾雖不是每日必戴，但卻是婚禮上絕不可少的飾物。

紋面是一種古老而分布廣泛的裝飾行為。紋面可說是一種特定部位的紋身，即把圖案和花紋黥刺在臉上。在一些人類學、民族學資料中，是把紋面歸結為紋身的一種具體形式的。其淵源可追溯到新石器時代的晚期。當時的人們用藍色的三叉線來裝扮臉部，古代的色雷斯人、亞述人和布立吞人都有紋面的習俗。印度有些地方的婦女在臉上紋點和荷花標記，即是為了美，也是進入天國的最基本條件。阿拉斯加的土著，女人青春期時要在下巴上紋線，通常是1-5條垂直的線。這標誌著她們已到了適婚年齡。紐西蘭的毛利人具有悠久的紋面傳統，男性通常紋整張臉，婦女一般只用墨水畫下巴和上唇。她們在下巴上刻畫曲垂線和半圓，在上嘴唇塗幾條與嘴唇平行的黑狹條狀線。有時也有婦女將花紋刺到鼻子和前額上。在毛利人看來，紋面能讓人更富有魅力，看起來更性感。女性下巴上的花紋線被稱作「惠卡特赫」（Whakatehe），這個詞來自tehe（陰莖）和erection（勃起）。有的學者將其稱作「一幅表現陰莖將要伸進它預先確定的（開著的）洞裡的圖畫」。中國古代也有些邊遠地區民族具有紋面的傳統。直到20世紀50年代末以前，獨龍族姑娘一到12、13歲便須紋面，紋面的部位、圖案都不盡一致，有的只紋嘴唇四周，有的刺到額頭，有的則刺滿臉，因而有大、小紋面之分。海南黎族直到1949年前還保留紋面的習慣。按照黎族人的說法，女子紋面是祖先定下的規矩，後人不得更改，女人如不紋面死後祖先不相認。《諸番志》卷下《黎》記載：「女及笄即黥頰為細花紋，謂之繡面。女即黥，及親客相賀慶，惟婢獲則不繡面。」

紋身是人體裝飾藝術最普遍的一種形式。許多民族中都存在紋身習俗。格羅塞指出：「形象藝術最原始的形式，恐怕不是獨立的雕刻而是裝飾，而裝飾的最初應用卻是在人體上。」威爾‧杜蘭也曾指出：「很顯然地美術的第一個形式就是人工紋身。」紋身就是用刀、針等銳器在人的軀體和四肢的某些部位刻刺出花紋或符號，塗上顏色，使之保存永久。「紋身」（Tattooing）一詞來自塔西提語，意思是「敲打」（strike）。紋身可分為割痕或刺紋兩類，割痕粗疏，圖案簡樸，而刺紋細密，圖案精緻。紋身藝

▌紐西蘭毛利人紋面圖紋（繪臉，林建成攝影提供）

術自古有之，大約起源於石器時代。在不同的文化中，紋身在他們自己人看來是非常漂亮的，是顯示美的一種方式，紋身還可以表現等級、身分、性別、年齡及成就等不同的意義。羅馬人從歐洲北部和不列顛諸島擄來金髮碧眼有紋身的女子，引起紋身的風尚。在維多利亞時期追求流行的英國婦女在唇部刺上紅色顏料，可以永保彩妝，與現代的紋眉和紋眼線有異曲同工之妙。1891 年美國發明了電動紋身機，還配製了統一圖案，使紋身在美國風靡一時。一次世界大戰之後，歐洲的紋身者大都是女人，原因是為了紀念在戰爭中失去的愛人，圖案一般是紋上小鳥、蝴蝶、紅玫瑰或是愛人的名字。

人體裝飾，特別是永久性的，往往是通過對於身體的殘損來達到的，在裝飾過程中常伴隨著巨大的受苦。在原始民族，紋身是身體裝飾中最痛苦的。他們用刀或鐵箭在身上刺成各種花紋，有的甚至刺滿全身，他們竟於忍受痛苦而為其人的勇敢毅力的表示。而這種忍受，大都是為了裝飾美觀。少年男女到了相當年齡便執行這種苦刑，而以為榮，假如身上沒能刺刻花紋，則將來很難找到愛侶。

在人類的遠古時代，這種對肉體的酷刑十分盛行，然而，並不是僅僅在原始人那

裡才有針對人體的暴力美學。實際上，自從進入文明社會以來，這樣在美的名義下對人的身體進行的種種修飾、裝飾乃至殘損，一天也沒有停止過，只不過是在不同的時代採取了各不相同的形式。格羅塞指出：「文明並沒有使我們擺脫了某幾個民族的及其奇怪和極其討厭的裝飾形式。而正相反，最野蠻裝飾中最粗野的形式、瘢痕，倒在最高級的現代文化中心還被認為是一種光榮，而且還認為是極足欣慕的。…我們誠然放棄了唇栓和鼻塞，但是就在我們間有教養的婦女也還樂於佩戴和那些東西同樣野蠻的耳環。…文明社會的搽胭脂，也和某種原始式的畫身差不多。」隨著人類文明的遞進，人體飾品增加了標誌社會地位和階級區別的職能。飾品的材料增加了、製作技巧改進了，但飾品的各種形式卻沒有太大變化。正如格羅塞說的：「一條威尼斯人的金鑲細珠的項鏈，和一條澳洲人的皮革和牙齒做的項鏈，它們間形式的差異，遠沒有材料和技巧的差異之甚，而這樣的情形在活動裝飾中卻是典型的。」

人們以美的名義做了許多極端的事情。為了楊柳細腰，19 世紀的歐洲女子不得不忍受束腰的折磨；為了豐盈的乳房，各種各樣的緊身胸衣大行其道；「水晶鞋」反映了男人世界對女人纖纖玉足的欣賞，因而就有多少女子不得不纏緊她們的腳丫；至於中國婦女的纏足傳統，更是把這個審美情趣發揮到極致。在今天，我們同樣發現對美的過於熱中，又將人類天性中這種特有的「原始性」引發出來。作為最具原始特色的紋身和繪身，在現代文明社會也未絕跡，並有新的發展趨勢。

選美運動──世界美女的製造業

美女不是天生的，而是人們傾心打造出來的。打造美女需要大量的物質，包括化妝品、美容美髮用品、減肥保健藥品和食品，以及整容醫用器材、健身器材等。這種需求是巨大的和持續不衰的，因而，為了滿足這種需求，就使這些產品的生產發展成為巨大的產業。服飾、珠寶、減肥、美容、美髮、健美、化妝品、攝影等等都是賺美女錢的大行業。美國心理學博士南茜・埃特考夫對人體美作過細緻而又實證的研究。她指出，在美國花在美容上的財富遠超過教育和社會服務，每分鐘就有 1484 管唇膏、2055 瓶護膚用品在商場售出；1992 年每天有 400 名婦女做隆胸手術；1996 年有 69.6 萬多人去整容。不僅如此，在現代世界，美女不僅僅是觀賞、審美的物件，而且與現代商業緊密地結合，發展起來具有現代商業特色的「美女經濟」。

選美比賽是「美女經濟」的主要形式之一。現代世界許多國家都有選美比賽和選美活動。1921 年美國人在新澤西舉辦了世界上的第一次選美活動，其目的是吸引遊客。當今的世界小姐比賽是英國人埃裡克・穆雷爾在 1949 年創辦的，在很大程度上

也是一種商業操作。當今世界級的選美盛事就有三個：世界小姐大賽、環球小姐大賽、國際小姐大賽。選美不是公益活動，而是商業行為，選美活動是與商品活動緊密聯繫在一起的。選美活動無論它冠以何種堂皇的名稱，當主辦者從成百上千的報名者經過挑選出一定數量的選手開始集訓時，就開始了巨額的投入，投入的回報則是靠比賽的過程來完成的。只不過，無論是舉辦者、參與者或是旁觀者，都將在美女經濟的各種活動中受益。此外，媒體在不斷向觀眾輸送美女的形象時，激發了許多不是天生麗質的女人們按美女的標準重新塑造自己的熱情，由此帶動了化妝品產業和美容整形業的突飛猛進。

現在，選美比賽已完全融入到當代城市生活，成為現代都市娛樂文化與時尚消費的一部分。選美比賽中，從選美的標準到美女們身上每一個細節，都直接反映著社會最新時尚、最新觀念與最先進的電視技術和時裝水準。選美的優勝者，必是美貌與智慧並重的，泳裝和晚禮服都過關的，才藝與前途都光彩奪目的。之後，他們承擔起選美賦予自己的社會價值與責任，成為潛在的影視明星、城市形象的親善大使和時代風尚的領潮者。不過，許多實質為選美的比賽，都絞盡腦汁來解釋自己與一般的選美比賽的不同，或者乾脆與「選美」兩個字劃清界限。基本的解釋邏輯是：一般的、別的選美比賽是以貌取人的，而我們這次比賽是美貌與才藝兼具的。以創辦於 1951 年的「世界小姐」比賽為例，評比是以促進世界和平、樹立傑出婦女榜樣和幫助饑餓殘疾兒童為主要宗旨。大賽選拔的優秀女性是才貌雙全、充滿愛心、積極向上的健康女性代表，除了穿比基尼，才智比賽是必不可少的。歷屆世界小姐大賽的獲獎者中，不乏慈善和公益使者，他們具有相當的說服力和號召力。

在素有「選美王國」之稱的哥倫比亞，每年約舉行四百場主題不同的選美比賽，有時一天在同一個城市就有兩場選美比賽。冠軍除可以得到一筆獎金外，都將被主辦單位根據選美的主題分別授予不同的稱號，其中最負盛名的是用水果命名的選美比賽，如「木瓜小姐」、「葡萄小姐」等。

印度是美女超級大國，2000 年年底普裡延卡喬普拉贏得了「世界小姐」的稱號，拉拉杜塔則得到「環球小姐」的桂冠，印度美女壟斷了該年全球兩項選美賽事。此外，印度美女還贏得了 1994、1997 和 1999 年的世界小姐冠軍。選美比賽在印度已發展成一個「美麗產業」。美麗產業從化妝品、服裝到媒體一應俱全，王牌產品就是「印度小姐」。印度「美麗產業」的龍頭是《印度時報》集團下屬的女性雜誌《法米娜》。每次選美比賽，《法米娜》先在新聞媒體上刊登廣告，然後從眾多應徵者中選出一批形象和氣質好的女子，集中到孟買等地進行 3-4 星期的培訓，請有經驗的老師來講授化妝知識、走台步的要領及言談舉止的分寸等。再經過一兩輪篩選，最後進入電視演播室進行決賽。每次電視直播都吸引了大批的觀眾。

在世界各國，選美成績最為凸出的是委內瑞拉。這個國家盛產美女皇后，在國際三大選美競賽中已獲得12次頭銜，是人數最多的國家，被譽為「美人工廠」。委國「選美」已有很長的歷史，「美女經濟」名聞天下。即使發生政變、坦克橫行街頭的社會危急時刻，電視台仍在播出選美比賽，美女製造業也從未因為社會動盪而癱瘓。委內瑞拉人從小就知道美，小姑娘從4歲就可以參加選美比賽（專為4-9歲的小姑娘所設置）。他們無時不被包圍在選美的氛圍之中，各個城市、各個省及全國都有選美運動，中小學裡都盛行選美，運動隊、私人俱樂部、職業協會都要選出自己的美后，就是女人在監獄裡有時也選美。委內瑞拉博物館曾舉行了一個展覽，使全國人都知道一個嚴格的美之標準，最理想的女性身材應該是胸圍、腰圍和臀圍比是90：60：90公分，或者是36：24：36英寸。那次展覽吸引了全國成千上萬的觀眾，爭看一個虛擬的委內瑞拉小姐「克洛卡小姐」，還觀看動手術抽取脂肪的過程。最讓人著迷的是展出的由委內瑞拉美后在世界上贏得的四個「環球小姐」和五個「世界小姐」的桂冠。展覽館館長表示：「我們國家正在走向貧窮和暴力，但這絲毫不影響美女明星升得更高、更明亮，在世界獲得更高的地位。」

有一項針對30多個國家的調查表明，委內瑞拉人不管男人還是女人都是世界上最愛美的，他們用在臉上的化妝品是別的國家的人無法比擬的。這個國家2300萬人口中的80％生活貧困，可是為使自己看起來美，不惜花費金錢、時間和精力，所以單從外表上看，富人和窮人沒有多少差別。卡蒂亞是委內瑞拉一個平民區，那裡的人絕大多數是工薪階層，美容師卡佈雷拉說：「這裡的人很窮，但是你要上一輛公車的話，裡面就充滿了名貴的香水味，委內瑞拉人可以不吃飯，但不能不精心地打扮自己。」有一項市調說委國人把1/5收入用於美容和服飾上。

中國的選美活動歷史更為悠久。早在宋代就有選「花榜」。所謂「花榜」，就是由作為高級嫖客的士人對妓女進行品評，從而確定其等第品級。花榜在明代中葉以後特別盛行，還有一些人寫作了《蓮台仙會品》、《燕都妓品》、《金陵妓品》等選花榜的書。進入民國以後，上海曾出現由一些報社主辦的「花選」。1917-1920年，上海新世界遊藝場和《新世界報》主持了所謂「花國選舉」活動。1933年《明星日報》發起的「電影皇后選舉大會」，參加投票的人除上海外，北平、天津、漢口、南京、開封等各大城市都有，各地的商家團體、文化機構也踴躍投票。最後，蝴蝶以21334票遙遙領先眾人，當選「中華民國22年（1933）第一屆電影皇后」，得票第二的是陳玉梅13028票，第三名阮玲玉得7290票。上海各報和外地的報紙紛紛報導揭曉的盛況，並在上海大滬跳舞場舉行了「航空救國遊藝茶舞大會」慶賀蝴蝶當選電影皇后。20世紀40年代中期舉辦的「上海小姐」評選活動，則是比較現代意義上的選美比賽。

二次世界大戰結束的第二年，香港就開始了選美比賽。到20世紀70年代，香港

無線電視主辦起香港小姐競選比賽，還創造了一個新的現代美女定義——「美貌與智慧並重」。1973 年 6 月 24 日選出了第一屆香港小姐孫詠恩，轟動全城。20 世紀 70 年代的港姐選美，儘管引入了泳裝環節而被人指為大膽，但實際上是對傳統文化的回歸。早期的港姐除了勇氣過人之外，完全具備中國傳統婦女的「德言工容」，所以一個個高貴端莊，堪稱女性楷模。1973-1983 年的十年間，港姐以「德」行先、「容」居其後的標準，沒有多大的改變。之後的幾屆港姐都不屬於豔光四射的美女，選美時也沒有顯露出嬌嗲的少女味，好像天生就具有「母儀天下」的風範。民間對港姐選舉標準的總結說：冠軍是選老婆，亞軍是選女朋友，季軍是選小妹妹。老婆不用太漂亮，最要緊的是賢淑大方；女朋友當然是最招人疼的，要俏麗可愛，不妨風情萬種；小妹妹天真單純，是年輕、文化不高的參選佳麗最適合的位置。

1984-1991 年，是港姐競選最輝煌的時代。香港小姐選舉不僅是電視台的王牌收視節目，更是吸納大量廣告的王牌創利節目。選出來的美女不再有必要做女性的表率，她們的首要任務是讓觀眾賞心悅目，吸引更多的目光，給出手大方的贊助商以足夠的回報。1984 年的冠軍高麗虹，中西混血，稱得上是傾國傾城的美人，評語是：「中西合璧，散發香港魅力」。1985 年的謝寧具有東方古典美，同樣令人傾心，她後來成為無線的當家花旦。接下來的五年，港姐選美美女從未如此集中過。1987 年個個都是一等一的冠軍人馬，最後風度翩翩的楊寶玲勝出。楊寶玲在隨後的國際性選美中奪得第五名及「亞洲皇后」等獎項，這是香港參加國際選美歷史上最好成績，至今無人超越。楊寶玲的成績刺激了香港人對國際選美賽事的野心，他們企圖按西方的標準推出一些有競爭力的美女，因此隨後幾屆參選人馬中都有「高人一等」之輩。一年一度的香港小姐選舉已成為香港的一種文化，成為香港人集體的記憶。為公眾所熟知的香港演藝界女明星偶像陣容，基本上是歷屆港姐在撐台。香港小姐這已成了香港這個亞洲國際都會的一塊招牌，負有擔任親善大使的使命。

港姐是一個麻雀變鳳凰的製造機制。不少少女就藉此一夜成名，笑傲風雲。小店員張曼玉 1983 年當選港姐亞軍，一路跌跌碰碰歷練為今天風華絕代的國際影后；1975 年冠軍張瑪莉從一個街頭流浪兒到全城注目的明星，嫁給李小龍的哥哥李忠琛博士，還被評為「香港十大傑出青年」；第三屆港姐冠軍朱玲玲嫁給霍英東之子霍震霆，從此躋身上流社會，開啟了港姐嫁入豪門的先例…，選美改變人生。這種隱秘的慾望帶給她們的不僅是鑽石后冠、權杖、名車、洋房，還有一夜成名、進入豪門的誘惑。每年的港姐選舉和亞姐選舉承擔著為香港娛樂業輸送新血的使命，除了拍電影之外，更多的工作機會由電視台提供，參賽者都有機會受到注意，即使落選也有可能大紅大紫——翁美玲、邱淑貞、鍾楚紅都是例子。

第 5 章

美女的存在形式

美女並不是一個純粹的抽象物，而是存在於我們的現實生活中，
存在於歷史的長河之中。

神話中的美女

美女並不是一個純粹的抽象物，而是存在於我們的現實生活中，存在歷史的長河之中。我們是從歷史和現實的故事裡認識美女、鑒賞美女、瞭解美女。然而，這些具體的現實的「美女」都還很難說是純粹的「理想美女」，理想美女是人們根據現實生活中存在的一個個具體的「美女」而概括和抽象出來的。所以，真正的「理想美女」只存在於人們想像之中，這種想像就變成了各民族的關於美女的神話。我們用「美若天仙」來形容一個女性的美麗，「天仙」就是理想的美女。

天仙表達了人們關於美女的審美理想和審美價值。在各民族的神話中，都有許多關於女神的傳說和故事，雖然這些在不同

勒菲維　潘朵拉　油彩畫布
132.5×63cm　1877 年　沙龍
展作品　阿根廷國家美術館藏

民族裡的表達形式可能不一樣，但絕大多數關於女神的故事都是很美好的，都表達了人們對於美好生活的期待和願望。並且，神話中女神的形象幾乎都是絕頂漂亮的，甚至一些代表「惡」的女神，比如希臘神話中著名的「潘朵拉（Pondora）盒子」的故事，潘朵拉也是個漂亮非凡的美女。這個故事說，普羅米修士不顧宙斯的禁令，從天上竊取火種傳到人間。使得宙斯大為惱怒，宙斯懲戒了普羅米修士，仍不滿足，又把怒氣轉移到他久已嫌惡的人類身上。宙斯為給人類製造更多的災難，命令匠神造一美女。愛神阿佛洛狄忒給予她一切媚態智能，雅典娜給她最華麗的服飾，眾神的使者赫爾墨斯教給她語言。宙斯給她取名「潘朵拉」，意為「擁有一切天賦的女人」，因為每一位神都給了她一件對人類有害的禮物。宙斯還送給她一隻精美的匣子，並立即把她送給普羅米修士的弟弟艾比米修斯（Epimetheus），建議他娶潘朵拉為妻。普羅米修士早已警告過弟弟，千萬不要接受宙斯的任何禮物，可艾比米修斯一見潘朵拉就把哥哥的囑咐忘了，立刻娶了她。潘朵拉是個好奇心很強的女人，有一天她決意打開匣子看個究竟；於是，她猛力掀開匣蓋，一霎時，各種各樣的災害一齊飛了出來，遍及整個大地。不過匣子底上還隱藏著一件美好的東西「希望」，潘朵拉卻把「希望」永遠地關在了匣子裡。從此以後，人間就充滿了各種災難。疾病在人類中間悄無聲息地蔓延；死神過去步履蹣跚，現在卻健步如飛，狂暴肆虐地吞噬人的生命。而在此之前，人類一直沒有災禍，更沒有折磨人的疾病。在中國神話中也有類似的情況。例如關於狐仙的傳說，造成商朝滅亡慘禍的妲己，被說成是九尾狐仙的化身，從她開始關於狐仙的故事不勝枚舉，而到《聊齋志異》達到了集大成的地步。許多狐仙都被描寫為嫵媚妖豔、迷惑人心，甚至吸人精血、殘害生靈。但是，這些狐仙個個都是姿色絕頂的美人，魅力四射，否則也不可能迷惑人的心智了。以致直到今天，還有人罵妖豔的女子為「狐狸精」。

實際上，在古希臘神話裡幾乎所有的女神都是楚楚動人的美女。愛神阿佛洛狄忒就不必說了，其他女神如戰神雅典娜、海洋女神忒提斯（Thetis）、天后赫拉等，各個都是國色天香的美人。主神宙斯整天泡在美女堆裡，所以不時地凡心大動，弄出許多風流逸事來。

在中國古代神話中有許多關於女神的美好故事。娥皇和女英即是一個流傳已久的傳說。說的是舜娶堯的兩個女兒為妻。舜出身農家，少年起就在田裡耕作，同時勤奮學習，道德高尚。堯帝有兩個女兒娥皇和女英，秉承庭訓，薰陶涵育，性質純良；更兼婀娜靈秀，仿佛不食人間煙火的仙女一般。堯深知舜的為人，要把兩個女兒嫁給他。兩位女兒出嫁前堯帝囑咐她們：「大凡為妻為婦之道，總以『柔順』為最重要。男子氣性，剛強的多；女子氣性，假使也剛起來那就不好，夫婦之間不可能事事都能同心協力，遇到這種情況，為妻的總要見機退讓。」堯對舜十分欣賞，後來把舜召到京城，

羅賽蒂　潘朵拉　1878　粉彩畫紙　100.8×66.7cm　英國利物浦國立美術館藏

開始委舜重任，舜大舉推薦人才，「賓於四門，納於大麓，烈火風雷不迷，虎狼腹蛇不害。」堯死後，舜即位為天子，定都於蒲阪。舜勤政愛民，每五年前往全國各地巡狩一次，除了大臣隨扈以外，娥皇與女英都隨行照顧他的起居，三人同行，恩愛非常。這年盛夏來到洞庭湖，因天氣太熱，娥皇、女英就留在洞庭湖中的君山，舜繼續南巡。不久，傳來了舜死在蒼梧山的消息。

聽到噩耗，娥皇、女英一天比一天悲傷，眼淚地哭乾了，一滴一滴的鮮血從眼中流出來。娥皇、女英一片至誠的思念終於感動了上天，天神將她們流出的血淚都一點一滴收集起來，灑在洞庭湖君山的翠竹上。兩人好好地修飾打扮了一番，就像是迎接遠行歸來的舜一樣，攜手投入洞庭湖中。君山上那叢叢翠竹都浸染上斑斑點點的淚跡，成了二妃對舜帝一片至情的象徵。半個月後，娥皇、女英的屍體浮出水面，當地人懷著敬畏的心情將她們葬在君山，並立湘夫人廟來紀念她們。至今君山上還有二妃墓，墓旁斑竹叢生，青翠欲滴，令人暇想不已。李淑曾的《斑竹怨》詩寫道：

二妃昔追帝，南奔湘水間；
有淚灑湘竹，至今湘竹斑。
雲深九疑廟，日落蒼梧山；
余恨在湘水，滔滔去不還。

▌文徵明　湘夫人圖　明　北京故宮博物院藏
（左圖，右圖為局部）

　　在上古神話中還有嫦娥奔月的傳說。嫦娥是帝嚳的女兒，也稱姮娥。美貌非凡。
她是后羿的妻子，相傳后羿是堯帝手下的神射手。《淮南子‧覽冥訓》中說，后羿從
西王母處請來不死之藥，嫦娥偷吃了這顆靈藥，成仙了，身體不由自主飄飄然地飛往
月宮。嫦娥飛升月宮之後，獨自住在清冷的廣寒宮內，只有白兔相伴。她的心境和生
活令不少文人墨客感慨和遐想。宋代蘇軾在〈水調歌頭〉詞中寫道：「明月何時有，
把酒問青天。不知天上宮闕，今夕是何年？我欲乘風歸去，又恐瓊樓玉宇，高處不勝
寒。起舞弄清影，何時在人間！」頗切中了嫦娥的心境。唐代詩人李商隱的〈嫦娥〉
詩則深刻地表現了她的寂寞和悔恨：「雲母屏風燭影深，長河漸落曉星沉。嫦娥應悔
偷靈藥，碧海青天夜夜心。」

張大千 設色柳蔭仕女圖 瀋陽故宮博物院藏（左圖）

阮郜 閬苑女仙圖（局部） 五代 北京故宮博物院藏（右圖）

　　我國民間故事中也有許多仙女（妖女）的美麗故事。《天仙配》的講得是，玉帝之女七仙女因感天宮孤獨寂寞而思慕人間生活。一日隨六位姐姐往淩虛台遊玩，偶見下界賣身葬父的青年農民董永，被他的忠厚老實所打動而萌發愛慕之情。大姐看穿小妹的心事，不顧天宮戒律森嚴，助其下凡。臨行之時又贈難香一支，以便小妹危急時焚香求助。七仙女來到人間，經土地爺說合，槐蔭樹作媒，與董永結為夫妻。為了幫助丈夫贖身，七仙女去傅員外家做工。員外故意刁難，限她一夜之間織成錦絹十匹。如成，便將董永的長工期限由三年改為百日，否則將三年改為六年。七仙女在機房燃起難香求救，六位姐姐下凡相助，一夜織成十匹錦絹，傅員外只得履行諾言。董永做

■ 阮郜　闐苑女仙圖　五代　北京故宮博物院藏

工期滿後，夫妻雙雙愉快返家。途中，董永發現妻子已懷孕在身，趕忙去討水為她解渴。這時狂風驟起，空中出現天兵天將，傳下玉帝聖旨，限七仙女午時三刻返回天宮，違命則將董永碎屍萬段。七仙女不忍丈夫無辜受害，只得將自己的來歷向董永說明，並在槐蔭樹上刻下「天上人間心一條」的誓言，懷著悲憤的心情返回天庭。

《白蛇傳》是中國另一個民間傳奇故事，最初出現在唐代傳奇，較詳細的內容則在明代作家馮夢龍《警世通言》第28回〈白娘子永鎮雷封塔〉。故事說宋紹興年間，杭州有位藥店的主管許宣（民間改為「許仙」），在西湖遇見千年修煉的白蛇幻化的美婦人白娘子及青魚幻化的使女青青，三人共傘，一同在船上避雨。下船後許仙把雨傘借給白娘子，次日如約到白家取傘，兩人相見漸生愛慕之情，因青青促合結為夫婦。婚後，白娘子行為怪異，令許仙難堪。後來許仙遇見金山寺僧人法海，法海把一缽盂交給許仙，教許仙把缽盂罩在白蛇的頭上。白娘子和青青被罩在缽盂中後現出了原形。法海遂把缽盂放在雷峰寺前，用石頭砌成七級寶塔，名雷峰塔。留下一偈語：「西湖水乾，江湖不起，雷峰塔倒，白蛇出世。」

雖然白蛇傳說在民間相傳已久，自《警世通言》後，乃有白娘子峨嵋山盜靈芝仙草，水漫金山及法海遁身蟹腹以逃死等的情節加入。白蛇初無名，後來被貫以「白素貞」之名。「盜仙草」是講在端午節那天，白娘子因為受不了雄黃酒的刺激（蛇怕雄黃酒）而變回原形，許仙回家撞見自己的愛妻竟是蛇精，被嚇死，白素貞冒死盜峨嵋山南極仙翁的靈芝仙草救活許仙的情節。「水漫金山」是講法海把許仙騙去金山寺，不讓許仙夫婦團聚，白娘子為了救回許仙，和青青一起跟法海鬥法，不惜引西湖之水貫金山寺。但因為身懷六甲，力敵不能，被法海壓在雷峰塔下。青青逃脫後修煉有成，再回金山鬥贏法海，法海無處可逃遁身入蟹腹，許仙夫婦終能團圓，而法海卻只能留在蟹腹中，所以螃蟹腹中的蟹膏是和尚僧衣般的黃色。

此外，還有「畫中人」、「牛郎織女」等人神相愛的傳說故事，表達了人們對於美好生活的願望和嚮往。而在所有這些傳說故事中，無論仙女或妖女：嫦娥、七仙女、織女，還是白素貞、青青等，各個也都是美麗非凡的美女。

▎「四大美女」的生存樣式

女神、仙女、妖女和狐仙，都是人們想像的人物，是人們把現實對於美女的審美理想投射到超現實的世界，供人們欣賞和仰慕。在現實世界裡，人們也努力去尋找符合審美標準的美女樣板，把她們規範和設計為美女的典型。在中國古代有所謂「四大美女」之說，即西施、楊貴妃、王昭君、貂嬋，她們是中國傳統女性美的代表。中國人說到美女、想到美女，首先想到的就是這「四大美女」。她們的傳奇故事一直為後人津津樂道，一代代文人雅士不吝筆墨，為她們寫下了一首首千古傳誦的詩篇。譬如李白寫詩讚頌西施：

> 西施越溪女，出自苧蘿山。
> 秀色掩今古，荷花羞玉顏。
> 浣紗弄碧水，自與清波閒。
> 皓齒信難開，沉吟碧雲間。
> 勾踐徵絕豔，揚蛾入吳關。
> 提攜館娃宮，杳渺詎可攀。
> 一破夫差國，千秋竟不還。

李白還寫詩讚頌楊貴妃：

> 雲想衣裳花想容，春風拂檻露華濃；
> 若非群玉山頭見，會向瑤台月下逢。
> 一枝紅豔露凝香，雲雨巫山枉斷腸。
> 借問漢宮誰得似？可憐飛燕倚新妝。
> 名花傾國兩相歡，長得君王帶笑看；
> 解識春風無限恨，沉香亭北倚欄杆。

「四大美女」當然都是絕頂美人。她們的美麗，被說成「閉月羞花之容，沉魚落

雁之貌」。關於這句評語，還有民間傳說作為典故。傳說西施在河邊浣紗時，清澈的河水映照她俊俏的身影，使她顯得更加美麗，這時魚兒看見她的倒影，忘記了游水而沉到河底。從此西施就有了「沉魚」的代稱。王昭君在告別故土、登程北去的途中，撥動琴弦，奏起哀婉的離別之曲。南飛的大雁聽到這悅耳的琴聲，看到騎在馬上的這個美麗女子，忘記了擺動翅膀，跌落地下。由此，昭君就得來「落雁」的代稱。貂蟬在後花園拜月時，忽然輕風吹來，一塊浮雲將皎潔的明月遮住。這時正好被王允瞧見，王允為宣揚貂蟬的漂亮，逢人就說我的女兒和月亮比美，月亮比不過，趕緊躲在雲彩後面，貂蟬也就被稱為「閉月」了。一天，楊玉環到花園賞花，她剛一摸花，花瓣立即收縮，綠葉卷起垂下。實際上她摸的是含羞草。這個情景被一宮娥看見，宮娥到處說楊玉環和花比美，花兒都含羞低下了頭。這就是「羞花」稱號的來歷。於是「閉月、羞花、沉魚、落雁」都成了形容美人的詞彙了。

不過，她們雖然在中國歷史上以美貌著名，但又不僅僅是因為美貌，而是與中國的政治有著密切的關係，參與或經歷了重大的歷史事件。

西施為四大美女之首。在先秦諸子中的許多文獻中，如《管子》、《墨子》、《莊子》、《孟子》、《韓非子》等都記載過她。在談論到有關美的問題或者美好的事物，常常以西施為例或以西施作比喻。據說當年越王勾踐被吳王夫差放回國後，同文種商量富國強兵以滅吳國的方法，文種說出了七條滅吳之策：1. 賄賂吳國；2. 借、買吳國的糧食，弄空他們的倉庫；3. 送美人給吳王，誘其荒淫無道；4. 多送吳國木材、磚瓦，使其大興土木，以消耗國力；5. 派遣細作；6. 散布謠言，使忠良避退；7. 富國強兵。勾踐臥薪嚐膽，圖謀復國，在順利地實行了前兩個計畫後，就派範蠡去找到了民間美女西施，送給了夫差。西施粉面桃花，相貌過人，秀外慧中。她取得了夫差的信任，成為吳王最寵愛的妃子。她把吳王迷惑得眾叛親離、無心國事，幫助勾踐實行了其餘的計畫。勾踐通過「十年生聚，十年教訓」終於伺機滅掉吳國。唐代詩人王維寫〈西施詠〉，讚頌西施：

豔色天下重，西施寧久微。朝為越溪女，暮作吳宮妃。賤日豈殊眾，貴來方悟稀。邀人傳脂粉，不自著羅衣。君寵益嬌態，君憐無是非。當時浣紗伴，莫得同車歸。持謝鄰家子，效顰安可希。

民間傳說為西施設計了一個美好的結局。據說，勾踐滅吳後，範蠡留下一封信就不見了，信上說：「大王滅吳，我的本份已盡，現有兩個人留不得。一是西施，她迷惑吳王，使之亡國，如果留下她，她還會迷惑您，因此我把她殺了。另一個就是我自己，我如果活著，也許要擴大勢力，對您是很危險的，因此，我把我自己殺了。」然

後範蠡帶著西施泛遊五湖，經商致富。但史實好像並非如此，據考證，西施回國後，越國人恐其美色造成越國傾滅，而將她沉江而死。

王昭君出生在長江三峽西陵峽之濱。長得豔若桃花，聰明伶俐。清代詩人讚她「飄飄秀色奪仙春，只恐丹青畫不真」。昭君17歲那年正逢漢元帝詔示天下普選美女，昭君被選入後宮待詔。宮中佳麗成群，皇帝根本不可能與宮女一一見面，只好派畫師為宮女們畫像，先看畫像，中意者再點召。一些宮女為了能得到皇帝的寵愛，不惜以重金賄賂畫師把自己畫得美貌，能使皇帝一見傾心。王昭君深信自己美貌迷人，拒絕了畫師向她索賄，因而得罪了畫師毛延壽，毛延壽為了報復昭君，便在她畫像的臉上點上一顆黑痣。當時，漢朝和匈奴常有戰事，南匈奴呼韓邪單于前住長安朝漢稱臣，主動提出願與漢朝和親，共保邊塞安寧。王昭君「自願請行」出塞和親。在為昭君餞行的宴會上，她才被召去見元帝和呼韓邪單于。昭君一出面，滿朝文武頓時為之傾倒，只見她婷婷玉立，光采照人。元帝大驚，想把昭君留下，但為了取信於匈奴，只好忍痛割愛，把昭君嫁給呼韓邪單于。呼韓邪單于歡喜若狂，對漢朝千恩萬謝。呼韓邪單于封昭君為「寧胡閼氏」，意思是娶了昭君做匈奴皇后，從此得安寧。昭君出塞和親，使漢匈之間和睦相處，近百年無戰事。清代女詩人郭潤玉讚道：「琵琶一曲干戈靖，論到這功是美人」。

昭君死後，匈奴為其建宮立碑，就是位於內蒙古呼和浩特城南10公里的「青塚」，即昭君墓。秭歸縣城也立有「漢昭君王嬙故里」的石碑。王昭君的故事成為後來詩詞、戲曲、小說、說唱等的流行題材。如杜甫《詠懷古跡五首》之三：

群山萬壑赴荊門，生長明妃尚有村。
一去紫台連朔漠，獨留青塚向黃昏。
畫圖省識春風面，環佩空歸月夜魂。
千載琵琶作胡語，分明怨恨曲中論。

貂蟬是東漢末年司徒王允的歌女，有傾國傾城之貌。在《三國演義》中是著墨較多的女性人物，她能歌善舞、體態輕盈、舞姿美妙。其中第8回有一首詞讚頌貂蟬：

原是昭陽宮裡人，驚鴻婉轉掌中身，只疑飛過洞庭春。
按徹梁州蓮步穩，好花風嫋一枝新，畫堂香暖不勝春。

貂蟬一曲清歌令人銷魂，翩翩起舞，宛若驚鴻，予人一種柔弱飄逸的美感。當時王允眼看董卓將篡奪東漢王朝，設下連環計。王允先將貂蟬暗地裡許給呂布，在明裡

又把貂蟬獻給董卓。呂布原為董卓的義子，二人都是好色之人，此後貂蟬周旋於二人之間，送呂布於秋波，報董卓於嫵媚，把二人撩撥得神魂顛倒。呂布自董卓收貂蟬入府為姬後，心懷不滿，一日乘董卓上朝時入府探貂蟬，並邀鳳儀亭相會。貂蟬見呂布假意哭訴被董卓霸占之苦，呂布十分憤怒。這時董卓回府撞見，怒而搶過呂布的方天畫戟直刺呂布，呂布飛身逃走，從此兩人互相猜忌，王允便說服呂布剷除了董卓。

唐玄宗和楊玉環的故事是中國歷史上最有名的宮廷豔聞。楊玉環最初為唐玄宗第18子壽王的王妃。玄宗在最寵倖的武惠妃病死後十分悲傷，竟覺得「後庭數千無可意者」。這時有人啟奏說楊玄琰之女玉環姿色冠世，足可慰情，即召取進見。果然，楊玉環名不虛傳，不僅美麗出眾且善解人意，使唐玄宗大為傾倒。《舊唐書・后妃傳》說她「姿色冠代」，「太真姿質豐豔，善歌舞，通音律，智算過人」。唐代人陳鴻寫《長恨歌傳》描寫楊貴妃的豐腴之美：

> 鬢髮膩理，纖穠中度，舉止閑冶，如漢武帝李夫人。別疏湯泉，詔賜藻瑩，
> 既出水，體弱力微，若不任羅綺。光彩煥發，轉動照人。

礙於兒媳婦這個名義，唐玄宗不能立即占有，於是策劃以楊玉環自己要求出家為藉口，使她先成為女道士，法號「太真」，然後再接回宮中，讓她還俗。天寶4年入宮，得寵倖封為貴妃。唐玄宗對楊貴妃三千寵愛在一身。貴妃每次乘馬，都有大宦官高力士親至執鞭，更有爭獻珍玩者，如楊貴妃喜愛嶺南荔枝，就有人千方百計急運新鮮荔枝到長安。白居易在著名詩篇〈長恨歌〉描繪了唐玄宗和楊貴妃之間的「愛情」，寫道：

> ……
> 春寒賜浴華清池，溫泉水滑洗凝脂。侍兒扶起嬌無力，始是新承恩澤時。
> 雲鬢花顏金步搖，芙蓉帳暖度春宵。春宵苦短日高起，從此君王不早朝。
> 承歡侍宴無閒暇，春從春遊夜專夜。後宮佳麗三千人，三千寵愛在一身。
> 金屋妝成嬌侍夜，玉樓宴罷醉和春。姊妹弟兄皆列土，可憐光彩生門戶。
> 遂令天下父母心，不重生男重生女。驪宮高處入青雲，仙樂風飄處處聞。
> 緩歌慢舞凝絲竹，盡日君王看不足。……

安史之亂，唐玄宗逃離長安，途至馬嵬坡六軍不肯前行，說是因為楊國忠通於胡人，而致有安祿山之反，玄宗為息軍心，乃殺楊國忠及其堂妹楊貴妃，最後貴妃被縊死於路祠。白居易的〈長恨歌〉中寫道：「六軍不發無奈何，宛轉蛾眉馬前死。花鈿委地無人收，翠翹金雀玉搔頭。君王掩面救不得，回看血淚相和流」。

郭詡　琵琶行圖軸　明　北京故宮博物院藏

　　「四大美女」雖都有驚人美貌，但卻均落得了悲劇結局。她們本身的存在及後世的審美價值，其實只是在於她們成為一種政治工具和犧牲品。實際上，她們之所以被譽為「四大美女」，正是因為她們與現實的政治有著密切的關係。這種關係其實是女性對於男性政治的依附關係。試想，如果西施一生都是浣紗女，貂蟬只是王充府中一個普通歌女，或者王昭君沒有和親的事業，楊貴妃一直是壽王的王妃，那麼，她們就會和千萬個浣紗女、歌女、宮女和王妃那樣，淹沒在歷史的長河中，永遠進入不了歷史學家的視線，因而也就不會有「四大美女」的稱譽，儘管這並不會影響她們具有驚

人的美貌。

不僅如此，在男性的書寫和話語權之下，西施、貂嬋被作為美人計的代表人物，她們在完成了所被託付的政治任務之後便有殺身之禍，免得再成為「自己人」的「禍水」。楊貴妃既無政治野心，也沒有肩負政治使命，本不過是唐玄宗的一個玩物或「紅顏知己」，但唐玄宗寵倖楊貴妃，不臨國事，則被認為是唐朝中衰的關鍵之一。國難當頭之際，楊貴妃卻成了政治鬥爭的犧牲品。王昭君與她們略有不同，當呼韓邪請求和親時，眾臣只敢言「望陛下割恩與他，以救一國生靈之命」。昭君挺身自願出塞和番，儼然有壯士斷腕的氣魄，相較於諸男性群臣與他自身的無能，元帝除卻心中不捨，更自慚於昭君的氣度。沒想到最後救了整個國家的，竟然是不容於眾臣的女子。王昭君的行為顛覆了「美人是禍害」的傳統觀念。但是對於她本人而言，卻也是國家的一個政治外交工具。

金屋藏嬌與紅顏知己

「四大美女」依附於男性世界的政治關係，這是她們存在的基本形式。她們也因此名留歷史。「金屋藏嬌」則是歷史上美女們的另一種生存狀態。這種狀態同樣是對於男性世界的依附。

「金屋藏嬌」成語的來源是在漢武帝時代。漢武帝劉徹幼年時，姑母館陶長公主曾將他抱在膝上，問他「你想要妻子嗎？」劉徹回說「想。」於是館陶長公主遍指左右侍女，他都說不要。最後館陶長公主指著自己的女兒阿嬌問「阿嬌好嗎？」劉徹笑著回答「好！若得阿嬌做婦，當做金屋貯之也。」館陶長公主大喜。後來劉徹被立為太子，阿嬌也就嫁給了劉徹，婚後恩愛非常。劉徹繼位後遂為武帝，對阿嬌專寵了十多年，實在是嬌貴無比。成語「金屋藏嬌」就從這個故事而來，比喻對妻子的刻意愛護，後來的「金屋藏嬌」則指營建華屋給所愛的女子居住，或指納妾之事。元代湯顯祖《牡丹亭》第 14 齣說：「則怕呵，把俺年深色淺，當了個金屋藏嬌。」《二十載繁華夢》第 23 回也說：「當時畲老五戀著雁翎，周庸佑也戀著雁翎，各有金屋藏嬌之意。」

武帝即位後，阿嬌被立為皇后，但阿嬌嫁武帝多年一直沒能懷孕，致使武帝逐漸疏遠了她。阿嬌十分忌恨，叫女巫來做妖術被武帝發現打入冷宮。阿嬌遭逢此禍，由昔日嬌貴的皇后貶作廢居長門的宮人，落寞異常，但她並不甘於終老冷宮，她想起武帝曾對司馬相如的賦讚不絕口，於是以百金請司馬相如寫下一賦，以圖打動武帝回心轉意。這便是著名的〈長門賦〉。

武帝在看過司馬相如的〈長門賦〉後，稱讚此賦為上乘之作，但卻從沒想到把阿嬌復位。於是顧影自憐的阿嬌只能在淒清的冷宮中了此殘生。唐代詩人李白根據此事，寫了一首五言詩〈妾薄命〉：

漢帝寵阿嬌，貯之黃金屋。咳唾落九天，隨風生珠玉。
寵極愛還歇，妒深情卻疏。長門一步地，不肯暫回車。
雨落不上天，水覆難再收。君情與妾意，各自東西流。
昔日芙蓉花，今成斷根草。以色事他人，能得幾時好。

昔日的阿嬌像豔麗的芙蓉花一樣得寵，今天卻像枯萎的斷根草被人拋棄。光靠美貌使別人喜歡，那是不能持久的。

在男人的話語權和眼界裡，對美女的期待之一是所謂「紅顏知己」。中國古代士大夫有兩種自我肯定的方式，一種是得一「紅顏知己」，另一種是「修身齊家治國平天下」，即社會意義上的價值實現。而在社會政治理想難以實現的情況下，「紅顏知己」就具有了特別重要的意義。所謂「試想英雄垂暮日」，有洛陽女兒的花容月貌，揚州歌樓上的淺酌低唱，似乎都可以平慰英雄們的心靈創傷。佳人難得，知音難覓。人生得一知己已然不易，知己倘若又紅顏，那該是怎樣的豔麗。紅顏而知己，似乎就具有了一種永恆的魅力。「紅袖添香夜讀書」、「小紅低唱我吹簫」等等意境，都具有詩化般的憧憬。《玉嬌梨》中蘇友白說：「有才無色，算不得佳人；有色無才，算不得佳人；即有才有色，而與我蘇友白無一段脈脈相關之情，亦算不得我蘇友白的佳人。」馮夢龍在《情史》卷4「情俠類」中有一段點評，可以看作為古代文人所期待的「紅顏知己」的典型境界。馮夢龍這樣寫道：

豪傑憔悴風塵之中，須眉男子不能識，而女子能識之。其或窘迫急難之時，富貴有力者不能急，而女子能急之。至於名節關係之際，平昔聖賢自命者不能周全，而女子能周全之。

項羽與虞姬的故事可算作「紅顏知己」的典型。西元前209年，項羽助項梁殺會稽太守，於吳中起義。虞姬愛慕項羽的勇猛，嫁項羽為妾，經常隨他出征，與項羽形影不離。楚漢相爭後期，項羽趨於敗局，西元前202年楚漢決戰垓下，項羽兵少糧盡，四面楚歌，陷入重圍，遂夜飲帳中，面對寵妾虞姬、駿馬烏騅，慷慨悲歌：「力拔山兮氣蓋世，時不利兮騅不逝，騅不逝兮可奈何，虞兮虞兮奈若何！」歌詞蒼涼悲壯，情思纏綿悱惻，史稱〈垓下歌〉。此際〈長門賦〉這位叱吒風雲的人物竟也流露出兒

女情長、英雄氣短的哀歎。項王歌罷而泣，虞姬知軍情突變，哀歎大勢已去，愴然拔劍起舞，歌而和之。《史記正義》引《楚漢春秋》云，虞姬歌詞為「漢兵已略地，四方楚歌聲。大王意氣盡，賤妾何聊生！」左右皆泣，莫能仰視。虞姬歌罷，拔劍自刎，以斷項羽後顧之私情，激項羽奮戰之鬥志，希冀勝利突圍。京劇有《霸王別姬》就是講述這段故事。

虞姬死後葬於垓下，今安徽靈縣東南有虞姬墳。明崇禎年間虞姬故鄉人建虞姬廟，以祭祀這位巾幗英烈。清乾隆年間鄉人吳九齡、葉祥麟等又為該廟增建，廟貌巍峨，正殿供奉虞姬戎裝塑像，顯示家鄉人民對虞姬的高度崇敬之情。清詩人袁枚，曾任沭陽知縣，離任四十三年後重遊沭陽時特地去憑弔虞姬，作有〈過虞溝遊虞姬廟〉詩，並自注：「相傳虞故沭人也。」其詩云：

為欠虞姬一首詩，白頭重到古靈祠。三軍已散佳人在，六國空亡烈女誰？
死竟成神重桑梓，魂猶舞草濕胭脂。座旁合塑烏騅像，好訪君王月下騎。

相傳虞姬死後變成了罌粟花──虞美人。宋詞詞牌《虞美人》據說得名虞姬。清詩人何浦〈虞美人〉云：「遺恨江東應未消，芳魂零亂任風飄。八千子弟同歸漢，不負軍恩是楚腰。」

認為八千楚軍被迫投降劉邦，沒有一人像虞姬那樣的堅貞。

「紅顏知己」最著名的是卓文君與司馬相如的愛情故事。《卓文君》故事見《孤本元明雜劇‧私奔相如》，清袁於今《肅霜裘》傳奇，又名《當爐豔》、《文君當爐》。四川邛崍文君井有一聯，讚美兩人的愛情：

君不見豪富王孫，貨殖傳中添得幾行香史；停車弄故跡，問何處美人芳草，
空留斷井斜陽；天崖知己本難逢；最堪憐，綠綺傳情，白頭興怨。
我亦是倦遊司馬，臨邛道上惹來多少閒愁；把酒倚欄杆，歎當年名士風流，
消盡茂林秋雨；從古文章憎命達；再休說，長門賣賦，封禪遺書。

卓文君長得非常美麗，人們形容她眉如遠山，面如芙蓉，通曉琴棋書畫；17歲出嫁，不久便因丈夫去世返回娘家過寡居生活。卓家為當地巨富，擁有良田千頃；華堂綺院，高車駟馬；一天，司馬相如隨王吉到卓家赴宴，席間司馬相如彈奏一曲「鳳求凰」，向卓文君表達愛慕之意。卓文君感其才華和情誼，當夜與他私奔。對這件事情，卓文君的父親卓王孫盛怒難消，認為司馬相如有辱衣冠，自己的寶貝女兒敗壞門風，使他丟盡臉面。

司馬相如和卓文君在臨邛開了一間小酒家，卓文君淡裝素抹、當壚沽酒，司馬相如更是穿上犢鼻褌，與保傭雜作，滌器於市中。卓王孫經不起親友的疏通勸解，迫不得已分給他們童僕百人，錢百萬緡，並厚備妝奩接納了這位女婿。漢武帝即位後，司馬相如寫了一篇〈上林賦〉盛讚皇帝狩獵時的盛大場面，舉凡山川雄奇，花草繁秀，車馬垣赫，扈從壯盛，皆紛陳字裡行間。漢武帝召見他，因欣賞其才華，拜司馬相如為郎官，後升為中郎將。後來司馬相如意欲納茂陵女子為妾，卓文君才忍無可忍，作了一首〈白頭吟〉：

皚如山上雪，皓如雲間月，聞君有兩意，故來相決絕。
今日鬥酒會，明旦溝水頭，躞蹀禦溝上，溝水東西流。
淒淒復淒淒，嫁娶不須啼，願得一心人，白首不相離。
竹杆何裊裊，魚尾何簁簁，男兒重義氣，何用錢刀為？

並附書：「春華競芳，五色凌素，琴尚在御，而新聲代故！錦水有鴛，漢宮有水，彼物而新，嗟世之人兮，瞀於淫而不悟！」隨後再補寫兩行：「朱弦斷，明鏡缺，朝露晞，芳時歇，白頭吟，傷離別，努力加餐勿念妾，錦水湯湯，與君長訣！」卓文君哀怨的〈白頭吟〉和淒怨的〈訣別書〉使得司馬相如大為不忍，想到當年的患難相隨，柔情蜜意的種種好處，實在不便一意孤行，而弄到月缺花殘地步。納妾不成，兩人白首偕老，安居林泉。自此，司馬相如的文采，卓文君之美豔，當壚賣酒，白頭興怨，都傳為千古佳話。

宋代文豪蘇東坡也有一位「紅顏知己」，叫王朝雲，是錢塘人，因家境清寒，自幼淪落在歌舞班中，卻獨具一種清新潔雅的氣質。宋神宗熙寧四年，蘇東坡被貶為杭州通判，一日，宴飲時看到了輕盈曼舞的王朝雲，極為喜愛，娶她為妾。蘇東坡是一位性情豪放的人，在詩詞中暢論自己的政見，得罪了當朝權貴，幾度遭貶。在蘇東坡的妻妾中，王朝雲最善解心意。一次蘇東坡退朝回家，指著自己的腹部問侍妾：「你們有誰知道我這裡面有些什麼？」一答「文章」。一說「見識」。蘇東坡搖搖頭，王朝雲笑道：「您肚子裡都是不合時宜。」蘇東坡聞言讚道：「知我者，唯有朝雲也。」蘇東坡在杭州四年，之後又官遷密州、徐州、湖州，因「烏台詩案」被貶為黃州副使，這期間王朝雲始終緊緊相隨。在黃州時，他們的生活十分清貧，蘇東坡年近花甲時又被貶往南蠻之地的惠州，身邊姬妾陸續散去，只有王朝雲始終追隨。蘇東坡感歎作詩：「不似楊枝別樂天，恰如通德伴伶玄；阿奴絡秀不同老，天女維摩總解禪。經卷藥爐新活計，舞衫歌扇舊因緣；丹成逐我三山去；不作巫陽雲雨仙。」序云：「予家有數妾，四五年間相繼辭去，獨朝雲隨予南遷，因讀樂天詩，戲作此贈之。」王朝雲34歲時

■ 吳偉　歌舞圖　明　北京故宮博物院藏

在惠州去世。朝雲死後，蘇東坡將她葬在惠州西湖孤山南麓棲禪寺大聖塔下的松林之中，並在墓上築六如亭以紀念她，亭柱上鐫有一副楹聯：「不合時宜，惟有朝雲能識我；獨彈古調，每逢暮雨倍思卿。」

▋ 紅顏薄命的美女悲劇

自古以來，中國就有「天妒英才，紅顏薄命」的說法。在文學作品、戲劇或歷史記載中，不乏紅顏薄命的悲慘故事，像西施、楊貴妃、崔鶯鶯、董小宛、林黛玉，都是命薄如紙的女子。

長詩〈孔雀東南飛〉講的是東漢末年一個紅顏薄命的故事。詩前有序文:「漢末建安中,廬江府小吏焦仲卿妻劉氏,為仲卿母所遣,自誓不嫁。其家逼之,乃沒水而死。仲卿聞之,亦自縊於庭樹。時人傷之,為詩云爾。」小吏焦仲卿和妻子劉蘭芝夫妻恩愛,但是焦母不喜歡這個媳婦,逼迫焦仲卿與其離異。蘭芝回娘家後被逼改嫁。她發誓不嫁,最後投水而死,釀成千古悲劇。〈孔雀東南飛〉是一曲基於事實而形於吟詠的悲歌。這首長詩寫得哀婉動人,特別是「孔雀東南飛,五里一徘徊。」「執手分道去,各各還家門。生人作死別,恨恨那可論。念與世間辭,千萬不復全。」這樣的詩句,讀起來令人迴腸盪氣。

　　陸游與表妹唐婉相愛的故事也同樣令人扼腕歎息。陸游與唐婉早年成婚,夫妻相愛。但陸母不喜歡唐婉,威逼二人各自另行嫁娶。後陸游重過沈園遇見唐婉,懷念前情不堪回首,於牆上題〈釵頭鳳〉一詞:

紅酥手,黃藤酒,滿城春色宮牆柳。東風惡,歡情薄,一懷愁緒,幾年離索。
錯,錯,錯!
春如舊,人空瘦,淚痕紅浥鮫綃透。桃花落,閑池閣,山盟雖在,錦書難托。
莫,莫,莫!

唐婉見後悲慟欲絕,也和詞一首:

世情薄,人情惡,雨送黃昏花易落。曉風乾,淚痕殘,欲箋心事,獨語倚欄。
難,難,難!
人成各,今非昨,病魂常似秋千索。角聲寒,夜闌珊,怕人尋問,咽淚裝歡。
瞞,瞞,瞞!

　　不久,唐婉竟因愁怨而死。又過了四十年,陸遊70多歲了,仍懷念唐婉,重游沈園,並作詩〈沈園〉二首:

城上斜陽畫角哀,沈園非復舊池台。傷心橋下春波綠,曾是驚鴻照影來。

夢斷香銷四十年,沈園柳老不吹綿。此身行作稽山土,尤吊遺蹤一泫然。

　　中國古代紅顏薄命的故事之屢屢發生,主要因為那個時代裡的婦女地位低下。相對於其它封建王朝來說,唐代婦女的地位要高一些,自由度要大一些,但是從本質上

看，她們還是依附於男性世界，命運往往是悲慘的。那些宮廷中的后妃已是女性中最上層的人物，富貴、榮顯、優閒、舒適——占盡了人世間的風光。可是她們比一般民間女子更無法把握自己的命運。因為她們太容易受到政治風雲的衝擊，也因為她們的命運完全繫於最高權勢的愛憎與好惡之上。例如在兩唐書《后妃傳》中記載的36個后妃中，竟有15個不得善終。在宮廷之中還有大量宮女，杜甫曾有「先帝侍女八千人」之句，白居易又有「後宮佳麗三千人」之說，並不是文學上的誇張，唐代宮廷女性實際上遠遠超過此數。唐太宗時，李百藥上疏曾說到：「無用宮人，動有數萬」。《新唐書·宦者上》則記載：「開元，天寶中，宮嬪大率至四萬。」後者大概是唐代宮廷女性的最高具體數字，那正是盛唐風流天子唐玄宗在位的時候。直至唐末，國事凋零，江山殘破，仍然是「六宮貴賤不減萬人」。唐末詩人曹鄴感歎：「天子好美女，夫婦不成雙」。唐代詩人元稹的〈行宮〉詩中說：「寥落古行宮，宮花寂寞紅；白頭宮女在，閒坐說玄宗。」白居易的〈長恨歌〉中也有「椒房阿監青娥老」之句。唐代描寫宮怨的詩文，流傳下來的很多，例如杜荀鶴的〈春宮怨〉：

早被嬋娟誤，欲妝臨鏡慵。
承恩不在貌，教妾若為容？
風暖鳥聲碎，日高花影重。
年年越溪女，相憶採芙蓉。

這首詩描寫了春天是幸福降臨的標誌，是勃勃生機的象徵。然而對幸福感到渺茫，對生機感到去而不返的人，春天只會令她更添一層怨苦。

清代司馬秦珍為秦淮名妓王楚楚創作的〈妾薄命〉一詞，講述了另一個紅顏薄命的故事。王楚楚本世家女，因父母雙亡而淪為娼妓。楚楚不僅容貌傾城，且工詞善畫。一次填詞：「東風揉碎小垂楊，影落紅橋水尚香。」下句未得，三河貢生傅莘以「底事彎腰常不起，讓開明鏡照紅妝」句續成，楚楚遂與傅莘結為紅塵知己。不久秋考放榜，傅莘名落孫山，心灰意冷，楚楚百般鼓勵並贈送白銀和文房四寶，傅自此重新振作，臨別吟詩：「從今燈火蓬門底，每憶卿卿不敢眠。」楚楚和句曰：「夢魂豈為長江隔，夜夜來聽郎讀書。」大江南北傳為佳話。楚楚後又多次邀傅莘赴寧應考，衣食住行為他安排妥貼，還拿錢打通關節，傅莘終於中了進士。楚楚歡天喜地等著五花封誥、七香車，誰知「世情薄，人情惡」，傅莘中舉後即與富貴名流之女結親，楚楚憤恨去尋，傅已攜妻赴任，楚楚悲傷患病咳血，哭已無聲，當夜自縊於旅店。而在同一旅店中，曾受楚楚資助而中進士的潁上司馬秦珍，那夜正在尋找楚楚以報大恩，兩人竟生死失之交臂。

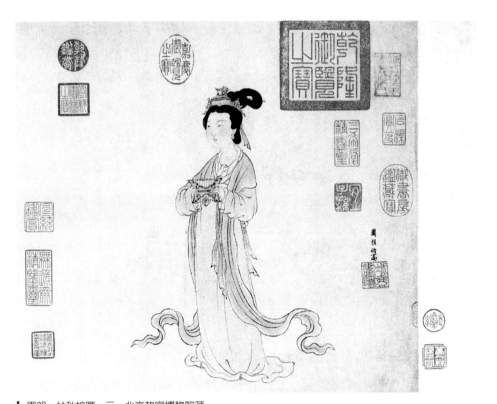

周朗　杜秋娘圖　元　北京故宮博物院藏

　　在等級森嚴的封建社會，娼優隸卒四種屬於賤流，而妓女又處在社會最底層，一個煙花女子想反抗自己的出身比登天還難，無論受她們多大恩惠，一到談婚論嫁，或本人變心；或家庭干涉，男子多半將她們拋棄另娶，像霍小玉、杜十娘等屢見不鮮，日本作家川端康成的《雪國》一書也反映了駒子等藝妓的悲慘命運。

　　紅顏薄命的故事不僅發生在古代，現代生活中也時常重演。

　　歷屆金馬獎的最佳女主角中，風華絕代的佳人有過很多，在這些美人之中最具古典美的是第二屆的影后樂蒂。1949年，樂蒂12歲時隨家人一起移居香港，16歲時做了演員。1958年，樂蒂加入著名的邵氏兄弟公司。她端莊的外表、柔美的內涵，極富東方女性的嫻靜之美，使其成為演古典美人的絕佳人選。她相繼主演了《妙手回春》、《倩女幽魂》等影片，名聲鵲起。1963年，樂蒂和著名演員凌波合演了《梁山伯與祝英台》一片。這部影片可以稱做是她演藝事業中最完美的一部影片。樂蒂無論是女裝扮相或男裝扮相，都給人以賞心悅目之感，舉手投足和容貌氣質，無一不令她成為影迷心中美神的化身。在當年的第二屆台灣金馬獎上，樂蒂以其在該片中的完美表現成為金馬影后，演藝事業達到顛峰。後來又在《扇中人》的一場夢境戲裡，一人化身為古代的四大美人：貂嬋、楊貴妃、西施、王昭君，尤以後兩者形象更為令人驚歎不已。

但這位古典美人在感情上卻不是一帆風順。1962 年樂蒂與著名演員陳厚結婚，婚後育有一女，可惜該段婚姻只維持了五年於 1967 年離婚。次年在感情和事業的雙重壓力之下，樂蒂竟然難以在心靈上尋得一個解脫的辦法，鬱鬱之下以至萌生去意。最後服安眠藥長眠不醒，時年 31 歲。

香港著名藝人梅豔芳不幸逝世時，年 40 歲，是發生在我們生活裡最近的一個「紅顏薄命」的例子。梅豔芳出生於 1963 年，在她出生後不久父親就過世，為了幫助家庭，從少年時代起她就開始在酒廊歌廳表演，以半工半讀來賺取學費並補貼家用。1982 年，梅豔芳參加香港無線電視台舉辦的歌唱大賽，依靠她獨特嗓音和穩健的颱風而勇奪冠軍，開始在歌壇上展露光芒。此後她又涉足電影界，更獲得優異成績，成為上世紀 80 年代香江最受歡迎的女藝人。她曾以《胭脂扣》一片榮獲金馬獎最佳女主角桂冠，此後她又投拍了許多影片。在 2003 年即將結束的日子，梅豔芳因子宮頸癌而宣告不治，讓懷念她的歌迷影迷們不勝唏噓。這確實是現實世界中一幕真實的「紅顏薄命」。

不只中國有紅顏薄命的女子，外國照樣也有，譬如說希臘船王歐納西斯的前妻蒂娜和她的姊姊，都是頂尖的美人，也都在感情一再受打擊之後，自了殘生，是典型紅顏薄命的例子。紅星瑪麗蓮‧夢露是好萊塢神話最淒美的註腳，兩次轟動一時的婚禮和無數樁令外人豔羨不已的戀情一步步將她帶入虛妄怪誕的牢籠，直到最後的崩潰。英國王妃戴安娜的故事更是一個「紅顏薄命」的典型。戴安娜出身平民貴族，但她們家與王室可說有著幾輩子的交情。英王愛德華七世是戴安娜祖父老斯賓塞伯爵的教父，而「不愛江山愛美人」的愛德華八世當年曾正式追求戴安娜的祖母，沒當成王后的斯賓塞伯爵夫人後來成為王太后和伊莉莎白女王的宮廷侍女。戴安娜的父親做過英王喬治六世和伊莉莎白女王的宮中侍從，一度約會女王的妹妹瑪格麗特公主。戴安娜的外祖父摩利斯費莫伊男爵曾是下院保守黨議員，也是喬治六世的射擊和網球夥伴，公園屋就是喬治六世所賜。外祖母為婚姻放棄鋼琴家的事業，作為王太后的宮廷侍女，任職達 30 年，她也是王太后最要好的女友。1981 年，戴安娜與查爾斯王子結婚，生有二子。不料後來查爾斯王子移情別戀，不得已，戴安娜與王子離婚。離婚後，戴安娜繼續從事各種社交活動，依然保留著王室成員的身分，深受英國民眾喜愛。然而 1997 年 8 月 31 日，戴妃因乘坐的「梅塞茲」賓士車在巴黎郊外的一隧道裡發生車禍而身亡，年僅 36 歲，令世人惋惜不已。戴妃去世的消息剛披露，正在競選首相的布雷爾就立即發表飽含感情的談話，稱她為「人民的王妃」，迅速贏得大眾的共鳴。英國著名歌星愛爾頓‧強將戴安娜譽為風中之燭，即使大雨傾盆不止，光芒也從不削減。

人們咀嚼著美女的餘香，感慨一個個美麗的生靈，總走不出「薄命」的宿命。一個美麗的女人，冰雪為膚，秋水為姿，玲瓏浮凸，光彩照人。但她也許並不快樂，生命中有太多不能承受之重令她不能排解，於是她選擇了離開。然而，是紅顏就必須薄

人們將戴安娜王妃譽為風中之燭，即使大雨傾盆不止，光芒也從不隨夕陽沉沒。此為王妃與查爾斯王子結婚紀念幣。

命嗎？20世紀30年代上海女作家蘇青曾作有〈論紅顏薄命〉一文，認為紅顏薄命其實是一個「偽命題」，因為天下「薄命」的並非只有「紅顏」，而且許多平凡女子也是很漂亮的「紅顏」，但其命運並非為人所知。她說「紅顏薄命」這四個字為什麼常連在一起，「其故蓋有二焉：第一，紅顏若不薄命，則其紅顏與否往往不為人所知，故亦無談起之者；第二，薄命者若非紅顏，則其薄命事實也被認為平常，沒有什麼可談的了，這就是紅顏薄命的由來。」她還說：「要知道一個好看的女人生長在一個平凡的家庭裡，一輩子過著平凡的生活，那麼她是永遠不會成名，永遠沒有人把黑字印在白紙上稱讚她一聲『紅顏』的。必定在一個偶然的機會裡，她給一個有地位的男人看中了，這個男人便把她攫取過來，形成自己生活的一部分，於是牡丹綠葉，相得益彰，她既因他而一舉成名，他也因她而佳話流傳了。美人沒有帝王、將相、英雄、才子之類提拔，就說美到不可開交，也是沒有多少人能知道她的。」蘇青的這段話雖然有些尖刻，卻也切中問題的實質。然而，風流雲散，月走星移，多少年過去了，瑪麗蓮·夢露依然是屬於全世界的性感女神，戴安娜王妃在人們的記憶中依然笑靨如花。陳圓圓若不是生逢亂世，又豈有吳梅村「衝冠一怒為紅顏」的千古吟詠？楊貴妃死於非命，但若非如此，千百年後，人們又怎麼還記得這個此恨綿綿無絕期的女子呢？虞姬陪項羽自刎，西施為範蠡獻身，非因薄命，哪得令名？

　　這些「薄命」的美女，在她們一生中最燦爛的時候離開了塵世，留給人們的，將是一個個不老的傳說。

第 6 章

所謂「紅顏禍水」

在男性主導的世界裡，一方面對於美女傾情欣賞，給予極高的讚美，另一方面又對美女採取貶損、警惕和敵視的態度。這是在人類審美經驗中最為複雜、矛盾的心理現象之一。「紅顏禍水」這一觀念正是這一矛盾心理的凸出反映。

紅顏禍水──真實的謊言

「紅顏禍水」不是中國的特產，而是許多民族神話中的一個鮮明題材。拉丁文中也有一句與「紅顏禍水」相應的話：「Mulier est hominis confusio」。在猶太教和基督教的教義裡，夏娃違反了上帝的禁令，偷吃了智慧樹上的果實，結果亞當和夏娃被逐出了伊甸園。夏娃成為罪惡之源，對人類的墮落負有重大責任。在古希臘神話中，是美貌動人的潘朵拉給人類帶來無窮的災難。在不同文化產生的幾大神話和一些重大歷史事件中，美女都被看成是邪惡、甚至是無力抵抗誘惑、易墮落、虛偽、狡詐的人。誰靠近美人誰就自取滅亡。歷史上因美女挑起的戰爭，擁有美女的一方都沒有好結果。人類學家和心理學家認為，對於美女的這種觀念，來自男子基本的緊張感和焦慮感。因為絕大多數社會都是由男子執掌權力，他們對婦女既擔心又懼怕，所以編造了各種神話，把美女描寫成萬惡之源。

《辭海》裡給「禍水」下的定義是「禍人敗事的女子」。在中國歷史上，紅顏禍水這一觀念由來已久。中國語文中還有一個形容美女的成語叫「傾國傾城」。典故出自《詩・大雅・瞻卬》：「哲夫成城，哲婦傾城。」《漢書・外戚傳》說：「孝武李夫人，本以倡進。初，夫人兄延年性知音，善歌舞，武帝愛之。每為新聲變曲，聞者莫不感動。延年侍上起舞，歌曰：『北方有佳人，絕世而獨立，一顧傾人城，再顧傾人國。寧不知傾城與傾國，佳人難再得！』」《金瓶梅詞話》第16回的回首詩云：「『傾城傾國』莫相疑，巫水巫雲夢亦癡。」《初刻拍案驚奇》卷 20 中說：「王文用遠遠地瞟去，看那小姐已覺得『傾國傾城』，便道：『有如此絕色佳人，何怕不中姑娘之意！』」「傾城傾國」這一成語原意有二解：其一乃使一城或一國之人，皆以其美貌而為之傾倒愛慕；其二係因女色而使一城或一國為之傾覆，即亡國也。後來常用此語形容女人容貌極其豔麗動人。

中國的「禍水」陣容浩浩蕩蕩，不絕於歷史長途。美貌的女性往往與覆滅的城國產生聯想。據說，每個王朝的滅亡幾乎都與一個女人有關。夏朝的滅亡是末喜的罪過；商朝是妲己禍亂滅亡的。周幽王為博褒姒的一笑，烽火戲諸侯，導致西周滅亡。趙飛燕、趙合德姐妹惑亂了漢成帝，才使那個強盛的西漢國祚衰微。若不是楊貴妃，也不會發生「安史之亂」，唐朝的盛世也還會天長地久。滿族人之所以入主中原，是由於吳三桂「衝冠一怒為紅顏」，妓女陳圓圓成了明朝亡國的罪魁禍首。如此等等。至於如春秋戰國、五胡亂中原、五代十國之類的亂世，女人亡國的事就更多的數不清。似

丟勒　亞當與夏娃　1504　鋼筆墨水畫　紐約摩根圖書館藏

乎江山的社稷就因為這些女人而沒落，江山而不保。似乎失敗的男人後面，常常都有一注「禍水」。我國歷史上的名美女，幾乎都是破國亡家而功成名就的。《金瓶梅詞話》中寫到美女：「損身害命多嬌態，傾國傾城色更鮮」。連《紅樓夢》裡的王夫人都說：「好好的哥兒，都叫這些狐媚子調唆壞了！」

春秋戰國時期，晉國的叔向之母，不許叔向娶申公巫臣與夏姬所生的女兒。她說夏姬曾「殺三夫、一君、一子，而亡一國、兩卿」，因此其女雖美，也必為不祥之物。而且，「天鐘美於是，將必以是大有敗也」，夏、商、周三代的亡國，都是因君主迷戀女色所致。她還說：「夫有尤物，足以移人，苟非德義，則必有禍」。這一段言論可說是中國歷史上最早的一篇「紅顏禍水」論。

在中國歷史上，一直把夏、商、周三代的亡國作為「紅顏禍水」的典型例證。夏桀的妃子末喜是「女禍論」的第一個「禍首」。《國語·晉語一》說：「末喜有寵，於是乎與伊尹比而亡夏」。《太平御覽》引《帝王世紀》說桀「日夜與末喜及宮女飲酒，常置末喜於膝上」。劉向《烈女傳·夏桀末喜》說末喜「美於色，薄於德，亂孽無道，女子行丈夫心，佩劍戴冠」。

夏桀是夏王朝最後一個王，他即位時王國正處於風雨飄搖之中。從他曾祖父孔甲開始，王國的諸侯們已開始出現大規模的叛亂跡象。桀的祖父皋即位時，諸侯們還禮節性地朝賀。至夏桀加冕時，諸侯甚至沒有入朝觀禮。這使夏桀無比憤怒，決定率精銳之師蕩平各地的叛逆，找回失落的尊嚴和榮譽。一次，夏王國的軍團逼近叛亂的方國有施。這是一個以出美女而聞名的地方，而國君的女兒末喜則是眾多美女中的花魁。夏桀兵臨城下，有施國人心浮動，是戰是降莫衷一是。最後，國君決定聽從神判。占卜師告訴國君，若想挽救國家的危亡，只有選擇恥辱的投降。有施國派去的使者雖能言善辯，送去的禮品雖是國家瑰寶，但換來的是夏桀的冷笑。他揮劍斬下使者的頭顱，下達了進攻的口諭。這時，有施國派出的第二個使者到了，這個使者就是末喜，她的美貌使三軍震撼，所有人都放下手中的戈矛。夏桀曉諭三軍，念有施國求降意誠，允其降。然後帶末喜班師回朝。至都城後，夏桀封末喜為元妃。對她寵倖有加，為她修建了豪華的宮殿。不久岷山國發生叛亂，夏桀率軍征討，岷山戰敗，他們也效仿有施，把國中兩個美女獻給桀。這兩個女子名叫琬、琰。夏桀又開始寵愛這兩個女子，而冷落了末喜。失寵的末喜心中充滿了怨恨。此情被商湯派來的間諜伊尹知曉，他想辦法接近和取悅末喜。末喜委身伊尹之後，按伊尹的要求隨時報告夏桀的行蹤，並千方百計迷惑夏桀。在末喜的蠱惑下，夏桀不理朝政過著醉生夢死的生活。而商湯卻在準備著最後的較量。在一次大規模的戰爭後，夏桀和他的王國灰飛煙滅，而末喜也死於亂軍之中。

紅顏禍水的另一個最著名的例子，是妲己與商紂王的故事。《史記·殷本紀》記載商紂王：

好酒淫樂，嬖于婦人。愛妲己，妲己之言是從。於是使師涓作新淫聲，北里之舞，靡靡之樂。厚賦稅以實鹿臺之錢，而盈 橋之粟。益收狗馬奇物，充

刉宮室。益廣沙丘苑台，多取野獸蜚鳥置其中。慢于鬼神。大口樂戲於沙丘，以酒為池，縣肉為林，使男女倮相逐其閒，為長夜之飲。

　　紂王是商代的第 32 位帝王子辛，也叫「帝辛」。帝辛 20 歲嗣位，當時商朝開國已經三百年了，國力雄厚，物阜民豐。他在位的第 40 年，也就是西元前 1047 年，他對有蘇部落發動進攻，征伐有蘇部落的戰利品之一就是妲己。傳說妲己天生麗質，美豔動人，烏雲秀髮，杏臉桃腮，眉如春山淺黛，眼若秋波宛轉，勝似海棠醉日，梨花帶雨。她骨肉婷勻，妖媚動人，混身充滿了火熱氣韻。她憑絕色美貌成為紂王寵妃。從此戎馬一生的商紂王帝辛「妲己之言是從」，寄情於聲色之中。傳說紂王為了討好妲己，派人搜集天下奇珍異寶，珍禽奇獸，放在鹿台和鹿苑之中，每每飲酒作樂，通宵達旦。嚴冬之際，妲己遙見有人赤腳走在冰上，認為其生理構造特殊，而將他雙腳砍下，研究其不怕寒凍的原因。妲己目睹一孕婦大腹便便，為了好奇不惜剖開孕婦肚皮看看腹內究竟，枉送母子二人的性命。妲己不擇手段殘害忠良。慫恿紂王殺死忠臣比干，剖腹挖心，以印證傳說中「聖人之心有七竅」的說法。由於紂王的倒行逆施搞得天怒人怨。而正在此時，在陝西渭水流域的周部落逐漸壯大，在周武王的率領下聯合天下諸侯，進軍商朝的新都朝歌。商朝的軍隊忽然嘩變，使得周武王不費吹灰之力長驅直入，兵臨朝歌城下。帝辛眼看大勢已去，舉火自焚而死，妲己為周武王所殺。

　　自古以來，一直把商朝的滅亡歸罪於妲己。以武王伐紂為核心故事的《封神演義》中，說因為紂王無道，商朝氣數已終，是女媧娘娘派妲己去從內部敗壞朝廷，以加速其滅亡。所以，妲己是受神的派遣來實現對商紂王懲罰的。但是當商朝滅亡後，妲己和她的姐妹卻又受到了武王一派的追殺。書中有兩段對話很有意思。一段是九頭雉雞精對奉姜子牙之命仗劍趕來的楊戩「罵道」：

我們姊妹斷了成湯天下，與你們功名，你反來害我等，何無天理也。

另一段是妲己對女媧娘娘的「泣而告曰」：

啟娘娘得知：昔日是娘娘用招妖幡招小妖去朝歌，潛入宮禁，迷惑紂王，使他不行正道，斷送他的天下。小畜奉命，百事逢迎，去其左右，另彼將天下斷送，今已垂亡，正欲覆娘娘鈞旨，不期被楊戩等追襲，路遇娘娘聖駕，尚望娘娘救護，娘娘反將小畜縛去，見姜子牙發落，不是娘娘「出乎反乎」了？望娘娘上裁！

不料，女媧娘娘卻厲
聲反駁妲己：

> 吾使你斷送殷受
> 天下，原是合上天
> 氣數，豈意你無端
> 造業，殘戕生靈，
> 屠毒忠烈，慘惡異
> 常，大拂上天好生
> 之仁。今日你罪惡
> 貫盈，理宜正法。

從這些對話中我們
似乎可以瞭解，妲己原是
奉了女媧娘娘之命而去做
紂王「禍水」的，實際上
充當了「色情間諜」的角
色。但是「禍水」的使命
完成以後，卻又被作為
「禍水」而受到譴責和追
殺。妲己作為「紅顏禍
水」在女媧娘娘、姜子牙
和楊戩等人強大的話語權
之下，就沒有理可講，只
能束手待斃。這種命運和
貂蟬有很大的相似之處。
貂蟬對於消滅大奸臣董卓
有不可磨滅之功。不滅董
卓，哪有劉備他們「三分
天下」。但是當關羽見到

張愷　設色天女散花圖　清
瀋陽故宮博物院藏

貂蟬時，驚歎她的美貌，說：「果然是禍水」，把她殺了了事。

紅顏禍水第三個著名的例子是「烽火戲諸侯」的故事。西周末代國王周幽王荒淫無度，他得了一個美女叫褒姒，可是褒姒自從進宮後從沒笑過。為了引她一笑，周幽王帶褒姒上了驪山。原來，為了防禦西戎的進犯，在驪山一帶建了 20 多座烽火台，每隔幾里一座。西戎軍隊打來，就燃起烽火，一個連一個傳遞消息，附近的諸侯見到了就會發兵救援。周幽王來到驪山讓人燃起了烽火。各路諸侯看到了警報急忙帶兵救援。可趕到了驪山下不見敵軍，卻聽到了山上的鼓樂之聲。周幽王便派人告訴他們：「不過是大王和王妃放煙火玩，你們回去吧。」諸侯們十分生氣，山下一片混亂。褒姒見到這場面卻笑了起來。後來西戎軍真的攻打都城豐鎬時，儘管烽火台上連舉烽火告急，卻沒人理會了，諸侯們認為這是周幽王的胡鬧。結果西戎軍隊攻入鎬京，殺死周幽王，把財寶洗劫一空。西元前 770 年，周幽王的兒子周平王被迫遷都洛邑（現河南省洛陽），歷史上叫東周。至今陝西驪山距華清池不遠還保留有烽火台的古蹟。

由這三個故事看來，夏商周三代都是亡於美女。因而「紅顏禍水」之說由來已久。但關於「紅顏禍水」之謬，早在唐朝詩人陸龜蒙就一針見血地指出：「吳王事事堪亡國，未必西施勝六宮。」吳王的亡國，是由於他自己所行之事無道，並非因西施比其他后妃更能蠱惑他。

其實女人想要成為「禍水」，也要男人讓她做才行。如果男人不會為了她而動心，她又如何成為「禍水」？在男權社會中，男人們努力維繫絕對的精神優越感，是女人的獻身偶像和精神主宰。而精神上的怯懦，使他們不敢正視自身滅國喪家的失敗，同時又無力拂逆對情慾的渴求。所以一方面他們樂此不彼地追逐美色，一旦失敗就毫不猶豫誘過於女人。這樣，在歷史上美女就成為一個特殊的群體，她們既是男人權力、富有、榮譽的象徵，又是男人萎靡、墮落和災禍的徵兆。男人成功，她們是最好的門面裝飾；男人失敗，她們是最好的代罪羔羊，是謀權謀利者手中的籌碼。

後蜀王孟昶之妃花蕊夫人，也是一位女詩人，後蜀為北宋所亡後，花蕊夫人為宋太祖所獲，備受寵愛。當有人說她是禍亂國家的妖孽時，她口述了這樣一首〈亡國詩〉：

君王城上樹降旗，妾在深宮哪得知。
十四萬人齊解甲，竟無一個是男兒！

《一瓢詩話》對此評論，說這是「何等氣魄，何等忠憤，當令普天下鬚眉，一時俯首。」魯迅也曾對「紅顏禍水」論提出尖銳的批評，他曾諷刺說，好像「中國的男人都可以幹大事，壞就壞在女人手裡。」他指出：「我一向不相信昭君出塞會安漢，木蘭從軍就可以保隋；也不相信妲己亡殷，西施亡吳，楊貴妃亂唐的那些古老話。我

以為在男權社會裡，女人是決不會有這種大力量的，興亡的責任，都應該男的負。但向來的男性作者，大抵將敗亡的大罪，推在女性身上，這真是一錢不值的沒有出息的男人。」

古埃及的美女統治者

　　美女對於政治歷史的影響，不僅是通過她們施展的魅力，影響男人世界的政治運作，而且某些時候還曾出現了女性的統治者，直接執掌最高權力。在古埃及的歷史上，就曾接連出現過好幾位具有重大影響的女性統治者。

　　早在埃及中王國第 12 王朝時，曾出現了埃及歷史上第一位女王塞貝克諾夫魯。但是她統治埃及只有三年的時間。而在新王國時期，由於幾位偉大女性的創朝功勞，使婦女在古埃及的黃金時代——新王國第 18 王朝享有崇高的政治禮遇。埃及歷史學家費克裡（A.Fakhry）在《埃及古代史》中寫道：底比斯家族中的婦女在那次解放戰爭中具推動的作用。有三位婦女的英名在我們的歷史上是永垂不朽的：泰提謝莉王后、阿荷泰普王后和阿莫斯尼弗泰莉王后。費克裡提到的泰提謝莉王后是新王國第 18 王朝的創建者卡美斯王的祖母；阿荷泰普王后對埃及的政治有巨大的影響，被稱為「海上諸島的女主人」。她敢做敢為，建立了一支軍隊，鼓勵人民把那些逃走的人領回來，把那些移民召集到一起。她使埃及從驚慌中平靜下來，征服不忠誠的人。她的女兒阿莫斯尼弗泰莉，從母親那裡繼承了強有力的性格，同樣在埃及的歷史上發揮了重大的影響。

　　在古埃及歷史上最有名的女性統治者之一是哈特舍普蘇特（Hatshepsut）女王。《埃及古代史》中說，哈特舍普蘇特具有這樣大的能力，顯示出自己是一個卓越的政治家和偉大的建造者；她的朝代是埃及歷史上最好的朝代之一。

　　哈特舍普蘇特是圖特莫斯一世的女兒，繼位後按照傳統把權力交給了丈夫，也就是自己的弟弟圖特莫斯二世。但他體弱多病，僅僅統治了三年就死了。哈特舍普蘇特不願把權力傳給女兒和女婿——也就是以後的圖特莫斯三世。她親自統治埃及整整 20 年，因治國有方和具有很高的藝術鑒賞力而聞名於世。圖特莫斯三世繼位後為了報復，銷毀了哈特舍普蘇特的大部分畫像，只留下了菲維祭奠哈特舍普蘇特亡靈的寺廟。

　　在歷史上，有一個著名的數學難題與其有關。哈特舍普蘇特女王有一個跟車僕人叫謝年莫特，他力大無比，手藝超群。有一次，托特神祭司企圖從他手中奪走女王的親筆信，他負傷多處但仍然擊退了襲擊者，把信送到了太陽神廟。祭司們把他抬進廟內竭力挽救他的生命，女王親自來看望他。謝年莫特向祭司要了一大塊軟泥，在女王

第二次到來之前把她的面容栩栩如生地塑了出來，令女王十分高興，誇讚說看見這個塑像如同照鏡子一樣。後來，女王決定把他留在宮裡當雕刻匠。謝年莫特愛戀著女王，卻不敢幻想愛情；女王卻不顧一切地愛上了這位體格健壯、天資過人的年輕小夥子，還成了他關懷備至的老師，把只有她和祭司們才具備的知識教給他。祭司們擔心女王的意中人可能會獲得極大的權力。他們諂媚地誇獎謝年莫特，使女王決定把他晉升為太陽神祭司。謝年莫特順從了女王的旨意，被帶到神聖的太陽城。

其實這是祭司們的陰謀，原來太陽城有一個鋪滿花崗岩的大廳，裡面有一塊石碑，此碑文係太陽神祭司所刻。內容是說：牆後面有一口圓形蓮花井，邊上有一塊石頭、一把刻刀和兩根細長棍子。這兩根棍子一根長 3 個度量單位，另一根為 2 個度量單位。如將棍子一端抵住井的底角斜靠在井裡，兩根棍子正好在水面交叉，水面距離井底為 1 個度量單位。誰能用這兩根棍子測出蓮花井井口的最長直線的長度，誰就能成為太陽神祭司。只要懂得了題意，這堵牆就會打開放他進去，但一走進去出口就封死了。他把所得的結果用刀刻在石頭上，從通氣小孔把石頭遞出來，由最高祭司來檢驗他所刻的數字是否正確。祭司對謝年莫特說：「許多人穿過了蓮花井牆，但成為太陽神祭司的人卻不多。想想吧，要珍惜自己的生命。這就是太陽神祭司們給你的忠告！」

年輕人呆望著祭司們從牆上搬下沉重的石頭，等他進去之後，他們又把石頭放回原處。他在與世隔絕的石窟裡，面前只有一口井、兩根棍子、一塊石頭、一把刻刀，還有一具具骷髏。謝年莫特開始有生以來第一次演算數學題，他簡直不敢想像自己能否算出來。謝年莫特想到井口的最長直線可以用棍子量一量。一根棍子長 3，另一根長 2，兩者之差是 1。他肯定井口最長直徑大於 1，但不能確定大多少。棍子已有了 1、2、3 的長度，他用刻刀在棍子上做了記號。然後用棍子比著井口的最長線做了一個記號，這個長度正是需要測定的。他量了 1 之後，剩下的部分不到 1。他把兩根棍子的一端抵住井的底角斜著靠在井裡，浸濕的部分不一樣長，兩者之差對他來說又是一個新的度量單位，他稱之為小度量單位。這個小度量單位只是一個分數，是 1 個度量單位的一部分。小度量單位正好是 1 個度量單位的 1/6。他用小度量單位來量已刻在長棍上的要測的長度。當他量第 8 次時，超過了直徑長度。這正好又得到了一個新的度量單位，這個新度量單位正好是原度量單位的 1/10。一切問題迎刃而解，蓮花井口的直徑長度為 8/6-1/10，最後結果是 37/30。謝年莫特把答案刻在石頭上從通氣孔推出去。他終於聽到了沉悶的撞擊聲，祭司們搬開了花崗石塊。謝年莫特手持棍子走了出來，接受祭司們的祝賀，他成了太陽神的新祭司。他又回到了女王身邊。

在埃及的王陵之谷，哈特舍普蘇特女王的陵墓規模最為宏大，一排排高大的石柱行列使這座陵墓氣勢非凡。女王陵地處於山谷中，早先曾是為牛神建造神殿的地方，

▌哈特舍普蘇特女王坐像
　第18王朝　白色大理石
　高195cm　紐約大都
　會美術館藏

後改址建別處，這個地區則被建築設計師選用，巧妙地利用了向四周擴展的岩壁，使女王陵依山而建，與山一體，外形新奇，在建築史上有革命性的意義。女王陵大殿前的第一層坡道有800公尺，沿坡道而上，女王陵四層平台殿堂氣勢逼人、雄渾壯闊。據說原來通向第一層平台的坡道兩側有斯芬克斯神像和方尖碑，但現在只剩下空空的大道；二層平台上坡道兩側的地方大得像廣場，平台正面及右側柱廊現在還保存完好。

▌絕代美人埃及美后娜芙緹緹頭像　公元前 14 世紀　德國柏林埃及美術館藏

　　在距阿斯旺市區僅 2 公里處有一個古埃及的採石場遺址。據說古埃及的石料都是從阿斯旺開採，通過水路運輸以滿足尼羅河兩岸的建設需要。採石場遺址中有一個未完成的方尖碑。這個巨大的方尖碑橫臥在採石場中，長 41 公尺，重 1267 噸，原是女王哈特舍普蘇特修建的。如果將這個方尖碑豎立起來，它將是全埃及最大的方尖碑。世界上其他著名的方尖碑：巴黎的協和廣場、羅馬的聖彼得大教堂廣場，都有從埃及劫掠的方尖碑的蹤影。這個世界上最大的方尖碑卻靜靜地躺在埃及，臥在尼羅河畔。它只完成了切割石材的程序，尚未雕刻與圖畫，簡單中更有古樸的風韻。此外，現在還有一尊哈特舍普蘇特女王雕像，完好無損地藏在紐約大都會博物館。

娜芙緹緹王后也是古埃及史上有巨大影響的女性。她是一位絕代美人,更是一位與法老夫君平起平坐,對古埃及政治、經濟、軍事、文化和宗教產生過巨大影響的政治家。

娜芙緹緹出身顯赫家族,是古埃及著名貴族阿依的女兒,阿依則是古埃及王后蒂依的哥哥。娜芙緹緹嫁給了 18 王朝赫阿那頓法老。在西元前 1352 年到西元前 1338 年左右,她和丈夫赫阿那頓法老一起統治著埃及。娜芙緹緹聰明賢慧,通曉天文地理,成為輔助丈夫統治古埃及的一把好手,被人民尊稱為「尼羅河的統治者」、「真主之女」、「地中海女王」。約克大學考古學教授瓊恩·弗萊徹說:「對於埃及歷史來說,娜芙緹緹是一個響亮的名字,因為她傳奇般的美貌。」她的名字娜芙緹緹——古埃及語意思就是「一個美人正在走來」。她也是歷史上為人們所知的最早的「第一夫人」。在其統治埃及之時,她下令建立多條貿易線路,並將海外的珍貴財寶運往埃及;同時,女人和男人一樣享有平等權,可以在集市上買賣物品,參加戰爭,獲得同等的工酬。

赫阿那頓也是古埃及史上最富爭議的一位法老,他全面地與過去的政治、宗教傳統斷絕了關係,不僅將原本的埃及多神教信仰廢除,改成只敬太陽神;同時放棄舊都,遷至一個沙漠中的城市亞馬那,他的統治被稱做亞馬那王朝。然而在他死後不久,這個王朝又神秘地消失了,他的王名也被後世祭師抹去。尤其讓人困惑的是,這位法老一些劫後餘生留下來的巨大雕像,卻毫不遮掩地展示了他異常的外貌:狹長的腦袋與臉孔、厚唇、四肢細長、腹部如罐狀,迥異於之前的埃及法老講究英武健美的雕像傳統。赫阿那頓被認為是埃及最醜陋的一名法老。由於他的長相與普通人差異很大,甚至招來一些研究者認為「赫阿那頓很可能是外星人」的揣測。

娜芙緹緹對古埃及 18 王朝的政治和宗教影響蓋過了她的夫君,這一點今天在赫阿那頓法老時期各種雕塑上不難找到她影響力的痕跡。許多石像上甚至雕著王后戴著法老王冠的畫面。她不但留下了「美麗永遠」之類歌唱她長相的詩歌,更是留下了一尊跟她真人一樣大小的雕像。

▌埃及豔后的鼻子改變了歷史

在歷史上諸多赫赫有名的女性當中,「埃及豔后」克麗奧佩托拉(Kleopatra)無疑是一位焦點人物。她是古埃及歷史上最傑出的法老之一,曾被列為影響世界歷史的第一個女人。有人認為她是與特洛伊的海倫同樣的兩個女人:她們是代表女人征服了男人的心的那種力量的傳奇人物,是那種力量的象徵。

克麗奧佩托拉七世生於西元前 60 年,是埃及最後一位女王。18 歲時同她的弟弟

托勒密共同執政，但她很快對軟弱無能的弟弟感到不耐煩了，在她被埃及的元老們驅逐出境後，取得了鄰近的阿拉伯王國的支援，組建了一支軍隊並親自統領向埃及進軍。此時，凱撒正追擊逃亡的政敵至亞歷山大。他宣布將親自解決克麗奧佩托拉和她弟弟之間的分歧。克麗奧佩托拉以其堅韌與冒險，在危急存亡之際策劃了人生中最大的賭博。古代作家蘇托尼阿斯記載了這歷史的永恆一幕：

> 那一天，她細心地化了妝，用「返老還童湖」的水沐浴，再用香皂去除污垢，然後塗遍摻有乳香和蜂蜜的香油，頭髮也抹上蛇油，眼睛則塗著「華珠」（含有孔雀石的粉末）。裝扮完畢後，她叫人將她如象牙般玲瓏剔透的嬌軀裹在毛毯裡，由兩人將她抬進凱撒的臥房。解開毛毯外的皮帶後，凱撒一臉愕然和茫然，因為芳香四溢的毛毯打開後，一個夢幻似的年輕女子嫣然站起，她瑰麗、瑩潔無瑕的肉體就像白金一般地輝耀著。⋯

凱撒看呆了。他走南闖北，見過的女人數不勝數，但從來沒見過眼前這樣的女人，風情萬種，神奇嫵媚。他傲然的心胸被這尊美麗的雕像所征服。

> 克麗奧佩托拉就在溫馨的閨房裡一次次地接待凱撒。凱撒每一次來之前，她都精心打扮。⋯女僕高妙的化妝技巧讓她的主人容光煥發，每一次都像在創造新的形象，讓克麗奧佩托拉的老情人驚羨不已，激動萬分。克麗奧佩托拉的髮式時時變化，或盤或編或繞或散髮批肩⋯無不儀態萬方；她的衣服從不相同，就連裹在玉體上的薄紗也都變換色彩。⋯凱撒每次透過薄紗欣賞其胴體時，都會產生一種朦朧、縹緲，如癡如醉的感覺。

克麗奧佩托拉的百般嫵媚令羅馬征服者傾倒，不用一兵一卒就贏得了當時最強有力的將軍的歡心，從而保住了她的寶座。托勒密擔心克麗奧佩托拉說服凱撒把他消滅，於是聯合妹妹阿希諾進行反擊。凱撒的部隊經過六個月的浴血奮戰大獲全勝，托勒密在逃跑中淹死，阿希諾被流放到羅馬。

凱撒與克麗奧佩托拉之間的羅曼史持續時間並不長。西元前44年3月15日，凱撒遇刺身亡，克麗奧佩托拉的權力巔峰之旅也由此中斷。羅馬人對她公開的仇恨將她籠罩，於是她迅速返回埃及。羅馬人對克麗奧佩托拉百般誣衊，因為除了迦太基名將漢尼拔之外，她是唯一能使羅馬感到驚恐不安的人。羅馬人把她說成是一個進行非法戀愛的女祭司、一個無道德的淫婦、墮落的女人，一個通曉東方一切褻瀆神靈技藝的女人。

安東尼（Marc Anthony）是凱撒最親密的朋友之一，他在為凱撒復仇之後威望俱增，被認為是羅馬帝國新的領袖。克麗奧佩托拉在羅馬已多次遇到過這位魅力超凡的軍官。她必須想出某種方法來贏得這位羅馬將軍。像凱撒一樣，安東尼很快地拜倒在這位女王的石榴裙下。安東尼的計畫也像凱撒一樣，是要藉由一場光榮的征戰來名揚天下。

但是凱撒的繼承者屋大維（Octavian）並不願坐以待斃，一方面，在國內漸漸消磨安東尼的威望，同時巧妙地引起他與安東尼之間的爭端，並將兩個羅馬敵對者的權力之爭偽裝成對克麗奧佩托拉和埃及的討伐戰。安東尼同屋大維的妹妹屋大維姬的離異，最終促使屋大維向克麗奧佩托拉和安東尼宣戰。結果安東尼大敗而歸，克麗奧佩托拉和安東尼孤立無援地回到了埃及，去等待即將來臨的的死亡。其實，克麗奧佩托拉還有機會，屋大維在密信中說假如她肯除掉安東尼，他肯為她做任何事。但克麗奧佩托拉並不願意放棄對她忠貞不渝的安東尼，從而向懷疑她的世界證明她確實愛著她那個羅馬丈夫。安東尼最終死在克麗奧佩托拉的懷抱裡，而此時克麗奧佩托拉懷中還盤據了一條劇毒無比的非洲毒蛇。克麗奧佩托拉帶著與埃及女王相稱的驕傲和安詳尊嚴去世，時年 39 歲。

克麗奧佩托拉，這位古埃及托勒密王朝的末代女王，運用自身的武器——美貌、才智和魅力，面對無法抗禦的巨大外來勢力的威脅，一次次地拯救了她貧弱的國家和她岌岌可危的王位。不僅如此，她的愛情還征服了西方古代世界兩位最傑出、最具才智而又處於權利頂峰的男人。她才華橫溢，美豔動人，間或詭計多端，殘酷兇狠，間或柔情滿懷，舉止輕佻。她有時圓滑老練，有時慷慨大度，但總是權慾薰心，無法控制。在歷史上，無論男性還是女性，幾乎找不到比她更奇特的統治者。法國哲學家帕斯卡（Blaise Pascal）在《思想錄》中寫道：「要是克麗奧佩托拉的鼻子長得短一些，整個世界的面貌就會改變。」

她那傳奇般的絕世美貌，她與英雄凱撒、安東尼的情緣，曾經激發過歷代詩人、作家、畫家和藝術家們的豐富想像力。古羅馬詩人賀拉斯曾為她撰寫過劇本；大詩人但丁的《神曲》裡將她投到了地獄之中；莎士比亞在悲劇名作《安東尼和克麗奧佩托拉》裡將她描述成「曠世不遇的肉慾妖婦」；20 世紀的文學大師蕭伯納寫下著名戲劇《凱撒和克麗奧佩托拉》，稱她為「一個任性而不專情的女性」。

兩千多年來，關於克麗奧佩托拉的文學和戲劇作品數不勝數。不過，「埃及豔后」的名字之所以在當代世界聞名遐邇，原因還是 1963 年由著名影星伊莉莎白·泰勒主演的《埃及豔后》這部電影。好萊塢至少拍過 7 部相關的電影，而《埃及豔后》是最著名的。這部電影講述的是好萊塢版本的愛情故事，泰勒更把埃及豔后演繹得美豔絕倫。這部巨片足足拍了四年，從最初 400 萬美元的預算成本，到影片拍成時卻耗去了

4000 萬美金。影片上映後並不賣座，20 世紀福克斯公司血本無歸，不過泰勒倒獲得了 200 萬美金的天價片酬，該片也獲得了多項奧斯卡獎。於是這部被稱為「有史以來最賠錢的電影」，就在這樣一幕悲喜交加的結局中落幕了。

根據傳說與史料記載，克麗奧佩托拉是一名才女，她通曉數種語言。古代著名的傳記作家兼散文家普盧塔克記載說：女王具有使談話物件無法抗拒的魅力。因為她的語言表達十分具有說服力，伴隨著鏗鏘有力的聲調，她的風姿也深深印入與她談話者的心扉，她還能嫻熟巧妙地交替使用多種外語進行會話，也幾乎不需要翻譯。無論是和埃塞俄比亞人、特羅戈羅丟塔伊人（居住在紅海西北岸的一個古代民族）、希伯來人、阿拉伯人、敘利亞人、美尼亞人、帕提亞人對話，她都能直接交談。威爾・杜蘭這樣寫道：

> 克麗奧佩托拉…態度舉止的優雅，身心的活潑，她的多姿多彩，風度的嫻雅，講話聲音的韻律和她高貴的身世等，都足以使一個羅馬將軍神魂顛倒。她熟諳希臘歷史、文學和哲學；她能操希臘文、埃及文、敘利亞文，據說她曾寫了一篇關於化妝品的論文，還有一篇是討論埃及的度量衡和錢幣。她是個能幹的統治者和行政官，很有效地發展了埃及的工商業，甚至在談情說愛時也是個能幹的理財家。…

近年，考古學家找到「埃及豔后」當年親筆簽署的政令和她曾經居住的古城，這些文物足以證明，這位女王遠非只靠美貌和情慾，而是靠智慧治國安邦的。

發現「埃及豔后」親筆簽名的政令純屬偶然。在柏林博物館內有一具普通的埃及木乃伊。當比利時草紙考古學家簡・比根獲得特准對館藏木乃伊進行全面研究的時候，有一天他突然發現木乃伊的布片裡夾著一張古老發黃的草紙。當他小心翼翼地從木乃伊身上取出那片 16 開大小的草紙的時候，看到草紙上寫滿密密麻麻的古埃及文字。比根把這張寶貝紙片「請」進了特別鑑定室。借助放大鏡，識別出這是一份古埃及王朝的正式公文，上面還有收件日期。比根把研究成果發表在考古權威月刊上，認定其為埃及某個農民與「X 先生」之間的合同。荷蘭史學家萬・明尼看到這篇論文後，察覺到可疑之處：光從發表的圖片來看，這檔絕非私人間的合同，而是地地道道的古埃及政府檔。明尼當即向出版社要來了放大的照片，當他把這張照片輸入電腦時，斷定這是埃及王宮的檔。古埃及歷史學家立即將檔案抬頭的年份換算了出來：西元前 33 年 2 月 23 日。這一年正是克麗奧佩托拉七世統治下的托勒密王朝。檔的內容是手寫的，從筆力來看似乎出於男性之手。具體內容是埃及國王答應給羅馬帝國大將軍卡尼迪斯以優惠的商品進出口關稅——允許他每年免稅向埃及出口 1 萬袋小麥，進口 5 千安普

耳的上好埃及美酒。這份檔的末尾還有個娟秀的單詞，跟內容字體完全不一樣，明顯是女性的筆跡。這個單詞「genestho」是古埃及國王簽署法令時的希臘用語「同意」的意思。

根據普盧塔克在其名著《希臘羅馬名人列傳》中記錄的史實，「埃及豔后克麗奧佩托拉在凱撒死後，急欲求得安東尼的庇護，但卻碰了一個軟釘子。於是，克麗奧佩托拉馬上把主攻方向轉向安東尼手下最得力的大將卡尼迪斯，以賄賂的手段買通了這位影響力非凡的羅馬大將。卡尼迪斯後來說服了安東尼，讓他同意庇護克麗奧佩托拉，而安東尼也從此陷入埃及豔后的溫柔陷阱中不可自拔。」雖說普盧塔克把一切說得有聲有色，但歷史學家和考古學家從來沒有發現可能證明這些史實的確鑿證據。這次發現克麗奧佩托拉的親筆簽名檔，卻是「埃及豔后」收買羅馬帝國大將的鐵證。

消息傳出後，世界考古學界為之振奮。大英博物館希臘與羅馬古董館副館長蘇珊‧沃爾克說：「這肯定是克麗奧佩托拉親筆簽名，因為檔的內容可以追溯到西元前33年，正是克麗奧佩托拉七世統治時期，這是埃及豔后留下的唯一筆跡。」沃爾克進一步分析認為，這份手寫檔不僅是一份政府公文，更是「埃及豔后」政治手腕的具體體現。另一位埃及遠古史學家阿蘭鮑曼表示：「這份文獻的發現，說明『埃及豔后』決非只憑美色來保家衛國，捍衛自己王位的。她運用的技巧跟我們現在處理國際關係時的做法並沒有什麼兩樣。這才是『埃及豔后』美麗與智慧的真正體現。」

實際上，在克麗奧佩托拉統治時代，古埃及仍保持著極度繁榮。1996年，美國海洋探險家弗蘭克‧戈迪奧和他的埃及同事潛入亞歷山大港外海海底，發現了克麗奧佩托拉女王沉沒的安蒂亞霍多斯島。他們看到了一條條街區、一座座雕像，那就是「埃及豔后」和安東尼共築的愛巢──亞歷山大城。戈迪奧描繪這座水下宮殿「奢侈豪華、與眾不同、色彩絢麗」。戈迪奧不僅發現了克麗奧佩托拉和凱撒所生的兒子凱撒裡翁的玄武岩上身雕像，還發現了安東尼自殺的地點。他們的驚人發現，都證明了古埃及歷史上那段歷史，當然也證明了埃及豔后還是一位有著出眾才幹的女王。

還有一件與埃及豔后有關的消息，引起了更大的轟動。英國《星期日泰晤士報》報載，稱埃及豔后並不是什麼美人，而只是一個「身高只有1.5公尺、體態肥胖、齙牙咧嘴的小侏儒」，並稱這是在對克麗奧佩托拉雕像的比例進行研究後得出的結論。此文一出，立即激起埃及人的義憤。埃及豔后在埃及人的心目中實在是「太漂亮、太迷人、太偉大」了。如今，克麗奧佩托拉與金字塔早已成為埃及的象徵：刻有她頭像的各種工藝品隨處可見；以克麗奧佩托拉命名的公司遍布埃及；克麗奧佩托拉牌香煙是埃及百姓最愛抽的。在埃及，你可以說推翻法魯克王朝的民族英雄納賽爾不好，也可以說前總統薩達特的壞話，但誰要是說埃及豔后的壞話就會引起眾怒。此次英國媒體攻擊克麗奧佩托拉遭到了埃及人的同聲譴責。埃及吉薩文物局長紮西哈瓦斯博士說：

「英國人說克麗奧佩托拉醜陋和肥胖是毫無根據的，他們應該到埃及盧克索神廟去看一看，神廟裡有保存完好的克麗奧佩托拉的浮雕；如果她像英國學者描述的那樣醜陋，那麼為什麼身邊絕對不缺美女的羅馬帝國的兩位蓋世英豪會不顧一切地拜倒在她的石榴裙下。」埃及亞歷山大希臘羅馬博物館館長艾哈邁德博士表示：「克麗奧佩托拉在17歲時就繼承父位當政，她統治埃及是憑聰慧和豐厚的文化底蘊。她與羅馬將領們相處的三件武器是潑辣、聰慧和溫柔。」

▋ 創造英國「黃金時代」的伊莉莎白女王

▋ 古錢幣上伊麗莎白一世頭像

在世界歷史上，曾出現過多位女性統治者。16世紀的伊莉莎白女王一世，被普遍認為是英國歷史上最傑出的帝王。在她當政的45年期間，英國的經濟繁榮昌盛，文學璀璨輝煌，軍事上一躍成為世界首屈一指的海軍強國。英國黃金時代的成就中，很重要的一部分應歸功於她。

「這真是一個顛倒混亂的時代」。哈姆萊特的這句話用於伊莉莎白女王之前的英格蘭十分適合。甚至可說這之前幾百年，英國就沒有平靜過，各種勢力激烈鬥爭，宮廷內外充滿陰謀詭計和血腥殺戮。伊莉莎白於1533年出生在英國的格林威治。她父親是領導英國宗教改革的亨利八世。母親安娜‧布琳是亨利的第二個妻子。1536年安娜被斬首，幾個月以後英國國會宣布當時3歲的伊莉莎白是私生子（這一直是大多數英國天主教徒的看法，因他們認為亨利和原配妻子離婚是非法的）。儘管遭到了這種挫折，伊莉莎白還是在皇室中哺育成人，受到良好教育，1547年當她13歲時，亨利

八世死了。伊莉莎白同父異母的兄長愛德華六世從 1547 年執政到 1553 年。在他統治下，政府推行堅決支持英國新教的政策。瑪麗女王一世在其隨後當政的五年間，支持羅馬教皇的至高權力，恢復了羅馬天主教。瑪麗統治期間，英國國教徒遭到迫害（這使女王有了個不光彩的綽號「血腥瑪麗」）。伊莉莎白被逮捕並押在倫敦塔，後來雖被釋放，但仍處於危險之中。1558 年當瑪麗死去由 25 歲的伊莉莎白繼位時，舉國一片歡騰。

年輕的女王即刻面臨著許多問題：與法國的戰爭；與蘇格蘭和西班牙的緊張關係；尤其凸出的是英國國內的宗教派別之間的尖銳矛盾。伊莉莎白執政不久就通過了「至高權力與同一性法案」，確立英國聖公教為正式的英國宗教。伊莉莎白在其整個統治期間使這個折中法案得到了堅決的貫徹執行。宗教鬥爭不可避免地給伊莉莎白帶來了危險。蘇格蘭女王瑪麗的處境使宗教形勢複雜化了。瑪麗被迫來英格蘭避難時，成了伊莉莎白的階下囚。瑪麗是羅馬天主教徒，也完全有權繼承英國王位。這意味著在叛亂或暗殺得逞的情況下，英國還會再有一個天主教女王。事實上在瑪麗被監禁的 19 年間，發生了幾起反對伊莉莎白的陰謀，而且有大量的證據表明瑪麗參與了這些陰謀。1587 年瑪麗終於被送上了斷頭台。伊莉莎白勉強在死刑執行書上簽了字。1570 年教皇庇護五世把伊莉莎白逐出教會，下令廢除她的王位。1580 年格列哥裡教皇八世宣布暗殺伊莉莎白不算犯罪。但是形勢也有對她有利的一面。她執政期間英國教徒總是擔心天主教會在英格蘭復辟，而伊莉莎白對此有所防禦。這是她受廣大教徒歡迎的主因。

伊莉莎白開展靈活多變的對外政策。1560 年締結了愛丁堡條約，提出與蘇格蘭和平解決爭端的辦法。英國與法國的戰爭結束了，兩國的關係也得到改善。但是形勢卻迫使英國與西班牙發生衝突。伊莉莎白企圖避免戰爭，但是由於 16 世紀西班牙有好戰的天主教勢力，西班牙和新教徒的英國之間的戰爭大概無法避免。伊莉莎白長年不斷地發展英國海軍；西班牙國王菲力普二世為了入侵英國，也迅速發展一支龐大的無敵海軍艦隊。1588 年雙方進行一場大規模海戰，以無敵艦隊的徹底失敗而告終。英國的這場勝利牢固地樹立起作為世界頭號海軍大國的地位，直到 20 世紀還保持著這種海上霸王的地位。

伊莉莎白是位智慧超群的女子、敏捷過人的政治家。在她的統治下，腥風血雨的英格蘭大體穩定了，工商業和海外貿易迅速發展，國力日益強盛，從偏安一隅的島國成為歐洲的先進國家，為未來「日不落」大不列顛帝國奠定了基礎。伊莉莎白時代也是英國探險的時代：有開往俄國的探險，有弗羅比歇（Martin Frobisher）和大衛斯（John Davis）發現通往遠東的西北之路的創舉，有德克雷爵士路過加州的環球航行，有羅利（Walter Rowley）爵士和其他人在北美無意中發現英國移民的奇遇。在伊莉莎白早期執政的歲月裡，英國國政的財政狀況很好。但是由於與西班牙戰爭耗資巨大，在她執

政晚期國庫狀況雖不佳，但由於國王政府保持廉潔，整體還是比她登基時繁榮昌盛。

也是在這時，英格蘭進入文藝復興盛期，即以莎士比亞、斯賓塞、培根等一批巨人為代表的輝煌時代。這一成就中當然包含著伊莉莎白的一分功勞：她不顧倫敦地方當局的反對，支持莎士比亞劇院。在女王之前，英國就有嚴格的書籍和戲劇審查制度，任何書籍作品與戲劇都必須經過審查才能出版及演出。但在伊莉莎白時代這些法律的執行並不嚴格，也沒有什麼實施這類重刑的紀錄。後代許多評論家認為，莎士比亞戲劇具有強烈的顛覆性，他的大多數歷史劇和悲劇都在揭露宮廷黑幕，涉及罪惡、陰謀和叛亂，許多君王都是反面人物，觀眾很容易把他們同現實、以至同女王本人聯繫起來。精明的女王對此並非沒有察覺。莎士比亞的《理查二世》在倫敦上演時，女王就擔心劇情會使觀眾聯想起她本人，因為劇中篡奪理查二世王位的正是女王的祖父亨利七世，但她只對大臣埋怨說：「這部悲劇在劇場和劇院裡演出 40 次了」。由此可看出女王的寬容：她的繼任人詹姆斯二世就攻擊戲劇在舞台上蔑視君王，這是「叛變和混亂之母」；英國內戰中克倫威爾掌權後發布的第一個命令就是關閉倫敦所有劇場。女王和戲劇審查官對莎士比亞戲劇也做過干涉，《亨利四世》中的那個大胖子騎士，原名約翰·沃德卡斯特爵士，英國有個同名的家族，所以審查時要求作者改換其姓名，以免引起那個家族的不快，於是改成了福斯塔夫。福斯塔夫是英國觀眾、包括女王都喜愛的喜劇人物，在《亨利五世》中他死了，女王下令讓這個快樂的老流氓復活並戀愛，於是莎士比亞又寫了《溫莎的風流娘兒們》。這些與其說是干涉，毋寧說是一種善意的幫助。

後代的歷史學家常感到費解：這位女王是依靠什麼來統治、並帶領動盪不安的英格蘭走向興盛的？人們有各種解釋，但無法否認的是，女王的能力和才華是重要的因素。從圖像看，女王前額很高，那時普遍的看法是前額高是聰明的標誌，有人認為這是化妝的結果，實際情況是否如此已無法考證，但女王的確是有著極高智慧的人物，她周旋於各種政治力量之間，取得穩定和平衡。哲學家培根（Francis Bacon）這樣讚頌女王：

假如普魯塔克仍然在世，讓他來寫當代歷史人物的傳記，他會很難…在婦人堆裡找到一位與她類似的人物。這位淑女在女性中獨賦才學，即使是在男性君王中亦很少見…關於其政府…在這島上從來未有過這樣安樂的四十年時光；而此並非來自季節性的安靜，而是得自她統治之智慧。因為若從一種角度來看，她已考慮到宗教建立之真理，是經常的和平與安全；良好的司法行政，適當的使用王權…學術研究之光輝燦爛…再從另一角度看，她顧及宗教分歧，鄰近國家的侵擾，西班牙的野心及羅馬的反對；她卻是單獨一人，無

人分憂。這是我認為應該注意的事情，我已無法另外找到更近和更適切的典型，同樣地，我亦無法找到另一位更傑出、更優越的人物⋯。如果考慮到君王的博學多能與人民的幸福間有適當結合的話。

　　女王的智慧表現在她明白自己作為女人的弱點，並聰明地把弱點變成了優勢。她登基後，幾乎所有的大臣和國民都認為她應當做的第一件事就是結婚。她 25 歲已過了適婚年齡，而且毫無治國經驗，有個丈夫就可以幫她治國，生下孩子後，可作為王位合法的繼承人，國家才能穩定。女王的求婚者絡繹不絕，到女王 52 歲重要的求婚活動有近 30 次，其中包括英格蘭最強大的兩個敵手：法國國王查爾斯九世和西班牙國王菲力二世，菲力在與血腥瑪麗婚前，就以王子身分向伊莉莎白求過婚，伊莉莎白成為女王後，他為自己的兒子來求婚，他的王后死了他又親自出馬，以西班牙國王的身分向英格蘭女王求婚。如這三次求婚中有任何一次成功了，就不會有無敵艦隊的覆沒和西班牙王國的衰落，歐洲的歷史就會改寫。

　　伊莉莎白被稱為「童貞女王」，始終沒有結婚、沒有子女。在歐洲中世紀和文藝復興時代，對於王室來說婚姻是頭等大事，涉及到國家的興衰存亡，女王為什麼不結婚呢？這是歷史學家和公眾都深感興趣的問題。有一種解釋是：女王一生只愛過一個男人，但無法同他結婚，那就是英俊瀟灑的萊塞斯特伯爵。傳說伯爵同女王同年、同月、同日生（事實上可能比女王早生一年），他們從小相識且是患難之交，都曾被血腥瑪麗關進倫敦塔。不過女王登基時，萊塞斯特已結婚 8 年，後來他妻子神秘死亡，謠言甚多，他的品德遭到非議。伯爵曾兩次正式向女王求婚，女王也想嫁他，但是民情不允許這麼做。女王稱他是她的「眼睛」，把許多重要的任務交給他，給他許多封號和賞賜，包括騎兵總監這個顯赫的官銜，讓他經常在宮廷作伴。不苟言笑的女王有次居然打扮成女僕模樣去見他，有意讓他嚇一跳，還有次女王換上便裝偷偷出宮同他一道吃飯。在同西班牙「無敵艦隊」決戰時，女王把陸上軍隊的指揮權交給他，但就在那年，伯爵死於胃癌。

　　得到伯爵的死訊，女王把自己鎖在屋子裡不肯出來，最後三朝元老、女王信任的大臣塞西爾爵士只有破門而入。傳說女王彌留時還呼喊著萊塞斯特的名字，這無法得到證明，不過女王死後，確實在她床邊的珍寶箱裡發現了伯爵臨終前給她的信，上面有女王親筆寫的幾個字：「他的最後一封信」。

　　2003 年是這位女王逝世 400 周年和誕辰 470 周年，英國及世上許多國家都有人紀念她，她有許多崇拜者。第二個千禧年來臨前夕，不同領域的專家推選出百位對世界歷史影響最大的人物，女王名列其中，人們公認她是史上最偉大的君王之一，沒有她，英國和西方的歷史可能是另外一個樣子。

「女中英主」武則天

　　中國古代歷史上出現過好幾位權傾一時的女人，如漢代的呂后、清末的慈禧，還有明代的幾位皇后，她們在當時的政治生活乃至中國歷史上，都產生了很大影響，當然這種影響有正面也有負面的，比如晚清政府的腐敗和沒落，慈禧就有重要的責任。然而，她們都是以垂簾聽政的方式干預政治，真正登上皇帝寶座，成為名副其實最高統治者的只有武則天一人。而與伊莉莎白女王、葉卡捷琳娜大帝世襲皇位所不同的是，武則天單槍匹馬，由下等的「才人」登上了皇帝的寶座。

　　一般而論，這些處於權利頂峰的女人都是「美女」。因為能夠走進宮闈，接近最高權力的女人，都是經過皇室的層層篩選才能脫穎而出的。不過呂后或許除外，因為她與劉邦結婚時，劉邦還只是一個名不見經傳的地方小吏。呂后我們姑且不論，但武則天肯定是位絕色美女。否則她決不可能兩度獲得皇帝的青睞。駱賓王在《討武曌之檄文》中說：「入門見妒，蛾眉不肯讓人；掩袖工讒，狐媚偏能惑主。」雖然駱賓王是武則天的政敵，言語之間難免有偏頗之處，但關於武則天的魅力，相信此言不虛。

慈禧太后是中國歷史上權傾一時的女人

武則天是並州文水人，父親武士彠經營木材運銷致富，後來做了隋朝的鷹揚府隊正。唐高祖李淵在汾、晉一帶行軍時，經常到武家落腳，後來唐朝統一天下，到李世民繼位後，武士彠累官已至工部尚書，荊州都督，封應國公。武則天的母親是隋朝宗室楊達的女兒。武則天早熟，14歲已呈現出女性「花解語、玉生香」的豔麗風情。就在這一年，她成了唐太宗的「才人」。

武則天在貞觀11年被召入宮，原本想有很好的升遷機會，她侍候唐太宗12年，太宗也對她寵愛有加，可一直到貞觀23年唐太宗駕崩，始終未再予她晉級加封。是什麼原因呢？研究者認為至少有兩種可能，使唐太宗把她的身分固定在「才人」的地位，以阻絕她在後宮之中發揮更大的影響力。

第一件事是西域進貢了一匹寶馬名叫「獅子頭」，能夠日行千里卻性烈難馴，多少年輕力壯的騎士都被這匹馬弄得灰頭土臉甚至傷筋折骨，就連愛馬若狂、騎術精湛的唐太宗也被牠掀翻下來，不料武則天卻奏稱：「只要給我三樣東西就能降服這馬。也就是一支皮鞭、一柄鐵錘、一把鋒利的刀子。先用皮鞭打得牠死去活來。還不聽話，就用鐵錘敲牠腦袋使牠痛徹心腑。再不能制服其暴烈性情，就乾脆用刀子割斷牠的喉嚨算了。」唐太宗也算是亂世中殺出來的英雄，閱人多矣，但還從未見過如此敢做敢為的女人，如此心腸堅硬甚至可說狠毒的女人，唐太宗不得不對這個當時年紀還小的女子起了戒心。

第二件事是民間秘傳：「唐三世之後，女主武王代有天下。」對此，唐太宗垂問太史令李淳風。得到的答覆是：「這人已在宮中，三十年後當有天下，殺李唐子孫殆盡，其微光已成。」唐太宗大驚失色，準備盡殺可疑的人。李淳風又說：「天之所命，人不能違，王者不死，徒多殺無辜；且自今以後三十年，其人已老，或者頗有慈心，為禍或淺。今天如果把她殺掉，上天或者更生出一個年輕力壯的來，肆其怒毒，恐怕那時陛下的子孫更加無遺類了啊！」唐太宗曾懷疑到武則天，也就盡可能地限制她的地位和權勢。《資治通鑑》卷119〈唐紀・太宗文武皇帝〉記載這件事：

（貞觀22年）七月…初，左武衛將軍武連縣公武安李君羨直玄武門，時太白屢晝見，太史占云：「女主昌。」

民間又傳《秘記》云：

「唐三世之後，女主武王代有天下。」上惡之。會與諸武臣宴宮中，行酒令，使各言小名。君羨自言名五娘，上愕然，因笑曰：「何物女子，乃爾勇健！」又以君羨官稱封邑皆有「武」字，深惡之，後出為華州刺史。有布衣員道信，

自言能絕粒，曉佛法，君羨深敬信之，數相從，屏人語。御史奏君羨與妖人交通，謀不軌。壬辰，君羨坐誅，籍沒其家。上密問太史令李淳風：「《秘記》所云，信有之乎？」對曰：「臣仰稽天象，俯察歷數，其人已在陛下宮中，為親屬，自今不過三十年，當王天下，殺唐子孫殆盡，其兆既成矣。」上曰：「疑似者盡殺之，何如？」對曰：「天之所命，人不能違也。王者不死，徒多殺無辜。且自今以往三十年，其人已老，庶幾頗有慈心，為禍或淺。今借使得而殺之，天或生壯者肆其怨毒，恐陛下子孫，無遺類矣。」上乃止。

太宗在世時，武則天便和李治產生了感情，至於發展到什麼程度，這在歷史典籍中一般是不記載的，現在一些歷史小說的描寫有它的合理性，但畢竟是文學創作，不能全信。據傳，一天李治入廁後，武則天又用金盆盛水捧給李治洗手，會首半跪，使出輕挑淺逗的手段，清澈的盆水中倒映出武則天的如花面龐，李治終於按捺不住那一團慾火，情不自禁地蘸起水，輕輕地向武則天的臉上彈去並戲吟道：「乍憶巫山夢裡魂，陽台路隔恨無門」。武則天立即答道：「未曾錦帳風雲會，先沐金盆雨露恩」。從此兩人暗中來往。武則天是個有能力的女人，她侍奉了唐太宗這麼多年，當然知道唐太宗的性格。在武則天的調教下，李治在唐太宗面前乖巧起來，日益討得太宗歡心，恰好在承乾太子被廢以後的調查中，又查出魏王結黨營私，傾軋太子，對有過「玄武門之變」的太宗來說，這是最不能容忍的。加上長孫無忌的推薦，李治順理成章地成了太子，住進東宮。

唐太宗駕崩，太子李治即位為唐高宗，按照唐代後宮規矩，凡是經過先皇召幸的婦人、女官，特別是「世婦」及「御妻」等人，均須離開內宮入寺為尼，武則天當然也不例外，隨眾來到感業寺水仙庵出家。五年後高宗到感業寺進香，武則天把握住這次機會，她使高宗回憶起了先前的戀情。武則天的美貌加上舊情，促使高宗不再顧忌佛教教規和禮教約束，將武則天帶回皇宮。王皇后對此也樂觀其成。王皇后出身名門，太過賢德方正，使得高宗興味索然，蕭淑妃乘機把高宗掌握在手中，蕭淑妃吹得一口好簫，做得一手好湯餅，還能學市井中罵人的口吻與皇帝打情罵俏，更兼不斷變換手法刺激皇帝的新鮮感，於是王皇后醋勁大發，想起了武則天，便不惜用「飲鴆止渴」的辦法來對付蕭淑妃。王皇后秘密安排把武則天悄悄接進宮中，蓄髮換裝。入宮後，武則天很感激王皇后的照顧，對王皇后非常尊敬，侍奉得也很周到，這使高宗也很高興。唐高宗冊封武則天為昭儀，算是「九嬪」之首，僅次於皇后及「四夫人」。

武則天的性格決定了她不甘於居人之下，她的目標是皇后。等她的地位穩固後，便開始有心計地活動了。武則天使出渾身解數把李治緊緊地抓住，更以卑詞屈禮，穩住王皇后作她的踏腳石。她在後宮裡設法籠絡太監宮女，特別是和皇后、蕭淑妃關係

不好的人，總給予一些小恩小惠，讓她們注意監視皇后和淑妃的行動。沒有多少時日蕭淑妃就敗下陣來。等高宗把蕭淑妃廢成庶人後，武則天便開始對皇后下手。為了搬倒王皇后，居然親手將自己的女兒掐死，然後嫁禍給王皇后。接著又用栽贓的辦法，指責王皇后與蕭淑妃勾結使用巫法。渾厚懦弱的唐高宗終於不顧老臣的反對，在永徽6年冬天下詔廢掉王皇后，並由百官上表請立中宮，正式冊立武則天為皇后。武則天被立為后，高宗特下了一道詔書：「武氏門著勳庸，地華纓黻，往以才行，選入後庭，譽重椒闈，德光蘭掖。朕昔在儲貳，特荷先慈，常得侍從，弗離朝夕。宮壼之內，恒自飾躬，嬪嬙之間，未嘗迕目，聖情鑒悉，每垂賞嘆。遂以武氏賜朕，事同政君，可立為皇后。」這是許敬宗代擬的詔書，特別援引漢宣帝見太子忽忽不樂，令選自己後宮美女王政君以娛太子的故事，用漢元帝與王政君的關係來比擬唐高宗與武則天，來減輕「父子同科」帶來的譏刺。

武氏自立為皇后之後開始參與朝政，與高宗並稱「二聖」。她曾經上意見書12條，也就是歷史上的「建言十二事」，包括了發展農業、減輕賦稅、廣開言路等，基本上是一套較完整的治國方略，被高宗頒布詔書推行。後來高宗將處理政務的權利交給武則天，也是相信她有這方面的能力。武則天加緊利用高宗為病魔所困的機會，將大部分政務都操縱在自己手裡。弘道元年唐高宗心臟病發，在東都洛陽貞觀殿駕崩，太子李哲即位，就是唐中宗。不久武則天在乾元殿召集百官，廢中宗為盧陵王，立豫王李旦為帝，就是唐睿宗，政事全由武則天獨斷。經過幾年垂簾聽政，等到一切盡在掌握之中，於是在天壽元年的重陽佳節正式宣布自立為神聖皇帝，改國號周，立武氏七廟。她取名為「曌」，意指日月當空。這年是西元690年，武則天67歲了。

中國歷來就反對女人干政，武則天不止干政，而且明目張膽地把李氏政權奪了過來，唐皇舊臣紛紛起兵。其中最有名的是徐茂公的後代徐敬業，駱賓王〈代李敬業傳檄天下文〉直指武則天「昔充太宗下陳，…穢亂春宮。…豺狼成性，殺姊屠兄，弒君鴆母。」「請看今日之域中，竟是誰家之天下！」

武則天稱帝后，一方面重用酷吏，嚴刑峻法，冤獄叢生，黜逐褚遂良，逼死長孫無忌，把一批反對她的元老重臣趕盡殺絕；另一方面更注意收攬民心，培植自己的勢力。她大開科舉，破格用人；獎勵農桑，發展經濟；知人善任，容人納諫。在她掌理朝政近半個世紀，社會穩定，經濟發展，為後來「開元盛世」打下基礎。在選拔人才方面，武則天是非常有眼光的，著名的大臣狄仁傑，後來「開元盛世」時的一代名相姚崇、宋璟都是她一手栽培的。當時各州、郡、府、縣舉薦的文武之士到洛陽受封的不絕於途，在用人方面武則天胸懷博大，就連把她罵得一踢糊塗的駱賓王她也堅持認為人才難得。武則天能容受直臣的善諫。對於武則天的用人納諫，司馬光在《資治通鑒》中說：「雖濫以祿位收天下人心，然不稱職者，尋亦黜之，或加刑誅。挾刑賞之

柄以駕馭天下，政由己出，明察善斷，故當世英賢亦竟為之用。」

武則天也是一位女詩人，《全唐詩》等錄有其詩 58 首。據《新唐書·藝文志》錄有武則天《垂拱集》一百卷，《金輪集》十卷已佚。她的詩多為廟堂祭奠之作，然間有記遊抒情詩篇，其〈如意娘〉詩云：「看朱成碧思紛紛，憔悴支離為憶君。不信比來常下淚，開箱驗取石榴裙。」

作為女皇的武則天，是一個鐵腕人物，給人女中鬚眉的印象，然作為女人，她也有情意纏綿、柔情若水的一面，於此詩可見。武則天還有〈臘日宣詔幸上苑〉詩云：「明朝遊上苑，火急報春知。花須連夜發，莫待曉風吹」。

這首詩後來流傳成故事，說武則天某年冬遊上苑，令花神催開百花，花神奉旨，百花齊放，唯牡丹傲骨，獨不奉詔。武后大怒，貶之洛陽，「故今言牡丹者，以西洛為冠首。」（高承：《事物紀原》卷 10《牡丹》）此詩寫於 691 年，是武則天建立「武周」的第二年，《全唐詩》於此詩題解云：「天授二年，臘月，卿相欲詐稱花發，請幸上苑，有所謀也，許之。尋疑有異圖，乃遣使宣詔云云。於是，凌晨名花布苑。群臣咸服其異。後托術以移唐祚。此皆妖妄，不足信也。」此說較為可信，所謂令花神催開百花，乃出於政治宣傳的需要，實先有所布置。

武則天掌政 46 年，以皇后身分預政 24 年，以太后身分稱制 7 年，稱帝 15 年。臨終遺命除去帝號，稱則天大聖皇后，只許為她立碑，不

西方的花神芙蘿拉（局部） 1561 油彩畫布 瑞典斯德哥爾摩國立美術館藏（右圖）

德摩根 花神芙蘿拉 1894年 油彩畫布 198.1×86.4cm 倫敦摩根基金會（左圖）

許立傳。她仍以高宗皇后的名義和高宗埋在一起，叫乾陵，但由於武則天的影響遠大於高宗，人們多稱之為武則天墓。整座墓是一座完整的山，山像一個躺著的女人，看她的墓室要從下腹部走起，經過乳溝，花兩小時左右才能到。山勢雄偉、墓室巍巍，盛唐風貌必竟不同，據說她的墓是唯一沒有被盜的唐朝墓室。

後人對於武則天評說不一，功過是非說紛紜。武則天是中國歷史上唯一的女皇帝。她的工讒善媚手段罕有其匹，誠如而她宰製天下的魄力和氣慨更是前無古人。史家為她撰寫了只有皇帝才能享受的本紀，對她一生作出客觀的評價：「坐制群生之命，肆行不義之威…振喉絕緱褓之兒，菹醢醉椒塗之骨，其不道也甚矣！然猶泛延讜論，時禮正人…遵時憲而抑幸臣，聽忠言而誅酷吏，有旨哉！有旨哉！」李白把武則天列為唐朝「七聖」之一。比較公平的論斷還是這樣的話：

　　然則區區帷薄不修，固其末節。而知人善任，權不下移。不可謂非女中英主也。

第 7 章

美女與戰爭

在歷史上,女人或者被動地被捲入戰爭,或者直接參與戰事,有時還可能成為戰爭中的一個關鍵因素。「美女與戰爭」也成為世界美女史上一幅特殊的畫卷。

海倫與特洛伊戰爭

在古代歷史上希臘與波斯是多年宿敵，不斷地進行著規模不同的戰爭。其原因是什麼呢？希臘神話這樣解釋：腓尼基人綁架了阿戈斯（Argos）的幾個女子，這種罪行招致了希臘人的報復，希臘人後來劫掠了克裡特國王的女兒歐羅巴，克裡特人又劫掠了埃亞（Aea）國王的女兒美迪亞（Medea）作為報復；再後來普裡阿摩（Priam）的兒子劫掠了海倫，荷馬筆下的宏偉戰爭——特洛伊戰爭由此開端。

特洛伊戰爭是希臘和特洛伊之間的十年大戰，通常認為戰爭時間發生在西元前1193年到1184年之間。儘管希臘史學家希羅多德等人都認為這是真實事件，但後人卻認為所謂特洛伊戰爭不過是神話中的傳說。直到19世紀，考古學家發掘出古代特洛伊城及其他如埃及、西台人的歷史證據之後，才釐清了一些歷史上的疑點，證實這確是一場亞加亞希臘人戰勝小亞細亞西北部色雷斯人的戰役。戰役的結果是特洛伊城被希臘人徹底毀滅。

至於這場戰爭的原因，一般的說法是為了爭奪絕世美女海倫。這個說法來自荷馬的偉大史詩《伊里亞德》。史家認為《伊里亞德》也許是有史以來最偉大的史詩，而有關這場戰爭的神話已成為西方文化史中一個不朽的著作。

荷馬的兩大史詩《伊里亞德》和《奧德賽》是立足在古希臘神話和傳說的基礎上，以特洛伊戰爭為背景寫成的長篇敘事詩。故事說國王帕琉斯與海洋女神忒提斯舉行婚禮時，邀請了所有的神，唯獨沒請紛爭女神。她一怒之下把一隻刻有「送給最美麗的女神」字樣的金蘋果，投到眾神的宴席上。赫拉、雅典娜、阿芙羅狄忒都認為自己應該得到金蘋果。三女神爭持不下，請宙斯裁決。宙斯建議由特洛伊王子帕里斯（Paris）判定。赫拉說：「若是你選中我，我可以讓你成為最偉大的君主。」雅典娜則許諾帕里斯得到戰鬥的榮譽和勝利。帕里斯不知如何是好。這時阿芙羅狄忒走過來，鬆開自己外衣的扣子，然後向帕里斯建議如果選中她，她將讓他娶到世間最美麗的女人。帕里斯立即把金蘋果判給了阿芙羅狄忒。這位世間最美的女人是宙斯在人間的女兒——斯巴達國王墨涅拉俄斯（Menelaos）的妻子海倫。帕里斯於是去到斯巴達，正值國王外出，由王后海倫接見他。帕里斯一見海倫便心醉神迷，海倫也驚異帕里斯的英俊，對他愛慕不已。在愛神暗中操縱之下，當夜帕里斯將宮中的珍寶和美麗的海倫一起劫走，回到特洛伊。有一首詩讚頌海倫的絕色美貌：

海倫，我視你的美貌，
如昔日尼西的小船，
於芬芳的海上輕輕漂泛。
疲乏勞累的遊子，
轉舵駛向故鄉的岸。

久經海上的風浪慣於浪跡天涯，
海倫，你的豔麗的面容，
你那紫藍的秀髮，
你那仙女般的風采令我深信，
光榮屬於希臘，
光榮屬於羅馬。

當時追求她的人很多。所有的求婚者一致公決，一旦海倫選定了其中的一人作丈夫，其餘的人將立志保護這位幸運兒，不受任何其他敵人侵犯。海倫被劫掠，這對希臘人而言簡直是奇恥大辱。為了一洩心中之恨，奪回海倫，墨涅拉俄斯的哥哥阿加門農率領十萬大軍，1800 多艘戰艦攻打特洛伊，展開了圍困特洛伊城的十年大戰。

▍特洛伊古城遺址（王庭玫攝影）

特洛伊古城遺址前新建了一座木馬，供遊客登入拍照。（王庭玫攝影，左上圖與上圖）

　　此時特洛伊城是由帕里斯的哥哥赫克托耳（Hektor）統帥。由於該城固若金湯久攻不下，在阿加門農麾下的將領尤裡西斯（Ulysses）建議之下，希臘人製作了一隻木馬作為禮物送給特洛伊城。特洛伊城不疑有他，歡喜打開城門接受這個龐大的禮物，他們認為希臘人此舉對其而言不啻為一重大的勝利。到了晚上，特洛伊全城大肆狂歡，

特洛伊古城遺址（王庭玫攝影，上、下圖）

　　慶祝自己的勝利，特洛伊人得意忘形，忘記應有的警戒，狂歡之後特洛伊城一切歸於寂靜。就在眾人沉醉在歡樂的夢鄉之際，藏於木馬中的希臘士兵悄悄地從馬腹中爬出來，裡應外合，一舉攻陷了特洛伊城。整個特洛伊城淪入希臘人的劫殺擄掠之下。歷史學家形容這場戰爭為「使千艘戰艦齊發的容貌，海倫的美引發了特洛伊戰爭」。

　　重新見到這位被敵人掠取的女子時，一位希臘老兵說，我覺得打這十年的仗是值得的。荷馬在詩中為馴服安定下來的海倫描繪了一個美妙的形象；她的罪過早被原諒，她並且說：當特洛伊陷落時，她已厭倦了這個城市。根據希臘的傳說，海倫死後被奉為神。希臘人相信凡是說她壞話的都會受到神的懲罰，甚至荷馬的眼瞎，也被認為是他在詩中持有海倫是私奔到特洛伊而非被挾持到埃及的看法，才有這樣的報應。

　　戰爭結束，被寬恕的海倫回到了墨涅拉俄斯身邊。「曾經發誓要手刃海倫的墨涅

拉俄斯，再見到這位人間仙女美麗大方地回來時，又重新愛上了她，高高興興地將她帶到斯巴達去做他的王后了。」

近代歷史學者認為特洛伊戰爭的起因是為了經濟的因素，是當時希臘人和小亞細亞為了商業利益，而爭奪控制黑海貿易的咽喉達達尼爾海峽，最後不得不以兵戎相見。威爾·杜蘭在《世界文明史》中指出，更為重要的是特洛伊的戰略地位，「它是通往達達尼爾海峽及黑海周圍肥沃土地的要衝。在歷史上，達達尼爾海峽便是帝國相爭之地。…特洛伊地點適中，可向通過達達尼爾海峽的船隻抽稅，而且又遠離海岸，不易遭受來自海上的攻擊；可能就是這個原因，並不是海倫的美貌，使得特洛伊遭到千萬艘艨艟的攻擊。另一個可能的理論是：由於海峽裡向南的水流及風向使得商人不得不在特洛伊卸貨，然後經由陸路運往內地；特洛伊可能因徵收此種過境稅而變得富有，並擁有強大的力量。」

只是有關這場戰爭的原因，爭奪海倫成為世人對這段歷史最深刻的記憶。特洛伊戰爭的神話已深入人們腦海之中，與此相較，這場戰爭的政治經濟因素根本顯得微不足道。正如威爾·杜蘭所說的：「海倫的美貌使得一個攻城掠地、爭奪貿易的戰爭更多姿多彩。如果沒有了女人則荷馬史詩中的英雄將變成粗俗的莽夫，再也沒有什麼東西值得為之生為之死了；女人多少教導了男人有關禮貌、理想、溫柔等事。」

▋「衝冠一怒為紅顏」

關於美女與戰爭的關係，在中國還有吳三桂與陳圓圓的故事，在歷史上也是十分著名。關於這個故事，歷來說法不一。《清史稿》云，吳三桂：

> 聞其妾陳為自成將劉宗敏掠去，怒，還擊破自成所遣守關將；遣副將楊坤、
> 游擊郭雲龍上書睿親王乞師。

陳圓圓本為昆山歌妓，曾寓居過秦淮，由於她色藝超群，更與重大歷史事件相繫，所以清人便將她列了「秦淮八豔」之中，並說她是「前朝金陵倡家女」。陳圓圓原姓邢，名沅，字圓圓，又字畹芳，幼從養母陳氏，故改姓陳。她生來「蕙心麗質，淡秀天然」，殊色秀容，花明雪豔，能歌善舞。16歲時被蘇州戲院請去唱戲唱曲，「色藝擅一時」，既有天生的好嗓子，又工於聲律，書棋琴畫都很嫻熟，是個蜚聲江南的絕代佳人。

崇禎末年，李自成的農民起義軍威震朝廷，崇禎帝日夜不安。外戚嘉定伯周奎欲

給帝尋求絕色美女，以舒解皇帝的煩憂，遂遣田妃的哥哥田畹下江南覓豔。田畹到江南花了 20 萬兩銀子接走陳圓圓，沒想到崇禎帝成天憂慮，不好女色，陳圓圓進宮後又很快被退回田府。在田府，生活憂裕，陳圓圓日日歌舞宴飲，技藝更加精進，聲名響徹京城富豪權貴之家。不久李自成的隊伍逼近京師，崇禎帝急召吳三桂鎮山海關。吳三桂是明末甯運總兵，手握一支十萬人的精銳部隊。田畹設盛筵為吳三桂餞行，圓圓率歌隊進廳堂表演。吳三桂見圓圓後疑為天仙，又驚歎她的才藝，神馳心蕩，高興得摟著圓圓陪酒。酒過三巡警報突起，田畹恐惶地上前對吳曰：「寇至，將若何？」吳三桂說：「能以圓圓見贈，吾首先保護君家無恙。」未等田畹回答，吳三桂即帶圓圓拜辭。吳三桂在其督理御營的父親勸說下，將圓圓留在京城府中，自己返回山海關。

李自成打進北京後，大將劉宗敏搶掠了吳三桂的家，強占了陳圓圓。據野史記載，當吳三桂鎮守山海關時，探馬來報：「總後府被闖將劉宗敏抄了！」吳三桂說：「不要緊，我回京後會歸還我的。」第二個探馬來報：「老太爺被劉宗敏關押了。」吳三桂說：「不要緊，我回京後他們會把父親送回來的。」第三個探馬來報：「不好了，邢夫人（指陳圓圓）被劉宗敏強占了！」吳三桂一聽怒髮衝冠，拔劍斬案，說：「大丈夫不能保全家室，為人所辱，我還能歸順他們嗎？興兵剿闖！」本來對李自成起義軍有歸順之意的吳三桂決定打開城門，迎清軍入關。這是在兩股勢力（李自成農民起義軍和清軍）相對峙之下一個舉足輕重的力量變化。

李自成戰敗，將吳之父及家中 38 口全部殺死，然後棄京逃走。吳三桂抱著殺父奪妻之仇，晝夜追殺農民軍到山西。此時吳的部將在京城搜到陳圓圓，飛騎傳送給吳三桂。自此吳三桂帶著圓圓由秦入蜀，然後獨占雲南做了平西王。以後他驕奢淫佚，與陳圓圓共賞風花雪月，後來又尋了「四方觀音」、「八面觀音」等美女納入府中，陳圓圓退而念佛養心。康熙 12 年下令削藩，吳三桂起兵反清，爆發了所謂「三藩之亂」。圓圓更心灰意懶住進了佛庵。康熙 20 年深秋清軍敗，吳三桂軍攻入昆明，陳圓圓自沉蓮花池，一代佳麗就此香消玉殞了。

明末清初詩人吳梅村寫下了長詩〈圓圓曲〉，以生動的筆墨描述了這段歷史。這首詩似可與白居易的〈長恨歌〉媲美，描繪的都是一個女子在政治和軍事鬥爭中的作用與命運，不過〈長恨歌〉把唐玄宗和楊貴妃的關係太美化了，〈圓圓曲〉中的吳三桂也或多或少地被美化了。但因這首詩使得陳圓圓的故事廣為流傳，成為一段著名美女千古絕唱。〈圓圓曲〉寫道：

鼎湖當日棄人間，破敵收京下玉關。慟哭六軍俱縞素，衝冠一怒為紅顏。
紅顏流落非吾戀，逆賊天亡自荒宴。電掃黃巾定黑山，哭罷君親再相見。
相見初經田竇家，侯門歌舞出如花。許將戚里空侯伎，等取將軍油壁車。

■ 魯本斯　戰爭的慘禍　1637-38　油彩畫布　206×342cm　翡冷脆小皇宮巴拉提那美術館藏

家本姑蘇浣花裡，圓圓小字妖羅綺。　夢向夫差苑裡遊，宮娥擁入君王起。
前身合是採蓮人，門前一片橫塘水。　橫塘雙槳去如飛，何處豪家強載歸？
此際豈知非薄命，此時只有淚沾衣。　熏天意氣連宮掖，明眸皓齒無人惜。
奪歸永巷閉良家，教就新聲傾座客。　座客飛觴紅日暮，一曲哀弦向誰訴？
白晳通侯最少年，揀取花枝屢回顧。　早攜嬌鳥出樊籠，待得銀河幾時渡？
恨殺軍書抵死催，苦留後約將人誤。　相約恩深相見難，一朝蟻賊滿長安。
可憐思婦樓頭柳，認作天邊粉絮看。　便索綠珠圍內第，強呼絳樹出雕欄。
若非將士全師勝，爭得蛾眉匹馬還。　蛾眉馬上傳呼進，雲鬟不整驚魂定。
蠟炬迎來在戰場，啼妝滿面殘紅印。　專征簫鼓向秦川，金牛道上車千乘。
斜谷雲深起畫樓，散關月落開妝鏡。　傳來消息滿紅鄉，烏桕紅經十度霜。
都曲妓師憐尚在，浣沙女伴憶同行。　舊巢共是銜泥燕，飛上枝頭變鳳凰。
長向尊前悲老大，有人夫婿擅侯王。　當時只受聲名累，貴戚名豪盡延致。
一斛明珠萬斛愁，關山漂泊腰支細。　錯怨狂風揚落花，無邊春色來天地。
嘗聞傾國與傾城，翻使周郎受重名。　妻子豈應關大計，英雄無奈是多情。
全家白骨成灰土，一代紅妝照汗青。　君不見館娃初起鴛鴦宿，越女如花看不足。
香徑塵生鳥自啼，屧廊人去苔空綠。　換羽移宮萬里愁，珠歌翠舞古梁州。
為君別唱吳宮曲，漢水東南日夜流。

▌美人計與美女間諜

施展美人計，是美女參與戰爭的另一種方式。這種方式古已有之。「美人計」語出《六韜・文伐》：「養其亂臣以迷之，進美女淫聲以惑之。」按照中國傳統戰爭思想，對於用軍事行動難以征服的敵方，要先從思想意志上打敗敵方的將帥，使其內部喪失戰鬥力，然後再行攻取。對兵力強大的敵人，要制服它的將帥；對於足智多謀的將帥，要設法去腐蝕他。將帥鬥志衰退，部隊肯定士氣消沉，就失去了作戰能力。要利用多種手段攻其弱點，已方就能順勢保存實力，由弱變強。

> 兵強將智，不可以敵，勢必先事。事之以土地，以增其勢，如六國之事秦：策之最下者也。事之以幣帛，以增其富，如宋之事遼金：策之下者也。惟事以美人，以佚其志，以弱其體，以增下之怨。如勾踐以西施重寶取悅夫差，乃可轉敗為勝。

在中國歷史上不乏採用美人計的事例，所謂「一雙笑靨才回面，十萬精兵盡倒戈」。《史記・秦本紀》記載，秦穆公 34 年（西元前 626 年），穆公為了離間戎王與賢人由余的關係，從而戰勝強鄰西戎國，就送去女樂 28 人，誘使戎王沉湎於聲色享樂之中，終於打敗了西戎國。《左傳・襄公 11 年》記載，西元前 562 年，鄭人把女樂和歌鐘一起作為禮品送給晉侯，以麻痺其警覺。《史記・孔子世家》記載，定公 14 年（西元前 496 年），齊國因懼怕魯國稱霸，送去美女 80 人，穿上花錦衣，舞「康樂」，從此魯國的統治者季恒子終日觀賞女樂表演，不理朝政，致使國家日益衰敗，賢良各奔東西。

在國外的歷史上使用美人計的事例也有許多。1946 年，著名電影大師希區柯克（Alfred Hitchcock）拍攝了他的一部間諜片《美人計》（Notorious）。故事講的是二戰結束不久，佛羅里達法庭判德國間諜約翰・赫伯曼 20 年徒刑，約翰的女兒艾麗西婭對父親的罪惡既反感又痛苦，這時一個陌生的不速之客出現了。晚會後的凌晨所有人都醉倒了，醉酒的艾麗西婭拉著這個陌生人去兜風，在員警攔截之後才發現他是美國聯邦調查局的特工德福林。兩人很快墜入了愛河。原來聯邦調查局派德福林去說服艾麗西婭利用她赫伯曼女兒的特殊身份，前往巴西偵察納粹在那裡的一個巢穴。在騎馬俱樂部裡，德福林設計讓艾麗西婭重逢她父親以前的一個同夥——塞巴斯蒂安，聰明機警的艾麗西婭用父親的老關係很快得到塞巴斯蒂安的信任和愛情，並答應了他的

求婚。婚後一次在塞巴斯蒂安家的晚宴上，一名間諜對一瓶葡萄酒感到特別緊張，這引起艾麗西婭的注意，她巧妙地幫德福林偷到酒窖鑰匙。他們查出酒窖中紅酒原來裝有稀有礦石。塞巴斯蒂安察覺了這一切，也頓時明白艾麗西婭的身分，原來自己中了「美人計」。為了不被納粹同夥知道自己曾洩漏了機密，塞巴斯蒂安不動聲色地給艾麗西婭服用慢性毒藥，企圖讓她在不知不覺中死去。幸好德福林發覺情形不對，及時救出了奄奄一息的艾麗西婭。

《美人計》是希區柯克拍的最羅曼蒂克、最神秘莫測的影片，這也是 40 年代英格麗·褒曼最成功的影片之一，票房紀錄極佳。影片利用愛情與責任之間的矛盾衝突講述了一個具有鮮明時代色彩的偵探故事。在那個戰爭剛結束的年代裡國家利益是高於一切的，在這一點上影片體現出了鮮明的時代特色。

色情和間諜活動歷來總是密切相連的。賣淫和諜報不僅是兩種最古老的職業，而且都屬於人類那種最秘密的、暗地裡發生影響的活動。美人計是古已有之的把肉體慾望和謀取情報兩者結合在一起的做法。不論是在事實上還是在小說裡，色情諜報的傳統任務都是誘惑頭腦不清的情人洩露秘密。利用雙人床獵取不謹慎的枕邊談話是《聖經》時代就有的一種手段。在西元前 10 世紀，首次有記載的色情間諜娣萊拉，利用她迷惑毀滅了丹奈特的英雄參孫。一戰期間，有位軍事評論家說，一位出色的女間諜的力量「抵得上五個師」。二戰期間，納粹娼妓間諜在蓋世太保經營的妓院內，同樣地利用肉體引誘嫖客洩密。

一戰期間，瑪塔·哈麗（Mata Hari）是巴黎紅得發紫的脫衣舞星，但更是一位周旋在法、德兩國間的「美女雙料間諜」，躋身歷史上「最著名的十大超級間諜」之列。她出生在荷蘭北部的一個小鎮，東西方混血的她，既有光潔的皮膚，又有一頭東方人的黑髮。1904 年，哈麗孤身一人來到巴黎成了職業舞娘，以「瑪塔·哈麗」的藝名而走紅。1905 年的《巴黎人報》如此評價道：「只要她一出場，台下的觀眾便如癡如狂。」1914 年第一次世界大戰爆發，德軍統帥部的軍官米爾巴赫在看到哈麗的表演時，感到這是一塊難覓的間諜好料，於是派人私下出價 2 萬法郎誘她下水。一直以來，歷史上都流傳著這種說法：天資聰穎過人的瑪塔·哈麗，很快將她的「表演」天才運用到間諜這一新行當裡，利用自己無堅不摧的「強大武器」—柔順的軀體，從那些貪圖歡樂、迷戀女色的大臣、將軍的口中源源不斷地套取情報。可是歷史學家菲力浦·考勒斯經考證後卻認為，哈麗雖收下 2 萬法郎，也曾多次引誘法國高級軍官上床，可是從未向德軍出賣過任何有價值的情報。潛伏在巴黎的英國秘密情報人員發現哈麗與德軍「有染」，立即告知巴黎當時負責法國情報工作的喬治·勞德克斯上尉。勞德克斯上尉當機立斷，招募哈麗為雙料間諜，以德國間諜的身分為掩護秘密為法國服務。不久之後，哈麗便

引誘了一名德軍上校上鉤，並從後者口中偷到了重要情報傳遞到法國情報部門手上。德軍在蒙受重大損失後，嚴肅處置了那名洩密上校，並順藤摸瓜地懷疑到哈麗身上。而當初將哈麗招進門的勞德克斯上尉，一看哈麗被德國情報部門盯上，已失去情報價值，為了挽救法國情報機構的名譽不惜犧牲她。於是，曾風光一時的絕色女諜瑪塔‧哈麗被法國情報部門以「叛國罪」的罪名逮捕，指控她為德國人竊取情報，給法國帶來巨大損失，造成 5 萬法軍士兵身亡！而哈麗曾為法國方面貢獻眾多德軍情報的事實卻被刻意忽略。由於一戰開頭三年裡，法軍節節敗退，法國政府面對國內輿論的巨大壓力，處死哈麗可轉移公眾視線。1917 年，她被以「叛國罪」的名義處死在巴黎郊外。

最近，有一名俄羅斯作家和歷史學家披露：被認為是納粹第三帝國最著名和最耀眼的電影明星、深受希特勒和眾納粹高官喜愛的「超級女星」紮拉‧琳達竟是一名秘密的蘇聯高級間諜。紮拉‧琳達 1907 年生於瑞典，是一名地產商的女兒，曾拍過《歡樂的寡婦》、《女王之心》、《致命的女人》、《藍蛾》等多部賣座影片。自二戰以來，紮拉‧琳達的輝煌電影生涯就一直是歐洲電影史學家們眼中最大的謎團之一，譬如她為何要為納粹所用？這位落魄影星被她的瑞典國人視為臭名昭著的納粹「合作者」，但她的歌聲和電影卻為何能在蘇聯境內盛行不衰？據俄羅斯作家兼歷史學家亞卡迪吉‧沃克斯伯格稱，他的驚人發現不僅基於大量的克格勃檔案證據，更重要的是，他還獲得了一份蘇聯內務人民委員部（克格勃前身）高官帕維爾‧蘇多普拉托夫臨死前的錄音帶。錄音帶中蘇多普拉托夫承認，紮拉‧琳達在二戰爆發前就被蘇聯雇為秘密間諜了，她的代號叫「玫瑰瑪麗」。蘇多普拉托夫在錄音帶中承認：「琳達提供了我們大量有關北歐、英、美和德方的重要情報。」紮拉‧琳達的間諜身分證明仍藏在克格勃的檔案之中。據說納粹元首希特勒也是她的崇拜者之一，納粹第二號人物魯道夫‧海思經常入迷地聽著她的歌劇錄音帶，德國空軍元帥赫爾曼‧戈林有一次在瑞典時，還企圖勾引她。

在 1945 年後，色情間諜這種古老手段不僅成了那些還要複雜得多的設置圈套行動的一個組織部分，而且利用它所達到的目的也大不同了。色情不僅是搜集秘密的工具，並成了敗壞個人忠誠的一種方法。人們苦心經營種種色情的圈套，是用來製造證據，然後進行訛詐以迫使受害者去幹那些違反他們祖國利益的事。在蘇聯這種圈套是屢見不鮮的，它們往往複雜而昂貴，需要用許多熟練的執行者和最先進的電子與攝影設備。這些活動總是無所禁忌地進行，從不顧及被捲入者的感情，而且常常成功。這種把古老的諜報技術通過現代化的、極為複雜的技術方式來加以利用的手法，就是所謂的「色情諜報」。

「燕子」和「烏鴉」，是蘇聯克格勃男女色情間諜的別稱。他們追逐的對象主要是一些國家的政府要員、高級軍官、外交使者、科學家、掌管國家秘密的機要人員和

施展「美人計」自古就有，是女子以美色誘惑男子以達到目的的伎倆。

鮑羅維柯夫斯基　洛普希娜　1797　油彩畫布　莫斯科列查柯夫美術館藏

間諜情報機關的工作人員。早在 50 年代，克格勃就曾對法國駐蘇大使莫里斯‧赫讓使用過色情間諜。60 年代初，他還曾對訪問過莫斯科的印尼元首蘇加諾總統使用過這一招。

　　前蘇聯的「克格勃」在 20 世紀 80 年代招募更多的女間諜，美國中央情報局在這方面也不甘落後。女性情報人員在英、美、俄等國的諜報機構裡占據著越來越重要的

位置。其他國家的諜報部門也把培養女間諜作為一項重點工作。「007」電影給人的印象是只有在「美人計」中才用得上女間諜。實際上，女間諜能勝任的工作遠超出人們的想像。

▍巾幗英雄：美女的男性化

美女和英雄都是人類中的極品，是人們欣賞、讚美的對象。但是，這兩者給人的審美體驗是不一樣的。美女主要是優美，是柔弱、纖細、嬌小的美麗，而英雄則是崇高、健美和壯美。人們對於美女，主要表現的是喜愛；而對於英雄，則主要表現為敬仰。但在歷史上也有少數美女，由於特殊的原因，擔當了英雄的角色，在她們陰柔之美的外表下也表現出某些陽剛之氣，表現出崇高和壯美的美感。在世界文明史上浩浩蕩蕩的美女大軍中，她們是異類的少數派。這是對於美女的審美過程中出現的特殊情況，一個為數不多然卻不可忽視的審美經驗。

▍亞馬遜女戰士雕像

在希臘文化中有不少帶有英雄形象的美女。古希臘神話中「亞馬孫（amazos）」女戰士是戰神艾瑞斯（Ares）的後裔，崇拜狩獵女神阿蒂米絲，居住在小亞細亞的卡帕多西亞，全國居民都是女人，由女王統治。也就是一個女兒國。每年一度「亞馬孫」女戰士為了繁衍後代，會和外面的男人交歡，生下男孩，便被送走或者弄成殘廢作為奴隸；如果是女孩就撫養長大成為女戰士。這個故事最先出現在荷馬史詩《伊里亞德》中。據說「亞馬孫」女戰士剽悍獨立、驍勇善戰，和男人一樣上戰場廝殺。為了更迅速地從胸前取箭，她們將女孩的右乳房燒掉。另一說法是，這些礙手礙腳的右乳房是被割掉的。西元前 5 世紀末有一篇醫學論文《空氣、水與地方》中寫道，「亞馬孫」女戰士一定是在嬰幼兒時期，便用燒灼法腐蝕掉右乳房，以便長大後全部力氣能集中在右肩和右臂。不過，更有可能的是她們在戰鬥時穿著半面皮革緊身短上衣，將右乳房壓扁壓平。「亞馬孫」稱呼的字面含義就是「沒有乳房」。

關於「亞馬孫」女戰士的傳說，長期是古希臘藝術作品的表現主題之一。文獻記載，在小亞細亞的古都埃菲索斯的阿爾忒彌斯廟中曾藏有許多阿瑪宗即亞馬孫人的雕像，她們都是出自不同時代的雕刻大師之手，從菲底亞斯（Pheidias）到克列休拉斯都有作品奉獻。並且還曾舉行過阿瑪宗像的競賽，波留克萊妥斯的作品曾名列前茅。現存的阿瑪宗像可能就是他的摹品。菲底亞斯的《亞馬孫女戰士》雕像刻畫了這樣一個瞬間：瞧見逼近過來的敵人，亞馬孫女戰士靠在長矛上，準備跳上馬去。其漂亮的比例出色地表達了少女強壯的形體結構。對於積極的行為的嚮往，動作的從容不迫與表情深刻的美，可作為菲底亞斯的藝術特徵，他更加充分地把形象的完美和形象的具體的生命力合而為一。在波留克萊妥斯的作品〈受傷的亞馬孫女戰士〉中，亞馬孫女戰士的強壯的形體開始衰弱下來，她用左手撐持著，她的右手放在頭的後面。在雕像的臉部沒有痛苦與受難的表情。他的作品表達的是人的英勇地經受考驗的理想，人的感受溶解於自己的控制之中。

關於亞馬孫女戰士的藝術作品中，造型有一個共同特點，就是右手總是舉起，或輕理頭髮，或高揚手臂、岔開五指，或高舉過頭，手執如弓一類的武器。人物服飾上，衣裳都是從一肩上披下，袒露著另一邊上身，或者衣裳從兩個乳峰之間披下而幾乎裸裎上半身。裙子一律很短遮住半截大腿，而且有的還有意將左邊束起來，露出完整的腿部。面部表情帶有深沉、憂鬱的感覺。也許，這些都是作為一種勇武、剽悍性格的手段。不過藝術家在雕塑她們時，更重要的是要表現女性美的形象，力圖在秀美中包含剛強。在莫索魯斯陵墓中有 12 幅描寫希臘人與亞馬孫人戰鬥場面的浮雕，作品逼真地反映了一場戰鬥的實況。交戰的雙方都很勇猛，人物的動態刻畫得既有力又優美。

在希伯來文化中也有許多英雄女性。《舊約·聖經》中，友弟德是一位女中豪傑，據《友弟德傳》記載，她是馬拿謝的妻子，丈夫死後一直穿著喪服。她一位既勇敢又

有謀略的女英雄，一次，當阿斯路王的大軍包圍以色列的城鎮貝多利亞、並切斷水源逼迫他們投降時，友弟德挺身而出，以解救祖國的危難。她毅然脫下了喪服，換上華麗的衣飾，帶著侍女悄悄地來到對方軍營中訪問敵軍首領敖羅斐乃。敖羅斐乃突然見此美女出現，疑是仙女下凡，立刻為她的姿色所征服，並擺酒設宴隆重款待。杯盞交錯之際，他醉醺醺地進入夢鄉。這時友弟德輕易割下敖羅斐乃的頭顱，裝入侍女的食物袋裡帶回貝多利亞。敵軍不攻自潰，城池轉危為安。在猶太語中，「友弟德」就是猶太女人的意思。16 世紀前半期法德蘭斯佚名畫家的作品〈友弟德與少年赫拉克勒斯〉就描繪了這位女中豪傑。

在希伯來文化中，另一位女中豪傑是以斯帖。《舊約·以斯帖記》記載，波斯王廢黜了不遵從王旨的王后，召集美女另行選妃，其中猶太少女以斯帖以其傾國之姿博得國王的歡心，被立為王后。寵臣哈曼位高權重，飛揚跋扈，但唯獨以斯帖的養父未底改不肯折腰。於是，哈曼懷恨在心，設下毒計蠱惑國王下令吊死未底改，並殺絕全國的猶太人。在此民族存亡關頭，以斯帖以其智慧勸說國王收回成命，並於真相大白後反將哈曼吊死在他為未底改準備的木架上，拯救了全國猶太人。

在西方歷史上最著名的女英雄是聖女貞德。12-13 世紀時，英法進行了一場長達百年的戰爭，史稱「百年戰爭」。戰爭進行到第三階段時，英軍占領了包括巴黎在內的法國北部，並圍攻通往南部法國門戶奧爾良城。在此危急時刻，17 歲的牧羊女貞德挺身而出，聲稱自己是上帝派來的天使，上帝賦予她拯救法國的使命。她向法國查理王子要求給她一支軍隊。幾經周折，她得到了一支小軍隊。她身著戎裝帶領這支軍隊奔赴奧爾良，她騎著黑馬白盔白甲，手裡舉著法國百合花紋章的白旗，不顧一切地衝鋒、攻戰，最後打敗英軍，解了奧爾良之圍。她因此被稱為「奧爾良姑娘」。

貞德的英勇救國行為喚醒了法國人的愛國熱情，百年戰爭的勝利結局轉向了法國一方。法國舉國歡騰，一致承認「奧爾良聖女」實為上帝之萬能。但英國人卻把她看作「巫女」，發誓一定要捉到她。後來貞德被英軍俘虜，被交給宗教裁判所處死。在火刑場上貞德口中呼喚著她聽到的「天上之音」、聖者、天使長米迦勒與耶穌，痛苦地受焚死去。英國有位大臣對此事預下了一個歷史結論，他喊道：「我們完了」，「我們燒死了一位聖徒。」

戰爭結束，法國人要求為貞德平反昭雪。1454 年，已當上法國國王的查理下令重審貞德一案，原判被推翻，法國正式命名貞德為「民族女英雄」。又過了五百年，天主教廷於 1920 年把貞德列為「聖女」。現在法國把每年 5 月第三個星期日作為紀念貞德的節日。

在中國歷史上也出現過不少巾幗英雄。如花木蘭的故事就流傳廣遠，一千多年以來有口皆碑。花木蘭的事蹟留傳至今，主要應歸功於〈木蘭辭〉這一首民歌的絕唱，

▎弗雷米耶　巴黎金字塔方場上騎馬的聖女貞德像

它歌頌了花木蘭女扮男裝替父從軍的傳奇故事。花木蘭生活在北魏時代，父親花弧是後備役軍官，北魏孝文帝崇尚中原漢族文化，遷都洛陽，承平日久，社會經濟有了一定的發展。這時北方遊牧大國柔然不斷南侵，北魏政權便多次「車駕出東道，向黑山」，「北度燕然山，甫北三千里。」與柔然大戰。在〈木蘭辭〉中開頭就說明了當時的軍情緊急：「可汗大點兵」「軍書十二卷」，而花木蘭家中除了年邁的父母，就是年幼的弟弟，衰老的父親怎能去遠征殺敵，可是祖國的召喚又義不容辭，面對這雙重考驗，木蘭挺身而出：「願為市鞍馬，從此替爺征。」實為對父親的愛心與對祖國忠心的凝聚。她一早告別爺娘，晚上就宿在黃河岸邊。暮色蒼茫中一個女戰士枕戈待

旦，這是何等荒涼又悲壯的境界。「將軍百戰死，壯士十年歸。」可見戰事的頻繁，歲月十分的漫長，那麼多的將軍喋血疆場，花木蘭能活著回來是十分地不容易。那可是：

北風振漠，胡兵伺便；主將驕敵，期門受戰；
野樹旌旗；川回組練；法重心駭，威尊命賤；
利鏃穿骨，驚沙入面，主客相搏，山川震眩；
聲析山河，勢崩雷電。至若窮陰凝閉，凜冽海隅；
積雪沒脛，堅冰在鬚。…當此苦寒，天假強胡，
憑陵殺氣，以相剪屠。徑截輜重，橫攻士卒；
都尉新降，將軍覆沒；屍填巨港之岸，血滿長城之窟。
…鳥無聲兮山寂寂，夜正長兮風淅淅，
魂魄結兮天沉沉，鬼神聚兮雲羃羃，
日光寒兮草短，月色苦兮霜白。

花木蘭 12 年的沙場出生入死，12 年的喬裝而不露痕跡。在她勝利回來後拒絕了皇帝的賞賜，也不願在朝為官，她只願馳千里足，早日還故鄉，還自己一個女兒本色。

另一位家喻戶曉的巾幗英雄穆桂英，是戲曲及小說《楊家將》中的人物。話說穆桂英原為穆柯寨木羽之女，本名金花，從小喜詩書更喜歡習武，對兵書也深有瞭解，武藝超群、機智勇敢，18 歲時已對十八般武藝無不通曉，傳說有神女傳授神箭飛刀之術。穆桂英的父親本是官宦，後因遭奸人迫害只好落草山寨。當時遼國的蕭太后帶領 40 萬大軍壓境，在九龍谷擺下 72 座天門陣，宋朝的統帥楊六郎和他的母親佘太君都破不了天門陣，十分心急，於是貼出告示四處求賢，有一名道士揭榜說可以破陣，但是必須要穆柯寨的降龍木才行。楊六郎派兒子楊宗保前去求取降龍木。穆桂英剛好在狩獵，她射到的鳥落在前來取降龍木的楊宗保副將的馬前，那位副將卻不肯把鳥還給穆桂英，於是雙方起了衝突。那副將根本不是穆桂英的對手，幾個回合之後就敗下陣去。他回營後把這事告訴了楊宗保，楊宗保親自到寨前叫陣，穆桂英與楊宗保戰上了百十回合，故意弄個破綻，楊宗保上了當被穆桂英生擒回寨。入寨之後，穆桂英對楊宗保心生情愫遂而下嫁給他。楊宗保回營把一切告訴了父親，楊六郎大怒，揚言要以臨陣成親違反軍紀為由殺楊宗保，眾人力勸才免死罪，後來楊宗保被鎖進了大牢。穆桂英聞訊帶兵趕來救夫，楊六郎親自出陣作戰，穆桂英不認識楊六郎於是不留情面，三下兩下便把楊六郎給打下馬去，後來旁人告訴穆桂英那是她的公公，穆桂英慌忙下馬賠罪。楊六郎很欽佩穆桂英人品武略，就放了楊宗保出來，認了穆桂英這個兒媳。

德拉克洛瓦　自由女神引領大眾　1830　油彩畫布　260×325cm　羅浮宮美術館藏

不久，穆桂英率軍大破天門陣，一個月之內就攻略了 72 個陣。此後穆桂英歸於楊家將之列，為楊門女將中的傑出人物。與楊家將一起征戰衛國，屢建戰功。佘太君百歲掛帥，親率 12 寡婦西征，穆桂英 50 歲尤掛先鋒印，深入險境力戰番將，大獲全勝。是中國古典文學巾幗英雄的典型形象。

　　穆桂英本來是文學作品中的英雄人物，但有人認為在歷史上實有其人。穆桂英的「穆」姓，衛聚賢〈楊家將及其考證〉一文以為是「慕容」一語的音轉。慕容氏作為古代鮮卑貴族，久有尚武的傳統。歐陽修〈楊琪墓誌〉寫到：「楊琪初娶穆容氏，又娶李氏。」楊琪是楊文廣的堂兄。翦伯贊先生曾在〈楊家將故事與楊業父子〉中指出，楊琪既娶於穆容氏，楊文廣與穆容氏聯姻，自然也是可能的。穆桂英的家鄉，《保德州志》說是「穆塔村」（又寫作「木戈砦」）。「穆柯寨」或「木戈砦」，也就是「穆家寨」、「穆家砦」，一如「楊家莊」之作「楊各莊」。此外，據說北京密云和順義也各有「穆家寨」，同樣傳說是穆桂英的家鄉。這反映了民間楊家將傳說的廣泛流行，也可能與慕容氏等少數民族在塞上的廣泛分布有關。

第8章

美女與文學藝術

美女是人類歷史長河中的一道風景。在各民族的文獻和傳說中，時常
出現美女的倩影，下許多優美的故事。

美女與造型藝術

在人類關於美女的審美理想中，儘管各民族各文化及不同的時代所設想的標準不同，但共同點都是把「美女」設想為一個至善之美的美麗模式。然而，在現實的生活中，沒有一個人體作為整體來看是完美的。這正如德國藝術大師丟勒（Albrecht Durer）所說的：「要從一個人身上描摹出完美的姿態是不可能的，因為世上沒有美到不能再美的人。」於是，藝術家從不同的人體中選擇最完美的部分，再將其組成一個完美的整體，創造了另一個屬於美的極致的藝術世界。古羅馬博物學家普林尼告訴我們，這就是雕塑家宙克西斯（Zeuxis）的方法，他從五位美麗的克羅頓姑娘形象中創作了「維納斯」。文藝復興時期義大利藝術家阿爾伯蒂（Albert）指出：「大自然賦予萬物間的那種各得其所的高度美，而在這一點上，我們是效法了那個給克羅多尼人塑造了女神形象的人，他從一些姿色出眾的少女汲取了每人身上最優秀美、最秀麗的東西，而將它移置於自己作品中。同樣，我們也選擇了很多被鑒賞家們認為最美的形體，從這些形體中取得一定的尺度，然後互相比較，揚棄在這一或那一方面過偏的東西，於是造出那些經過淘汰測驗證實了的大小適中的尺度。」這一觀點在歷史中反覆出現，17 世紀法國作家杜‧弗瑞諾瓦（Du Fresnoy）這樣寫道：

> 偶然的一瞥，有時與迷人的姿容相會，
>
> 打動了我們的心靈，感到真格的十全十美，
>
> 但當我們仔細端詳，像一個畫家
>
> 一筆不苟地照描自然，
>
> 那時我們的初衷也算丟個完！
>
> 畫家的意旨並非這般，
>
> 奇哉！他從美中採擷完美，
>
> 充當自己藝術的評判員，
>
> 他在美的世界裡飛翔迴旋，
>
> 挑選、組合、改進，變幻著千姿百態；
>
> 他以輕靈的腳步追蹤飛逝的一群生靈，
>
> 抓住每一個悄悄溜走的維納斯美神！

在世界各民族各個時代的藝術中，都有許多根據本民族本時代要求而塑造的美女形象。藝術世界是一個精神煥發的人的本性的特殊世界。按照黑格爾的說法，對藝術的嚮往，對想像所創造的審美虛構的嚮往，是對平庸乏味的「平淡現實」的否定。「因為藝術美是由心靈產生和再生的美，心靈和它的產品比自然和它的現象高多少，藝術美也就比自然美高多少。」所以，藝術美是作為理想而存在的。藝術家通過自己理想的稜鏡反映現實，並在作品中描寫這種理想。美是體現在藝術形象中的理想。法國哲學家列斐伏爾（Henri Lefebvre）也指出：「藝術作品像青春時代的生命力，它包含對完美自然的追求，對強化感覺感受的自發要求，以及對滿足或快樂的自發要求，而且以這種追求和要求為先決條件。」藝術按照美感的原則展現美女的本質，從審美的角度凸出美女的特徵，按照美的規律塑造完美的美女形象。

文藝復興時期義大利的藝術大師米開朗基羅（Michelangelo Bounaroti）說過，藝術真正的物件是人體。造型藝術在起源上與美女形象有很大關係，女性美象徵著藝術的最高的美學理念。美術史上最早的雕塑作品是在奧地利和法國發現的舊石器時代的小雕像，被稱為舊石器時代的維納斯。這是一些顯示出性特徵的裸體女子形象。在中國也曾出土了一些原始社會的女神雕像。例如在紅山文化牛河梁遺址出土的女神像，其面部輪廓為方圓形，較扁平，顴骨凸出，眼角上挑，鼻樑較低而短，鼻尖鼻翼較圓，嘴較寬，微露笑意，下顎則圓而尖，雙眼嵌淡青色圓餅狀玉石為睛。這座雕像完美地塑造出一個極富生命力而又神話了的女神面相。她不僅是我國史前文明時期藝術高峰的標誌，也是炎黃子孫第一次看到的五千年前用黃土塑造的祖先形象。這些原始女神像狀貌古樸，體態稚拙，內涵豐富，彷彿從遠古時代走來的一群天然、純真、古拙、樸素的原始美女，給人一種渾然天成的美感。原始社會的雕塑家在這些作品中體現了「性的理想」──凸出表現了乳房、豐滿的臀部和腹部。反映了史前人類女性美的審美觀念。在原始人的觀念中，生育本身就是美的，裸體孕婦展示了女性美與生育美的雙重美感。正如一位美術史家所說的：「若看一看今日原始部落中生育過的婦女鬆垂的乳房、腹部及鼓出的臀部，和這些史前的維納斯倒有幾分相像，也許這些史前的只是一個『真正的女人』而已。」

印度教經典《毗濕努往世書》記載了有關繪畫起源的一個傳說：存在之神那羅衍憑想像畫出一個美麗絕倫的仙女，明眸皓齒，光彩照人，使所有的女神皆自慚形穢。這個仙女就是廣延仙女，從此成為印度古代典雅女性美的理想代表。以後藝術毗首謁磨從那羅衍為師，掌握了繪畫藝術並教授給人類。古印度廟宇的壁龕和壁畫中有很多男女雕像。這些雕像的性內容同宗教的神秘氣氛很不協調。女裸體像通常乳大臀肥，肚臍凸出。還有一些描繪受孕、婚姻、「享樂生活」的半浮雕。

古希臘造型藝術在塑造人體形象方面達到了技巧的頂峰。它以渾然一體的藝術形

式表現了人的美妙絕倫，創造了完美的人體形象。羅丹曾經指出：「希臘女子是美的，但她們的美，大都存在與表現她們的雕塑家的思想中。」羅丹讚揚希臘人：「對於自然充滿了敬和愛，他們所表現的總是他們所看見的；而且在任何機會，他們都盡情地顯示出對肌肉的熱愛，如果以為他們蔑視肌肉，那是可笑的。在任何民族中，沒有比人體的美更能激起富有官感的柔情了；在他們塑造的形象上，飄蕩著一種沉醉的神往。」

古希臘人竭力以美麗的人體為模範，特別是阿芙羅狄忒雕像的非凡魅力令人陶醉。伯拉克西特列斯的〈奈達斯的阿芙羅狄忒〉、〈美狄奇的阿芙羅狄忒〉和〈開倫的阿芙羅狄忒〉等作品，都是比例最勻稱的美女典範。古希臘的阿芙羅狄忒雕像多以白色大理石製作，它再現了人體的勻稱和活力，卻不會引起直接的性刺激。它的優美形體是女性自然容貌的藝術理想化。身體的線條和輪廓組成了和諧的共鳴。這些雕像往往描繪阿芙羅狄忒沐浴或浴後的情景。表現她的裸體，同時使人聯想到她潔淨的身體，從而加強了女性形象的魅力，有助於對它的審美觀賞。

關於伯拉克西特列斯的〈奈達斯的阿芙羅狄忒〉，還有一段傳說。據說這座雕像是為科斯城製作的。這座雕像完全裸體，肌膚光華圓潤，充分表現出女性身體的完美曲線。女神的左腳稍稍提起，人體的重心落在右腳上，身體右邊收縮，左邊舒展，肩線與髖線形成一波三折的和諧變化，充分表現了女性身體的婀娜多姿。這個特點被後人稱為「伯拉克西特列斯曲線」。據說這座雕像是伯拉克西特列斯以他的情人、當時雅典最美的女子之一芙麗涅為模特兒的，是古希臘時期最早的裸體女神雕像。這一作品達到女性裸體美的高峰，引起轟動。人們在蜂擁前去欣賞這位性愛與生殖女神像的同時，自然有人無法避免對裸像投注性的慾念與想像，於是引發了人類藝術史上第一場裸像與色情訴訟風波。科斯城裡的居民為女神的赤身裸體嚇得目瞪口呆，拒絕接受這座精美的雕像。於是，奈達斯城的居民把它迎接到他們的城市。所以這座雕像被稱為「奈達斯的阿芙羅狄忒」，奈達斯城也因此成為聖地。還據說，比西尼亞國王尼古米底非常著迷這座雕像，提出要取消奈達斯城人的所有巨額債務以換取這座雕像，卻被奈達斯人所拒絕。柏拉圖為這座雕像寫出如下的詩歌：

194
195

阿芙羅狄忒過海來到奈達斯島，

來看為她新塑的雕像。

她環視露天下站立著的雕像一周，驚叫著：

「伯拉克西特列斯在哪裡看到過赤身裸體的我？」

19世紀初在米洛島發現了被稱為「米洛的維納斯」的大理石美神雕像。這尊雕像

這幅畫表現了一個成年女子完美的裸體，她的臉上流露著一絲黯然神傷，悱惻動人的表情。

喬爾喬涅　安睡的維納斯　1510-11　油彩畫布　108.5×175cm　德國德勒斯登美術館藏

是 2 世紀時的作品，它體現了希臘女性人體的完美與和諧之標準。由於這座雕像的發現，致使維納斯的名字傳遍全世界，並在人們心中形成了一個維納斯——阿芙羅狄忒的定型形象。這座雕像具有極大的藝術魅力。女神的面部表現出古典希臘女性的典型特徵：橢圓臉，筆直的鼻樑，窄而平的前額，略鼓的嘴角和豐滿的下巴。人物顯露出一種端莊、嫻靜而又凝重的表情。體形健壯而修長，直立而多變。她臉部朝向左方，身體保持正面，但下肢又朝向右方。加上重心落在左腳上，是整個身軀充滿了起伏轉折、強弱交替、形影錯落的節奏感。尤其是外輪廓的曲線變化，更強調了女神婀娜嫵媚效果。在觀者的眼裡，維納斯的乳房似乎在微微顫動，面孔放射著內在的溫柔光彩和天仙般俏麗的亮光。黑格爾曾指出：米洛的維納斯是「純美的女神」，「把她雕成裸體是有正當理由的：因為她所要表現的主要是由精神加以節制和提高的感性美及其勝利，一般是秀雅、溫柔和愛的魔力。」羅丹也說：「這件作品表達了古代了不起的靈感；她的肉感被節制所控，她的生命歡樂聲調被理智所緩。」

　　文藝復興時期刻畫的理想美女形象通常被稱為聖母或維納斯。這一時期的達文西和拉斐爾的聖母像都是偉大的傑作。這些女性形象有一種內在的吸引力，一種含蓄的迷惑力。她們的面容安詳恬靜，令人神往。這一時期的維納斯都是裸體像。比如 15

▌提香　烏比諾的維納斯　1538　油彩畫布　119×165cm　翡冷翠烏菲茲美術館藏

世紀畫家波提切利用優美細膩的筆觸描繪的維納斯的形象。在女神從金色海浪中誕生那幅畫，維納斯站在波濤上的一片大貝殼上，赤身裸體，帶著少女的嬌羞。她的身體體現著和諧純潔的理想。金色的長髮隨著春風飄動，披散在雙肩，一直垂到腳上。這一時期其他畫家都創作了很多精彩的油畫，比如喬爾喬內的安睡的維納斯，表現了一個成年女子完美的裸體；她的臉上流露著一絲黯然神傷、悱惻動人的表情。提香的維納斯雋永俊秀，目光溫和，楚楚動人，似乎被一片金光所籠罩，給人飄飄欲仙的感覺，又使人覺得是一個可觸及的世間女子。提香的作品〈烏比諾的維納斯〉是為一位名叫烏爾賓諾的貴婦人所作的肖像畫。畫家把這位人間的「維納斯」安排在近景的一張舒適軟床上；她全身裸露悠閒地倚躺在床上，睜開似乎剛剛睡醒的眼睛，富有魅力地挑逗著觀看她的人。在她的腳旁睡著一隻小狗。中景是臥室旁的廳堂，房內裝飾高貴，地上鋪著華麗的地毯，兩位女僕正在從衣箱裡翻取著什麼。這一切無一不顯示著女主人的富貴身分。提香把裸女從非真實的自然環境中拉入到一個完全真實的人間生活環境，成為一名世俗的女子。

　　達文西筆下的女性總帶有相似的神情：恬靜溫柔。雖然這一特質作為聖母形象被古典畫匠一代代不斷重複描繪過，但達文西的過人之處，就在於他總能帶給畫中女人

一些微妙的近似靈魂般輕柔的東西，讓那份沉靜更深邃更神秘。仔細看達文西的畫，無論是蒙娜麗莎還是抱貂女子還是其他，她們的臉總有一種相似相通的神韻。溫柔、優雅、沉靜及適度的聰慧——任何品格都不會過了分。這樣的女子一定出身名門，美得雍容而且淡定，並不咄咄逼人。在婚前她會是嫻靜的大家閨秀，婚後又會成為最溫柔的妻子和母親。這樣的女人是最暖人心懷的，能符合任何年代男人心底溫情的夢想。達文西的〈蒙娜麗莎〉也許是藝術史上最莫測高深的繪畫了。他想藉由〈蒙娜麗莎〉來表現「完美的女人」。馬爾奎‧德‧薩特（Marquis de Sade）將〈蒙娜麗莎〉描寫成「最本質的女性」。瓦薩利（Giovio Vasari）用詩一樣的語言讚美它：

> 任何人想知道藝術可以多麼逼真地模仿自然，從這幅頭像上就可以很清楚地瞭解到這一點。因為在這上面用繪畫中所有的精妙描繪出了全部微小的細節，你看那眼中的光芒和濕潤的光彩，你只有在生活中才能見到；在它們周圍那些玫瑰色和珍珠色的線條，沒有最精確的手法是無法表現的。他畫出的眉毛好像真的從皮膚中長出來，越靠近則越見稀疏，它們根據皮膚上的毛孔而彎曲，沒人能做得更自然了。玫瑰色和溫柔的鼻子中帶著漂亮的鼻毛，似乎和真的一樣。

奧斯卡‧王爾德（Osoar Wilde）寫到〈蒙娜麗莎〉這幅畫時說：

> 某些人想像這位畫家只是一種老式微笑的奴隸，但每當我穿過羅浮宮涼爽的大廳、站到那位奇特人物的像前時，我總自言自語：「她坐在大理石椅子裡，奇異的岩石環抱四周，像沐浴在來自海底的微光之中，她比她坐位四周的岩石更古老；她像一個吸血鬼，已死去了多次，瞭解墳墓的秘密；她是深海中的潛水者，保留著她墜落的日子；她往來於奇特的商路，和東方的商人們交往著；她就像麗達，是特洛伊的海倫的母親；她就像聖安妮，是瑪麗亞的母親；她是這一切，是豎琴和長笛的樂聲，她的生命敏感、脆弱，造就了她變化的面容，賦予她眼瞼和手以活力。」我對朋友說：「水邊那朵如此奇特的玫瑰的存在表現了人類千年的慾望」。他回答我：「這個頭腦是所有『世界終極的彙聚』，而她的眼瞼略帶疲倦」。於是這幅畫對我們來說變得比實際更加奇妙，它向我們揭示著一個說實話連它自己都不知道的秘密，而我們耳中聽到的神秘語言的韻律和吹笛人借助喬康達夫人嘴唇那微妙和迷人的線條所發出的音樂一樣的恬美。

達文西　蒙娜麗莎　1503-05　油彩畫板　77×53cm　巴黎羅浮宮藏

▌哥雅　著衣瑪哈　1797-1800　油彩畫布　95×188cm　馬德里普拉多美術藏（上圖）
▌哥雅　裸體瑪哈　1797-1800　油彩畫布　97×190cm　馬德里普拉多美術藏（下圖）

　　海涅（Heinrich Heine）認為文藝復興時期的藝術，對義大利的女性生活有著直接的影響，他在《佛羅倫斯之夜》中寫道迷人的義大利女子：「當音樂使她們容光煥發時，他們是這麼美…」、「一個善於觀察的人，一定會從她們豔麗的面孔上看到許多愉快有趣的東西，如薄伽丘小說一樣精彩的故事，如彼特拉克十四行詩一樣溫柔的感情，如阿裡奧斯托八行詩一樣的俏逗和奇特。」海涅認為，義大利女人的美是與藝術傳統相聯繫的。「對歷史學家來說，她們的美貌是美術影響了義大利人民的外貌和體態最

有力的證明。」海涅還說：「裝飾著寺院的那些嫵媚誘人的聖母形象深深地印在未婚夫的心上，而未婚妻也仿佛是把自己一顆赤熱的心奉獻給了一個不同凡響的聖徒。」

丹納在《藝術哲學》中對於義大利文藝復興時期的繪畫和雕塑給予了極高的評價。他指出：

…義大利文藝復興期的畫家卻創造了一個獨一無二的種族，一批莊嚴健美，生活高尚的人體，令人想到更豪邁、更強壯、更安靜、更活躍，總之是更完美的人類。就是這個種族，加上希臘雕塑家創造的兒女，在別的國家，在法國，西班牙，法蘭德斯，產生出一批理想的形體，仿佛向自然界指出它應該怎樣造人而沒有造出來。

近代以來，造型藝術在表現美女形象上有很大的突破。林布蘭特在繪畫史上所占的地位，是與義大利文藝復興諸巨匠不相上下的。他的油畫其中女子形象再現了理想化的、同時又是人間的女性。她們被畫在柔和而深暗的背景上，容光照人，仿佛放射出金色的光芒。18 世紀末 19 世紀初，哥雅（Goya）的作品，如著衣和裸體的瑪哈（美女）形象，都以鮮豔絢麗的色調表現出熾烈的感情。〈德波塞爾夫人〉是哥雅早期宮廷畫之一，這幅充滿自信的西班牙女性畫像，是哥雅極富熱情的傑作。人物原形按照18 世紀後期上流社會風行的典型裝束創作。

19 世紀上半葉，安格爾（Ingres）作為新古典主義的代表，他善於把握古典藝術的造型美，把這種古典美融化在自然之中。他從古典美中得到一種簡練而單純的風格，始終以溫克爾曼的「靜穆的偉大，崇高的單純」作為原則。在具體技巧上，「務求線條乾淨和造型平整」。因而差不多每幅畫都力求構圖嚴謹、色彩單純、形象典雅，這些特點尤其突現在他一系列表現人體美的繪畫中。他的〈泉〉、〈浴女〉、〈宮女〉等作品，形體簡潔，線條纖美，把女性的生理和精神美融合在一起。〈泉〉是安格爾苦心琢磨、反覆推敲的作品，畫中的少女體態豐腴，洋溢著生命和青春的活力。這種自然美與理想美的統一，正是 19 世紀女性柔美的典範。一種古典、純淨之美的追求，在法國風行一時。

印象派畫家所畫的人體色彩豐富、新鮮，猶如沐浴在燦爛的陽光之中，揭示了人體美的純潔無瑕。馬奈〈草地上的午餐〉中的裸女在綠樹成蔭下熠熠發光；馬奈的〈奧林匹亞〉、竇加的體態婀娜的舞女、雷諾瓦光彩奪目的女裸體畫，以春光明媚的顏色和溫暖色調，豐富了新時代對美女的審美欣賞。雷諾瓦畫中的女人總是甜如草莓冰淇淋。一律有著微豐的臉龐，芬芳的唇和純真的眼睛，露出些許童稚未脫的痕跡。雙眼永遠相隔那麼開，那是沒有任何雜念的眼睛。即便是裸婦，目光也沒有刻意的妖嬈。

安格爾　泉　1856
油彩畫布　164×82cm
巴黎羅浮宮藏（右圖）

此畫中的裸體女子在
綠樹成蔭下熠熠發光

馬奈　草地上的午餐
1863　油彩畫布　208×
264cm　巴黎奧塞美術
館藏（左上圖）

安格爾　大奧達莉絲克
1814　油彩畫布　91×
162cm　巴黎羅浮宮藏
（左下圖）

若隱若現——中國畫史上的美女

　　與西方的藝術傳統不同，中國畫的傳統是注重寫意，寄情於山水，美女的形象隱藏在迷茫的背景裡，而不像西方繪畫中的人物那樣直接和明快。中國繪畫藝術的最高境界是「以形寫神」，這是晉代畫家顧愷之首先提出來，也基本上確立了中國藝術「神高於形」的美學觀。中國畫家都是在「意象」藝術思維指導下進行創作。但作為人類審美的主要對象之一，美女自然不會離開畫家們的視界，自然也是他們表現的主題之一。只不過中國畫家筆下的美女若隱若現，更具有神祕色彩。

　　我國在宮廷中創作仕女圖的活動最早始於漢武帝時代，民間的仕女畫出現的更早，例如晚周帛畫中的〈龍鳳美人〉圖，漢馬王堆帛畫上的馱侯夫人像，北魏時的木板漆畫烈女、節婦等等。魏晉南北朝時期出現了許多仕女畫。魏晉時代著名的畫家顧愷之在美女畫上有凸出的建樹。〈洛神賦〉圖是其根據曹植所著的〈洛神賦〉所繪。〈洛神賦〉詞藻富麗，是中國文學史上的名篇。顧愷之依據這一文學名著進行構思創作，充分發揮了豐富的藝術想像力，通過巧妙構圖及傳神筆墨，描繪出曹植與洛水之

神宓妃相會的情景。畫中的曹植帶著隨從，在洛水之濱凝神悵望，仿佛見到思念已久的洛神。遠處凌波而來的洛神，衣帶飄逸，動態委婉從容，目光凝注，表現了關切、遲疑的神情。二人的思念之情溢於卷面，令人感動。端莊美麗的洛神時而徜徉於水面「凌波微步」；時而飄忽於雲端「仿佛兮，若輕雲之蔽月，飄搖兮，若流風之回雪」，「翩若驚鴻，婉若遊龍」，含情脈脈，儀態萬千。在洛神的周圍有青山、綠水、紅日、彩霞、輕雲、荷花、秋菊及鴻雁、遊龍等，將賦中對洛神形象生動的描述，都一一地再現於畫面，使畫面氣韻生動，人物呼之欲出。

　　在唐代藝術當中，以女性為繪畫題材的作品非常多，有人認為這是因為唐代女性的社會地位較高，所以我們常可以看到以宮廷婦女為題材的繪畫。而唐代畫仕女畫最出色的莫過於張萱和周昉。張萱是中國仕女畫最重要的畫家，「其為花蹊竹榭，點綴皆極妍巧」。他以「金井梧桐秋葉黃」之句畫〈長門怨〉，甚有思致。傳世作品有〈虢國夫人遊春圖〉（宋摹本）卷和〈搗練圖〉（宋摹本）卷。〈搗練圖〉是張萱的代表

周昉　揮扇仕女圖　唐　北京故宮博物院藏（上圖，右下圖為局部）

作之一，人物動作自然，細節刻劃生動，勾線工線勁健，設色富麗。在人物造型上，畫中的婦女曲眉豐頰、俏麗多姿，臉龐體形都顯得肥胖。〈虢國夫人遊春圖〉描繪楊貴妃的姐妹虢國夫人和秦國夫人在宮女的簇擁下外出遊春的情景。（註1）〈虢國夫人遊春圖〉的寓意是「遊春」，但從整幅畫面上來看並沒有鮮花、草木、春水微波；而是借遊春人物從容而又嚮往的神態，啟發觀者的聯想，借人物輕薄豔麗的服飾，給人一種花團錦簇的感覺。在遊春者歡愉悠閒的神態和駿馬輕舉緩行的姿態中，人們不難感受到鳥語喧鬧、花香襲入的春天氣息。虢國夫人姐妹並轡而行。虢國夫人一騎在前進行列的右邊，雙手握轡。她的鬢髮濃黑如漆，身著淡青窄袖上衣，下著胭脂描金花團裙。臉龐豐潤，是淡掃娥月不施脂粉的本來面目，表情凝重而有些蘊藉的意味。

　　周昉所畫，多為上層婦女。元代湯垕評論說：「周昉善畫貴族人物，善寫真，作仕女多濃麗豐肥，有富貴氣。張萱工仕女人物，尤長於嬰兒，不在周昉之右。平生凡見十許本，皆合作。畫婦人以朱暈耳根，以此為別，覽者不可不知也。仕女之工，在於得其閨閣之態。唐周昉張萱，五代杜霄周文矩，下及蘇漢臣輩，皆得其妙，不在施朱傅粉，鏤金佩玉，以飾為工。」明代高濂說：「周昉美人圖，美在意外，豐度隱然，含嬌韻媚，姿態端莊；非彼容冶輕盈，使人視之，豔想目亂。」他的傳世作品有〈揮扇仕女圖〉卷、〈簪花仕女圖〉卷和〈彈琴仕女圖〉卷。

　　〈簪花仕女畫〉畫四嬪妃和兩侍女，作逗犬、執扇、持花、弄蝶狀，以「主大從小」方式凸出主要人物，這是中古時期人物畫常用的表現手法。畫中的犬、鶴和辛夷花表明了人物活動是在春意盎然的宮苑。構圖採取平鋪列繪的方式，卷首與卷尾中的宮女均作回首顧盼寵物的姿態，將通卷的人物活動收攏歸一。宮女們的紗衣長裙和花髻是當時的盛裝，高髻時興上簪大牡丹，下插茉莉花，在黑髮的襯托下顯得雅潔、明麗。人物的描法以遊絲描為主，行筆輕細柔媚，勻力平和，特別是在色彩的陪襯下成功地展示出紗羅和肌膚的質感。畫家在手臂上的輕紗敷染淡色，深於露膚而淡於紗，恰到

好處地再現了滑如凝脂的肌膚和透明的薄紗，傳達出柔和、恬靜的美感。現從出土的
大批中、晚唐時期的陶俑來看，畫中仕女的服飾真實地反映了當時的女性時裝文化。
畫和俑的造型都呈現出同一審美取向和精神面貌。

　　〈揮扇仕女圖〉卷共繪了13個青春將逝的宮女，凝結著作者對這些即將走向悲
慘命運的宮女們的同情。卷尾出現的梧桐樹暗喻秋涼將至，宮女們手中的紈扇必將成
為無用之物。但真正令宮女們擔憂的是無情的歲月將消磨盡她們往日的綽約風姿，等
待她們的是如同秋日的紈扇，被主人遺棄。（註2）作者依次列繪宮女們的各種形態：
持扇、捧器、抱琴、對鏡、刺繡、獨坐和倚桐，各為一組，鮮明凸出的主題彌補了似
不經意的平列式構圖帶來的鬆散之弊。仕女的表情刻畫得更為精到，大多緊鎖眉頭，

情緒惆悵。如對鏡梳妝的婦女看到自己憔悴的面容，不禁心情沉重，恰如唐詩人杜荀〈春宮怨〉所吟：「早被嬋娟誤，欲妝臨鏡慵。」更令人想起唐代王昌齡的〈長信秋詞〉：「金井梧桐秋葉黃，珠簾不卷夜來霜。薰籠玉枕無顏色，臥聽南宮清漏長。」

〈彈琴仕女圖〉卷又名〈調琴啜茗圖〉卷，畫 3 位坐在庭院裡的貴婦在兩個女僕的伺候下彈琴、品茶、聽樂，表現了貴族婦女閒散恬靜的享樂生活。圖中繪有桂花樹和梧桐樹，寓意秋日已至。貴婦們似已預感到花季過後面臨的將是凋零。調琴和啜茗的婦人肩上的披紗滑落下來，顯示她們慵懶寂寞和睡意惺忪的頹唐之態。全卷構圖鬆散，與人物的精神狀態合拍。作者藉由人物目光的視點巧妙地集中在坐在邊角的調琴者身上，使全幅構圖呈外鬆內緊之狀。人物造型保持了豐肥體厚的時代特色，姿態輕柔，特別是女性的手指刻畫得十分柔美生動。

按照明清時代士人的審美情趣，柔弱和冷漠是最令人心動的女性美。在仇英、唐寅等人物畫家中，以及在各種明清通俗小說的插圖中，正面的女性形象普遍有低頭、

■ 仇英　人物故
事圖冊二　明
北京故宮博物
院藏

含胸、斂眉、閉唇、藏手足的特徵，弱不禁風的形體加上無限幽怨欲言又止的神態，表現出一種鮮明的女性形體羞恥感和掩蔽女性性特徵的願望。明四大家之一唐寅的人物畫多描寫古今仕女生活和歷史故事。他尤喜畫古代的美人，本意在借題發揮，不在美人本身。文徵明在〈題唐六如紅拂妓〉詩寫道：「六如居士春風笑，寫得蛾眉妙有神。展卷不禁雙淚落，斷腸原不為佳人。」唐寅畫的〈秋風紈扇圖〉筆墨富於變化，含蓄有思致，並自題一首絕句：「秋來紈扇合當收，何事佳人重感傷，請把世情詳細看，大家誰不逐炎涼。」他的人物畫還有〈王蜀宮妓圖〉、〈李端端圖〉等。

▌如火焰一般熾熱的薩福

　　文學作品中美女形象更是隨處可見。以上我們曾多處引述中外文學史上有關對美

唐寅　王蜀宮妓圖　明　北京故宮博物院藏

女的描述。中國文學從《詩經》、《楚辭》起，就一直待女性不薄，在文學世界裡出現了許多可敬、可愛甚至可崇拜的女性，如《西廂記》，如《牡丹亭》，如《桃花扇》，如《紅樓夢》等等。尤其《紅樓夢》中的釵、黛、湘雲等更是不知顛倒了多少男性。在西方文學中，莎士比亞借藝術形象刻畫了溫柔女子的迷人魅力。有人形容莎士比亞就像煉丹師一樣，把各種汁液攪拌在一起創造出奇妙的和諧美。茱麗葉性情溫柔，富有高尚美。像波提切利畫筆下的誕生於海水和陽光中的維納斯，茱麗葉充滿甜美音樂的魅力。她那明朗而又神秘的形象是理想的女性美之化身，而且這種形象可由想像力隨時添上幾筆優美的線條，使它更完美、更豐富。《威尼斯商人》中的鮑西婭活潑樂觀，饒舌而又機智。俄菲莉婭的形象充滿著夭折了的女性美的悲劇性純潔。苔絲德蒙娜、貝雅特裡齊則像詩一般嫻雅。

此外，還有許多美女與文學結成了不解之緣。在中外文學史上曾出現過許多著名的美女作家，她們創作的作品不乏世界性的文學經典。在中國，最著名的例子是一代才女李清照。

李清照號易安居士，山東濟南人，父李格非為當時著名學者。清照通曉音律，長於詩詞，工散文，能書畫，是位才華出眾的女詞人。清照 18 歲嫁太學生趙明誠，婚姻生活典雅美滿。趙明誠做太學生時一月只能回家兩次，出仕後也常外出，清照的離情別緒便化作詞句。靖康亂發之後，1129 年明誠病逝，清照孤身流落，在杭州度過殘年。大約在 1151-1156 年間，清照孤冷地離開人世。其一生以南宋高宗建炎元年為界，可分為前後兩個時期，她的詞作也隨著她生活的變化而變化著。南渡前，其作品主要是對大自然的描繪，對真摯愛情的抒發，清新明麗，意境優美。南渡後，悲傷於自己身世和失去的幸福，又面臨著民族的災難，故而其作傷時感世，悼亡思鄉，沉鬱感傷。然不論是清麗明快亦或沉重憂慮，總是以樸實自然的語言、抑揚頓挫的音律、至情感性的感情代代流傳著，帶給人美的感染及至高的藝術氛圍，帶給人難以忘懷的共鳴。所謂「以尋常語度入音律」者也。

李清照是中國古代文學史上首屈一指的女作家，作品頗豐，論詞強調協律，崇尚典雅、情致，提出詞「別是一家」之說，反對以作詩文之法作詞。並能詩，留存不多，部分篇章感時詠史，情辭慷慨，與其詞風不同。但經過歷代大量地散佚，到清朝加以整理時已所剩無多。李清照的詞現存可能在 50 首左右。《四庫全書》提要云「李清照以一婦人而詞格乃抗軼周、柳，雖篇佚無多，固不能不實而存之，為詞家一大也。」《詞苑叢談》說，李易安作重陽〈醉花陰〉詞，函致趙明誠云云。明誠自愧勿如。乃忘寢食，三日夜得十五闋，雜易安作以示陸德夫。德夫玩之再三曰：「只有『莫道不銷魂』三句絕佳。」正易安作也。

在西方，薩福（Sappho）則是美女文學的先驅。翻開西方文化史，只要提到女性，

無論從哪個角度都離不開薩福的影響，早在西元前6世紀當屈原還在汨羅江邊遊吟的時候，出生於名門貴族的薩福就在累斯博斯島（Lesbos）上彈著七弦琴，歌唱著自己纏綿的愛情。她以沉穩抒情、韻律優美的風格創造了「薩福體」（Sapphism），將古希臘的抒情詩推進到一個新高潮，對後世影響深遠。

薩福是古希臘的著名詩人，也是世界古代為數極少的幾位女詩人之一。她於西元前630年至612年間出生於貴族家庭。豐盛的財富使她能自由地決定自己的生活方式，而她選擇了在當時的文化中心累斯博斯島上專攻藝術。傳說中的薩福美貌無比，有一次法官要判她死刑，薩福當庭脫下上衣服，露出豐美的乳房。片刻，旁聽席上爆發出震耳欲聾的呼喊：「不要處死！這樣美麗的女人！」因為美麗，薩福重新獲得了自由。她舉止高雅，風度優美，儀態超俗，具有內在聰慧而無令人感覺老於世故之矯飾。她自己曾說：「我具有一顆赤子之心。」據說她17歲時曾與當時著名詩人阿爾開奧斯在賽詩會上相互酬唱贏得了詩名。普魯塔赫曾說：從她的詩詞裡我們知道她是一位熱情洋溢的人，她每一句話似乎都「含有火焰」。

薩福的詩曾編為9卷，以此象徵9位繆斯女神。可惜這些美妙的詩篇大部分都散失了。其作品多為柔美婉約的渴求愛戀的情詩，並常常為她的女弟子所作。當時很多年輕女子慕名來到勒斯博島，拜學在她門下。薩福不僅教她們藝術，而且寫給她們表達強烈愛慕的情箋。當弟子學成離島，嫁為人婦時，薩福還為她們贈寫婚詩。古希臘盛行師生間的同性戀情，師者授業解惑，弟子以情相報，所以這些帶有強烈同性戀

波蒂切利　春的寓
意　1482　蛋彩木
板　203×314cm
翡冷翠烏菲茲美術
館（左圖，右圖為
局部）

情感的詩歌在當時不但沒有遭禁，還廣為傳頌，甚至連勒斯博島上用的貨幣都以薩福
的頭像為圖案。在薩福由於家庭原因流亡於西西里島時，那裡的居民為她豎起了雕
像以表愛戴。從 19 世紀末隨著女權主義運動的興起，薩福開始被追認為女同性戀的
遠祖，Lesbian（女同性戀者或女同性戀）和 Sapphic（女同性戀的），都是源於薩福
（Sappho）。

　　薩福的詩〈為何她音訊全無〉表達了詩人對一位女弟子的相思之情，其中寫道：

為何她音訊全無

她音訊全無，我悲哀欲絕

記得她離去時，淚落如泉

「沒什麼大不了的，」她說，「離別總是痛苦的，薩福。

但你知道，我的離去並非我的所願。」

我說：「走吧，只要你快活，

但記住，你帶走了愛，

留給我的只有傷痛。」

「如果遺忘的時刻到來，就回想一下

我們向愛神所獻的呈禮

和我們曾經擁有的美好

回想一下你戴的紫羅蘭頭飾

和繞在你頸上的用玫瑰花蕾、

蒔蘿與番紅花編成的項鏈

回想一下當我把帶著乳香的沒藥

撒在你的頭上與床席時

你說嚮往的一切已經到臨

沒有我倆的歌吟

大地一片沉寂

沒有我們的愛情，樹林永遠迎不來春天…」

　　薩福的詩歌真摯感人，語言自然樸素，用當地口語。她又善用各種詩歌體裁。其詩體類似於中國古詞，目的在於供人彈琴詠唱，但她往往自己譜曲。薩福的詩歌有強烈的感性、甚至官能特徵，語言優美純樸，抒發感情時而細膩含蓄，時而熱烈大膽，具有很高的藝術價值，對古羅馬詩歌，乃至整個歐洲的詩歌產生過很大影響。雅典統治者梭倫本人也是位出色的詩人，有一回聽到薩福的詩〈為何她音訊全無〉時，堅持要求學唱，並說：「只要我能學會這一首，那死也無憾了。」蘇格拉底也有相同的看法，說薩福是「唯一的美人」或「美神」。柏拉圖曾說：「粗心的人們聲稱繆斯只有九位，須知，累斯博斯島的薩福是第十位文藝女神」。同時代的斯特拉博也曾評論說：「薩福實在是一位了不起女性，我們自亘古以來的史料中還無法找出另一位女性能在詩文上遙望其項背。」從前只要一提到「詩人」，人們知道指的是荷馬，而現在只要提到「女詩人」，人們也知道指的是誰。

　　薩福的抒情詩在古代對較晚的詩人如羅馬的卡圖盧斯（Catullus）頗有影響。卡

圖盧斯是一位抒情詩名家，他常常模仿、翻譯薩福的詩作。他出生於今義大利北部的維洛納，家境富有。他愛上了一名已婚女子，在詩中他稱之為蕾絲比亞（Lesbia）——據薩福所住的累斯博斯島而來，為她寫了許多情詩，還為她翻譯了薩福描寫情人癡狂的愛情詩。卡圖盧斯的這些詩作坦然率直，質野無飾，流露出透徹的自剖，讀起來像日記或寫給友人的信，雖然我們並不全然清楚其背景。其中一首詩這樣寫道：

> 我的蕾絲比亞，讓我們生活，讓我們相愛，
> 那些過分挑剔的老人們的閒話
> 我們就當它一文不值。
> 太陽下沉又升起，
> 當短暫的光芒沉落，
> 我們就必須在永恆的夜裡安眠。
> 給我一千個吻，給我一百個吻，
> 再給我另一個一千，第二個一百，
> 不斷地給我千吻，百吻。
> 成千上萬，直到我們也數不清，
> 這樣，那些壞心的人們嫉妒的
> 眼光，就無法加諸我們身上，
> 不知道我們到底吻了多少。

20 世紀德國作曲家奧爾夫（Carl Orff）曾以這些詩為題材，譜成清唱劇《勝利三部曲》中的第二部，名曰〈卡圖盧斯之歌〉——其第一部即著名的〈布蘭詩歌〉。在〈卡圖盧斯之歌〉中，奧爾夫將卡圖盧斯的詩故事化：卡圖盧斯在發覺蕾絲比亞背叛他後，轉而向伊蒲希緹亞尋求慰藉。卡圖盧斯的蕾絲比亞是古往今來男性詩人在詩篇中謳歌詠歎的諸多女性偶像中的第一人，下啟但丁的蓓德麗采，佩脫拉克的蘿拉，莎士比亞的「黑情人」，乃至聶魯達的瑪蒂爾德。

在 1 世紀中相傳為朗吉努斯所寫的重要的文學批評著作《論崇高》，曾引用了薩福的一首詩，認為它是一個楷模。在近代歐洲不少詩人曾襲用她用過的一種詩歌體裁，稱之為「薩福體」。英國詩人拜倫在他的長詩〈唐璜〉中，曾詠歎希臘光榮的歷史，一開始就提到「如火焰一般熾熱的薩福」。有批評家認為：「薩福在詩歌中給予世界的，如同米開朗基羅在雕刻中、達文西在繪畫中給予世界的一樣——盡善盡美。」她被公認為世界文學史上女性詩歌的第一人。因此後世常以「薩福」來褒稱各個時代在詩歌中有出色表現的女詩人。我國詩人蘇曼殊曾把這部分譯成中文，譯詩的頭兩句是「巍巍希臘島，生長奢浮好」，句中的「奢浮」就是薩福的異譯。

▍沙龍中的女人們

在西方文學和思想史上，女性的貢獻首先還不在於她們的作品，而是藉由她們的熱情和美麗，對於文學家藝術家們所啟發的激勵作用。18 世紀法國政治家勒伯漢就曾針對當時的沙龍說過：「女人的使命是激發他人的靈感，而不是自己寫作。」19 世紀英國詩人勃朗寧（Elizabeth Barrett Browning）在〈火邊〉一詩中有這樣幾句來讚頌女性：

啊，我感覺你的思想喚起了我的思想，

你的心靈可以預期我的心靈，

總之，你一定就在我身旁，

看見也讓我看見，用你的眼睛，

神性新的光芒！

在文藝復興時代和啟蒙運動時期，這個作用主要是通過沙龍來實現的。「沙龍」是近代西方文化史上最奪目的風景線之一。它從 15-19 世紀曾經是西歐上層社會文化生活最集中的場所，常常左右一個時代的思潮與風氣。沙龍象徵著精神層面的歐洲，同時也被持續當作「婦女解放運動的排演舞台」。沙龍成為女性文化發展中重要的角色，同時也成為智慧型美女出入最多的場所，這樣一個深具素養而又稍染情慾色彩的場合，最適合激發有趣的對話、舒緩文人敏感的心靈。

「沙龍」一詞的原文「salon」是指客廳。由於沙龍生活的流行，它逐漸成為上流社會的社交中心。義大利是文藝復興的中心，15-16 世紀時義大利也是當時沙龍生活最活躍的地方。一個著名的沙龍往往會有一位出色的女主人如某某公爵夫人或侯爵夫人之類來主持。主持沙龍成功的會博得社會的讚譽，從而名聞遐邇並領導一代風氣。然而，做一個成功沙龍的女主人，首先要有相當的地位、名望、金錢和排場，更重要的是她本人的修養和才華。一個女主人不但要嫻於辭令，善於交際，還要瞭解藝術、文學和科學。在那個時代，沙龍作為社交與政治、社會和文化的重要場所，既是重要的學術與藝術中心，也是引導新思潮和新風尚的場所。活躍在沙龍中的女性以其不凡的精神活力，深遠地影響了後來的時代，以至人們稱她們為「現代文明的養母」。從這些沙龍女性身上，我們甚至可以找到智慧、從容、敏銳、獨立這些現代女性身上才有的品質的萌芽。盧梭曾說：「和一群哲學家討論道德問題不如和一個巴黎的美婦人

▌布欣　龐芭杜夫人　1756　油彩畫布　201×157cm　慕尼黑巴伐利亞邦立繪畫作品收藏處藏

　　討論。」從這些沙龍女性當中，男人們可以找到知音，也可以找到顧問，可以徵詢她
們的看法，尋求批評意見，還可以得到她們的幫助，和她們建立起一種精神上的同志
關係。

▌杜象向蒙娜麗莎開了個玩笑，將她畫上翹子。

杜象　L.H.O.O.Q　1919 年　紐約現代美術館藏

文藝復興時期最著名的沙龍之一羅馬教皇的女兒盧克蕊齊婭（Lucregia Borgia）主持的沙龍。盧克蕊齊婭是社交界的名媛，她的沙龍曾吸引了上流社會許多傑出的人物。她以迷人的風度席捲了沙龍裡客人們的心。詩人們簇擁在她身旁，獻上拉丁文和義大利文的詩篇、短歌和十四行詩，以博取她的青睞，他們都拜倒在她的魅力之下，找不出話來表達對她的羨慕之情。

被稱為義大利首席沙龍的是伊莎貝拉（Isabella）主持的沙龍。盧克蕊齊婭是伊莎貝拉的嫂子，但伊莎貝拉更有才華，能說好幾種語言，受過音樂教育，還能夠作畫。伊莎貝拉長得十分美麗，被認為是當時全義大利最迷人的女人。所以，無論她走到哪裡，都會引起巨大的轟動。

她還十分熱中於繪畫藝術，當時著名的畫家如蒙泰那（Mantegna）、貝里尼（Giovanni Billini）、柯斯塔（Lorenzo Costa）等都為她作過畫。她用這些作品裝飾她寬大的客廳。有一種說法認為達文西〈蒙娜麗莎〉畫中的原型就是伊莎貝拉。伊莎貝拉曾對友人講過想讓達文西為自己繪製肖像的願望。1499 年達文西路過曼都亞時，伊莎貝拉沒有放過這個好機會，但這時自己卻恰好懷孕了，她對此略有些不快，但又覺得畫的是肖像畫，憑畫家的技巧是足可以遮掩過去的。達文西為伊莎貝拉畫了兩幅肖像素描，其一就是現在盧佛爾博物館收藏的〈伊莎貝拉·德斯娣〉，它雖然是側面像，但看得出畫中人同〈蒙娜麗莎〉極為相似，兩者的頭部也相同，都是 21 公分。達文西答應畫成油畫後交給伊莎貝拉，但他一拖再拖直至她去世也沒有交出。

有人評論說文藝復興時期的女性，沒有一個人像伊莎貝拉那麼完全地控制著他那個時代的社交形式的。她體現了 16 世紀「淑女」的理想，被稱為「世上第一夫人」。當時再沒有別的女性是享有如此巨大的聲望了。她的沙龍吸引了當時最著名的人文學者和詩人們。

17-18 世紀，法國巴黎成為西歐沙龍生活的中心，凡爾賽的宮廷生活是歐洲各國競相模仿的樣板。美國學者埃米麗亞・基爾・梅森在《法國沙龍的女人》中寫道：「法國沙龍的影響和魅力無法歸因於任何確定可感的事物，只能從沙龍的本質精神和高盧民族的民族性來解釋。『沙龍』本意是指有知識、有身分的男女人物以言談和娛樂為目的的經常性的非正式聚會，一般是在宅院的客廳中舉行。女主人要精挑細選賓客，受邀的賓客總是會受到主人的熱情款待。許多著名的沙龍具有個共同的特徵，那就是團體歸屬感。一群人因志趣相投結為朋友，通過千絲萬縷的精神紐帶連接成一個核心團體。這個核心的存在使團結感產生的前提條件。…在沙龍中，個人的價值得到尊重。財富的重要性被淡化，而才華加上必備的交際技巧，在一定程度上就決定著一個人在沙龍中的地位。」「作為現代生活不可或缺的一部分的報刊雜誌在當時尚未出現，沙龍就是討論大小事件，交流重要情況的資訊中心。這也正是沙龍之所以能產生如此巨大力量的關鍵所在。」

那些曾經主持巴黎沙龍的女主人們，以特有的方式展現著法國文明所孕育的風華。她們在歷史的長卷中風姿綽約，是這個文明中最美麗的花朵。威爾・杜蘭指出：

> 法國當時的社會燦爛多姿，這是因為女人乃是那個社會的生命。他們是整個
> 社會崇拜的神祇，同時也決定了社會的風格。
>
> …
>
> 這是一個光明燦爛的時代，因為在這一時代的女人兼具著智慧與美麗，超越
> 以往任何時代的女人。因為這些女人的存在，法國的作家才能用情感去熾熱
> 他們的思想，並以機智去滋潤他們的哲學。如果不是因為她們的存在，伏爾
> 泰如何能成為伏爾泰？即使那位粗獷而又鬱悶的狄德羅，也承認說：「婦女
> 使我們能夠抱著趣味與清晰的態度去討論那些最乾枯無味且又最棘手的論
> 題。我們可以無休止地同她們談話，我們希望她們能夠聽得下去，更害怕使
> 得她們感到厭倦或厭煩。由於此種緣故，我們漸漸發展出一套特別的方法，
> 能夠很容易地將我們解釋清楚。而這種解釋的方法，最後從談話演變為一種
> 風格。」法國的散文由於女人而變得比詩璀璨，更因為女人，法文也變為一
> 種嫻和、高尚而又彬彬有禮的語言，讀起來令人愉悅而又崇高無比。也因為
> 女人，法國藝術也從古怪的巴洛克式演變為一種優美的式樣與風格，進而點
> 綴著法國生活的每一層面。

巴黎最早的文學沙龍是由德・朗布依埃夫人（Mme.De Rambouillet）發起的。她有一半法國血統、一半義大利血統。她文雅、喜好評價、談吐鋒利，在同時代人的筆

下，她總是一位賢妻良母，樂善好施，常常為作家和藝術家提出中肯定建議。德·莫特維爾夫人（Mme.De Motteville）寫道：「她受人尊敬和愛戴，是集風度、智慧、知識和溫柔可愛於一身的典型。」詩人塞格雷說她「和藹可親，落落大方，理智公正。是她糾正了許多在此之前盛行的惡習。她身體力行地宣導文雅的禮儀，同時也是每個人親切的朋友。」據說她面貌秀麗，身形窈窕，高貴端莊，追求希臘式的美感；這充分體現在她的沙龍的安排上。她親手設計了獨特新穎的會客廳，沙龍的陳設、消遣的方式、娛樂節目的安排，都體現著她的藝術追求。她還制定了一套沙龍成員必須遵守的準則，並將文雅謙和的精神融入了日常生活。有人評價德·朗布依埃夫人說：「她不僅有高貴的獨立精神，而且地位顯赫，貌美富有，性情剛柔相濟，多才多藝，但不玩物喪志；沉靜嫻淑又不過分拘謹；生動幽默且十分通達事理。所有這些品質加起來足以使她揮灑自如，即使最喜歡搬弄是非的歷史書對她也沒有任何爭議。」「其他和她一樣處在光環之中的人物，甚至那些比較不引人注目的人物，都不能逃過挑剔的眼光，但是在她身上我們找不到半點可以非議之處，沒有一句曖昧的言語，哪怕是最小的可以警示別人的過錯也沒有。只有眾口一詞的稱讚，而且是連續幾代人都對她讚口不絕。」

　　她創辦的朗布依埃院，也就是著名的藍色沙龍（Salon Bleu），在當時被稱之為「雅典廟堂中的聖殿」。這個沙龍中權貴雲集，美女如雲，拉丁文學黃金時代的才子們濟濟一堂，堪為一時之盛事，並為後世所仰慕。通過當時文人們對沙龍聚會巨細無遺的記述，後人已多少熟悉了這間著名的沙龍大廳：金色的陽光透過長長的窗戶披洩下來，窗外小花園直通往杜勒麗宮。室內陳設精美，藍和金色交錯的垂幕，造型奇特的櫥櫃，精心挑選的藝術品，威尼斯風格的燈盞，還有水晶花瓶，瓶中鮮花不斷，四時如春。17世紀初，儘管當時的知識界已呈現一種新的智慧曙光，但知識仍是學者的專利，其間，女性的地位和她們所受的教育一樣卑下。然而少數貴族婦女不甘於貧瘠的精神生活，依靠天資和領悟，開始培養對文學的愛好，並逐漸使得對文學的追求成為當時的時尚。她們把清新的才智、精妙的幻想、豐富的感情、熾熱的信仰糅合在一起，創造出一個囊括高乃依、巴爾扎克、波舒哀、黎塞留、大孔代、帕斯卡、阿爾諾、拉羅什福科等文化名人的社交圈。德·朗布依埃夫人作為社交界的首席名媛，她傑出的領導產生了長達兩個世紀的深遠影響。德·莫特維爾夫人寫道：朗布依埃院「這個沙龍不僅是才子們的聚會勝地，也是宮廷人士的至愛。」聖西門說：「這是一所培養才子和騎士的學校，宣導勇敢、美德和科學。各種優秀的品質在這裡融合得如此自然。這裡彙聚了一切最美好最傑出的事物。這是一個值得信賴的仲裁庭，他對宮廷和社會中各種人物的行為名譽所作的裁斷具有重要意義。」這個沙龍存在了30年之久。

　　同時代的德·莎伯勒（Mme.De Sable）夫人，也和德·朗布依埃夫人一樣，在法

國沙龍的發展歷史上發揮了重大作用。德‧莎伯勒夫人在修道院中建立了一個由朋友和文學知己組成的沙龍。梅森在《法國沙龍的女人》中寫道：「或許在沒有人能比她更適合擔當 17 世紀真正的女才子的代表，也沒有人像她一樣完美融合了社交技巧、和藹性情和學識才智。…她有良好的洞察力，而且有圓熟的技巧，能把最優秀的人召集到自己的身邊，並引領他們的思想通向前人未曾涉足的新領域。」德‧莫特維爾夫人寫道：「德‧莎伯勒侯爵夫人是王后（法王路易 13 的王后）駕臨法國時引起轟動的幾位美人之一。她外表和藹可親，但這並非她的本性。她有點過分自尊，對男人們的評論有點過分敏感。在當時的法國上流社會，尚殘留著一些由梅迪奇從義大利帶來的禮數遺風，但德‧莎伯勒夫人覺得西班牙的戲劇、詩文及其他作品更加精巧，她從中感受到了一種勇武的騎士風範，並認為這是西班牙人向摩爾人學習的結果。她相信男人就應該待女人柔情款款；取悅女人的心願能讓男人做出最偉大、最優美的行為，激發他們的熱情，使他們具有磊落的胸襟和各種美德；而另一方面，女人作為世界的瑰寶，天生應被保護、被愛慕，但只應接受尊重她的人的傾慕。在其一生中，她以自己的卓越能力和出眾美貌履行了這些原則，並在她所在的年代裡，讓這些原則成為人們信服的權威。」

　　18 世紀，巴黎的沙龍進入最活躍的時期，許多著名的沙龍成為推動社會和政治變化的一種重要力量。特別是在 18 世紀下半葉，社交中心完全由宮廷轉移到沙龍，沙龍林立，數不勝數，代表了各種類型的審美和思想流派，它們對於社會的影響力也達到了頂峰。當時許多傑出哲學家、思想家、文學家，如愛爾維修、伏爾泰、狄德羅等人，都是經常出入沙龍的常客，甚至可說他們那些非凡的哲學思想大部分都是在沙龍裡孕育出來的。直到法國大革命時期巴黎的沙龍還十分活躍，成為各種思想乃至革命行動的策源地。

▌發現美女──偶像與夢想

　　美女是人類歷史長河中的一道風景。在各民族的文獻和傳說中，時常出現美女的倩影，留下許多優美的故事。她們或風華絕代，楚楚動人，或驚豔四座，傾國傾城，或嬌豔無比，清純可人，總之是各有各的美麗，各有各的風采。她們的美豔演繹出無數動人和感人的故事，成為各民族口耳相傳的或文人墨客傾情筆墨的文化遺產。而當這些美女參與到社會歷史及政治和戰爭的進程中，則更是以她們的魅力，給冷峻的歷史增添了豔麗色彩。無論是埃及豔后，還是浣紗西施，無論是霸王別姬，還是昭君出塞，無論是金屋藏嬌，還是紅顏薄命，無論是海倫挑起特洛伊戰爭，還是則天帶上大

唐朝皇冠…都有無盡的令人們感歎、驚奇、羨慕及歎息或扼腕的故事。歷史的故事漸漸地離我們遠去，她們的身影則是在歷史的長河中若隱若現。而她們的魅力和風采依舊清晰地展現在人們的記憶中，留存在世代相傳的文化中。也正是因為她們留存在記憶和文化中，所以雖然我們並沒有見過她們真實的面容、面對面地欣賞她們的風采，卻給人們留下了巨大的想像的空間，可以把一切對美麗的期待附麗到她們的身上，成為心目中揮之不去的美麗偶像。

我們所知的歷史上的美女，實際上是歷代人們對於美麗的想像和期待的創造。

然而，現代科技的發展則把美女的影像直接呈現在人們面前。攝影、電影和電視技術的發明，使人們直接保留真實的形象成為可能，同時也就把一個個現實生活中的美女的形象原封不動地展示出來。特別是電影的發明，給人類製造一個巨大的娛樂業，同時也成為製造美女偶像的巨大夢工廠。電影業推出一代又一代美女，把她們打扮成時尚的先鋒、人們狂熱追逐的偶像及那個時代的美女樣本和理想，擁塞在我們的視覺裡。在近一個世紀裡，在好萊塢那一間間光形魅影的車間裡一代代絕色美女被相繼製造出籠。貼上各樣的性感標貼，販賣到世界各地，並迅速麻痺人們的神經，掀起香風無數。在幾乎各種版本的衡量美人的排行榜單上，都不會漏了好萊塢製造的美女。是她們把人類關於女人某一方面的夢想都精確的做到了極致，凱薩琳‧赫本被公認為美國影壇第一位自由女性；費雯麗的叛逆使她成功出演了郝思佳，但也許因此也註定了她一生的紅顏薄命；瑪麗蓮夢露有天使的面容和魔鬼的身材；而高貴的奧黛麗赫本就如一顆切割完美的鑽石。她們的曇花一現屬於 20 世紀，但她們的美麗卻至今都讓人刻骨銘心…。

現代影視技術的發展使美女迅速地成為大眾的偶像，也激起了羨慕、追逐、模仿美女的熱潮，激起了一批批時尚女人對於麻雀變鳳凰的夢想。這些偶像似乎訴說一個道理，美麗是一種資本，一種屬於女人的「資本」。有了美麗的面孔，就具備了現代職場競爭的「比較優勢」或「核心競爭力」，也甚至可能走上鮮花鋪路的人生。在市場經濟中人的收入取決於能力、努力和機遇。漂亮也是人先天條件的一部分。也許漂亮的臉蛋真的能「長出大米」。（註3）據說有位美國經濟學家調查，長相漂亮的人平均收入比長相一般的人高 5%，而長相一般的人又比長相較差的人高 5-10%。於是「人造美女」的熱潮興起來了。人們不僅僅是在遠處欣賞和羨慕那些美女偶像，而且也要按照偶像的榜樣打造自己。因此許多姑娘甘當「人造」的試驗品，許多整容院興師動眾招募「醜女」。「人造美女」這種文化現象的出現，預示著消費主義時代自戀文化的興起。自戀文化是以自己為中心、高度關注自己、意識著自己和眷戀著自己，並不斷以某種理想標準來改造自己的文化。

「人造美女」用一種極端的形式表達了女人對於自己成為美女的夢想和渴望，也

體現了現代社會對於美女的評價尺度和心理期待。女人們誰不想自己美麗啊！男人們誰不喜歡美女啊！直接地把這種夢想與期待毫無顧忌地表達出來、呈現出來，正式我們今天社會生活富裕和文明進步的一種表現。當一個社會的人們都能公開地表達和顯示對於美及美女的熱愛，這個社會的生活一定豐富多彩，充滿活力和蓬勃的朝氣。因為愛美就是愛生活。愛美的人一定是生活中充滿了快樂、健康和希望，愛美的社會一定充滿了積極進取、陽光明媚和生機盎然的氣氛。在中國和西方的歷史上，都曾出現過女人的「無妝時代」，女人裝扮自己的美麗和男人欣賞女人的美麗，都被看作是一種邪惡。而這樣的時代，正是人類文明史上的黑暗時代。

然而在市場經濟條件下，以「人造美女」這種極端形式出現的對於美女的期待，則是對於歷史上美女文化的一種異化。外表的美麗固然重要，然而翻撿各民族的美女故事，美女所擁有的不僅僅是美貌，還有善良、智慧和溫柔的品行。心靈的美麗往往比外表的形象更為重要。沒有靈魂的美女只是一尊雕像。雕像固然可愛，但它只是作為藝術欣賞的對象，而不是日常生活中活生生的美女。也許，現代的市場經濟社會把一切都表面化了，而忽略了生活背後豐富的精神和文化內涵。作為物質化、表面化的現代生活的對立面，人們已開始注意到向自然的回歸。在美女文化方面，與「人造美女」相比，我們更愛那些天生麗質的美女，因為她們可能就生活在我們的身邊。

美女是女人心中的夢想，是男人眼中的風景。夢想也好，風景也好，唯有真實才是美的。正如英國作家濟慈說的：「美即真，真即美。」生活中真實的美女才是我們所欣賞、所喜愛的真正美女。或者如羅丹所說：「美是到處都有的，對於我們的眼睛，不是缺少美，而是缺少發現」。

那麼，就讓我們在生活的真實中，去尋找、發現和欣賞美女，去尋找、發現和欣賞女人之美、生活之美。

註

1. 楊貴妃得寵於唐玄宗後，她的三個姐姐和兩個堂兄跟著沾了光，一起被迎入京師。楊家姐妹深得唐玄宗寵愛，以美貌和奢侈傾動朝野。《舊唐書‧楊貴妃傳》載，玄宗稱貴妃的姐姐們為姨，並賜以住宅，還把她們封為韓國夫人、虢國夫人和秦國夫人。於是乎這幾個楊門女子「並承恩澤，出入宮掖，勢傾天下」，公主以下皆持禮相待。隨著楊貴妃的寵遇加深，韓、虢、秦三夫人也寵遇愈隆。蘇軾詩中寫道：「佳人自控玉花驄，翩如驚燕踏玉龍。金鞭淨道寶釵落，何人先入明光宮。宮中羯鼓催花柳，玉奴弦索花奴手。坐中八姨真貴人，走馬看來不動塵。明日皓齒誰復見，只有丹青餘淚痕。人間俯仰成今古，吳公台下雷塘路。當時一笑潘麗華，不知門外韓擒虎。」

2. 最先以「秋風紈扇」比作棄婦的是西漢成帝的班婕妤。她因被趙飛燕所讒，失寵後被打入冷宮，作〈怨歌行〉自比紈扇，來排解心中的憂傷，末四句說：「常恐秋節至，涼飆奪炎熱，棄捐篋笥中，恩情中道絕。」

3. 20世紀70年代一部在中國大陸廣為流行的朝鮮電影中，有一位農民老漢問：「漂亮的臉蛋能長出大米嗎？」這句話一時成為人人皆知的名言。

國家圖書館出版品預行編目資料

美女的故事 / 武斌 / 著.--初版.
-- 臺北市：藝術家，2013.1
224面；17×24公分.--

ISBN　978-986-282-080-3（平裝）

1.生活美學　2.女性　3.通俗作品

180　　　　　　　101017441

美女的故事

武斌／著

發 行 人	何政廣
主　　編	王庭玫
編　　輯	謝汝萱、鄧聿檠
美　　編	張紓嘉
封面設計	曾小芬
出 版 者	藝術家出版社
	台北市重慶南路一段147號6樓
	TEL：(02) 2371-9692～3
	FAX：(02) 2331-7096
郵政劃撥	01044798 藝術家雜誌社帳戶
總 經 銷	時報文化出版企業股份有限公司
	桃園縣龜山鄉萬壽路二段351號
	TEL：(02) 2306-6842
南區代理	台南市西門路一段223巷10弄26號
	TEL：(06) 261-7268
	FAX：(06) 263-7698
製版印刷	新豪華彩色製版印刷股份有限公司
初　　版	2013年1月
定　　價	新台幣 380元
I S B N	978-986-282-080-3

法律顧問　蕭雄淋